沈阳体育学院重点资助体育学学科研究方向建设项目

门户网站里约奥运会传播发展研究

李　芳　著

北京体育大学出版社

策划编辑　佟　晖
责任编辑　佟　晖
审稿编辑　董英双
责任校对　未　茗
版式设计　博文宏图

图书在版编目（CIP）数据

门户网站里约奥运会传播发展研究/李芳著. --北京：北京体育大学出版社，2016.8
ISBN 978-7-5644-2379-7

Ⅰ.①门…　Ⅱ.①李…　Ⅲ.①夏季奥运会-新闻报道-网络传播-研究-中国-2016　Ⅳ.①G219.2 ②G811.211

中国版本图书馆 CIP 数据核字（2016）第 193616 号

门户网站里约奥运会传播发展研究

李　芳　著

出　　版　北京体育大学出版社
地　　址　北京海淀区信息路 48 号
邮　　编　100084
邮 购 部　北京体育大学出版社读者服务部 010-62989432
发 行 部　010-62989320
网　　址　http：//cbs. bsu. edu. cn
印　　刷　北京京华虎彩印刷有限公司
开　　本　710 毫米×1000 毫米　1/16
成品尺寸　240 毫米×170 毫米
印　　张　21.25
字　　数　355 千字

2016 年 9 月第 1 版第 1 次印刷
定　价　60.00 元

内容提要

Web2.0时代，移动互联网和大数据技术崛起，用户的信息阅读方式由PC端向APP端迁移，门户网站内涵与外延的边界逐渐模糊，互联网重心从门户时代转向社会化媒体时代，如今的门户网站已经成为提供网络信息及应用服务的综合平台，传统的单一大众传播模式已经演变为多元网众传播模式，新闻传播核心理念由“内容为王”逐渐转化为“渠道为王”“用户为王”。门户网站历经20年发展变迁，有过辉煌，但在移动新媒体的冲击下，逐渐演变为传统的“新媒体”，日渐式微，亟待转型与创新，因此，以用户为核心，适应新媒体发展趋势，不断整合与叠加新旧业务与功能，不断开拓新兴服务，将门户网站打造成新媒体巨无霸，势在必行。

大型体育赛事是体育新技术、传媒新技术的试验场，2008年北京奥运会网络媒体逐渐开始跃升为主流媒体，与传统媒体各半壁江山成为传播奥运会主要阵地；2010年南非世界杯微博兴起迎来首届“社交奥运”；2012年伦敦奥运以微博为代表的社交媒体骤然兴起，新闻客户端成为“黑马”；2014年巴西世界杯移动终端带来“指尖上的奥运”，微博、新闻客户端和微信引领移动浪潮。可见，从门户、博客、微博、微信到新闻客户端，几乎每一次大型体育赛事都成为中国互联网媒体发展过程中的重要节点，从某种意义上说，大型体育赛事发展历史其实也是一部媒体传播的变迁史。

从CNNIC最新数据显示情况看，无论是手机网民的规模，还是互联网接入设备使用情况、网民使用电脑接入互联网的场所以及社交应用使用情况，与2015年均发生了较为显著的变化。当传播的第一终端，由PC端转向移动终端，最大的社会舆论语境变化，使每个个体都有了发声、评议和参与的可能。2016年里约奥运会，门户网站以豪华阵容成为移动和直播新媒体的竞技场。四年一届的奥运盛会，不仅是运动员大比拼的竞技场，也是媒体的较量场，为了吸引更多受众关注，国内媒体纷纷派出“精兵强将”，运用最新的科技手段，为大众奉献精彩的奥运大餐，让人们看到一个更真实、更全面、更有趣的奥运全景。移动互联网时代，手机成为人们最须臾不可离开的工具，人们对奥运赛事及运动员热点的关注，从报纸、电视、PC 转移到手机上。市场研究机构 DCCI 的数据显示，智能手机已成为人们获取奥运资讯的第一大终端，大幅领先电视和电脑，有 76.1% 的网民通过移动端关注里约奥运会。

在当今的智能移动终端主宰奥运传播的新时代，受众的特点和理念也在发生明显的转变，过去谈奥运、体育，竞技的成分多一些，如今中国正从竞技体育大国转向全民运动大国，体育正慢慢从一个大多数人“围观”的事情，成为全民参与的社交化运动。当今的奥运新闻传播，单纯的赛事内容将再也无法满足奥运受众的多元立体化信息需求，体育媒体的担子更重了，随着奥运价值观的改变，公众对奥运传播的需求变得更加多元化，公众需要多角度看奥运，需要切实参与奥运，线上报道不再囿于赛场，线下活动也得以舒展拳脚。当“奥运”从一个大多数人“围观”的热闹转变为全体国民通过不同角度参与的活动时，体育媒体也纷纷行动起来，而以门户网站为代表的网络媒体更是充当引领媒介发展潮流的作用。

基于此，本专著从传播学、新闻学和体育社会学的视角，以腾讯、新浪、网易和搜狐四大门户网站 PC 端和 APP 端 2016 年里约奥运会新闻传播为主要研究内容，调查解析门户网站奥运会赛事传播境况、差异化传播营销策略，查找面临瓶颈并思考健康持续发展的现实路径，以期为门户网站转型发展提供参考。

本书拟六章内容。

第一章绪论，主要阐述研究缘起、研究对象方法、相关理论基础和相关研究综述。研究缘起主要阐述研究背景、研究目的、研究价值和研究创新点。此外，深入阐释了“门户网站”的内容，并以保罗·莱文森（Paul Levinson）的“补偿性媒介论”、刘静，陈红艳的数字媒介传播的“全通道模式”和约书亚·梅罗维茨（Joshua Meyrowitz）的“媒介场景融合理论”作为研究的理论基础。文献综述部分主要从体育新闻传播研究、大型体育赛事新媒体传播研究、门户网站奥运会新闻传播研究和门户网站移动终端体育新闻传播研究四个领域进行梳理与评介，为本研究内容框架建构、方法选取等提供了理论基础和研究依据。

第二章门户网站奥运会传播发展概览，对从 1996 年亚特兰大奥运会到 2012 年伦敦奥运会共 5 届 20 年门户网站奥运传播发展历史进行了简单梳理与概括，亚特兰大开启网络奥运传播的新时代；悉尼奥运门户网站初登奥运舞台；北京奥运会以新浪、腾讯、搜狐和网易为代表的四大门户网站大放异彩；伦敦奥运会开创首届“社交 + 指尖”奥运，四门户网站通过“打造豪华专业媒体与明星阵容、聚集丰富独家的奥运合作资源、构建奥运传播的综合矩阵平台、自制原创视频与独家专题策划、移动终端的指尖渗透 + 社交奥运”五个主要战略建构伦敦奥运蔚为壮观的媒介景观。

第三章门户网站里约奥运会差异化竞争策略主要归纳总结了四大门户网站里约奥运会的奥运传播策略，腾讯里约奥运会传播策略为“连接体育的一切”，其核心竞争力为“豪华一线军团 + 独家奥运资源”，“移动 + 社交 + 技术”奥运打造全民参与体验与“直播 + 视频 + 移动矩阵”的全渠道观赛体验是腾讯里约奥运的传播策略。新浪里约奥运会传播策略为“新动里约”，其核心竞争力为微博驱动“众包式”社交奥运，汇聚强大体育明星阵容，多元互动提升黏度与“移动 + 微博 + PC”全媒体平台专业解读奥运是新浪里约奥运的传播策略。网易里约奥运战略为“身边总有竞技场”，其核心竞争力为“有态度的跟帖，特别策划吸睛”，签约超级明星团队，游戏基因玩转奥运与移动矩阵整合传播，深度独家报道制胜为网易里约奥运的传播策略。搜狐里约奥运战略为“我和奥运一起玩”，其核心竞争力为“强互动产品 + 入口多元化”，名嘴专家教授加盟，呈现全景奥运与“人工智能 + 大数据”精准预测比赛为搜狐里约奥运的传播策略。

第四章门户网站里约奥运会的传播境况，运用内容分析法，通过量化数据分析四大门户网站里约奥运会传播的境况，分 PC 端和 APP 端两个部分，APP 端重点分析四大门户的“指尖奥运”新闻客户端的奥运传播和“社交奥运”微信微博的奥运传播现况，并得出两个端口平台奥运传播各自优势与不足。

第五章门户网站里约奥运会传播的现实瓶颈，通过研究分析得出传播主体瓶颈为新闻把关复杂难控，版权垄断限制发展；即多元传播主体导致赛事把关复杂难控，赛事版权垄断限制发展导致用户流失。内容呈现瓶颈为同质化致品牌模糊，信息聚合缺乏深度挖掘；即内容功能定位雷同降低品牌的辨识度，信息内容聚合“去深度化”消解体育本质。用户体验瓶颈为信息定制伪个性化，茧房社交致群体极化；即茧房社交导致群体极化网络暴力频发，信息定制“伪个性化”沦为奥运营销噱头。传播技术瓶颈为技术软肋影响体验，场景移动传播受限；即传播技术软肋影响用户观赛体验；媒介场景移动化传播的时空受限。赛事营销瓶颈为盈利模式仍需突破，付费观赛尚不成熟；即赛事营销形式单一盈利模式仍需突破，付费观赛用户习惯和市场开发不成熟。

第六章门户网站大型体育赛事传播的突围路径主要针对面临瓶颈提出五方面突围路径：传播主体应建构赛事监管体系，多重把关引导舆论；注重优质原创新闻，借鉴“头条号”信息编码方式和版权垄断限制发展，自制直播视频吸粉。内容呈现应独家策划创新思维，自媒体加盟显个性；深度整合聚焦内容，长尾效应精准传播和全民直播重构内容生态，形式创新塑造独家视角。用户体验应娱乐互动延展奥运边界，社交基因驱动品牌营销；圈层分化扩散兴趣爆点，话题设置消解群体极化和改变逻辑彰显个性，破除茧房拓宽视野。传播技术应平台连接多终端化，移动终端链接一切；体育视频高尖端化，技术驱动创新体验和线上线下场景融合，技术定义体育传播新生态。赛事营销应全民直播多元渠道变现，社交营销走向主动掌控；乐视体育携手安利纽崔莱，跨界合作打造全生态营销和付费墙在线收费模式，亟待探索创新与实践。

综上，在当今的移动新媒体时代，以及我国体育事业蓬勃发展的历史大背景下，四门户网站的大型体育赛事传播既面临挑战，也有机遇。里约奥运会之后，四大门户网站的四足鼎立之势已经开始慢慢引退，里约奥运会更加成就了腾讯网的霸主和四网站之首的地位，同时里约奥运会奠定了移动端在门户网站赛事传播中的主流地位，智能手机移动终端的主流化，新的主流平台需要新的赛事传播战略——即移动终端已经不能再仅仅充当门户网站 PC 端用来吸引用户到其“主站”去的诱饵，移动终端本身必须成为门户网站的“主站”。这种思想理念首先要转变，才能推进门户网站的转型与发展。此外，门户网站两个主要端口，必须协同发展，PC 端主网需要更加轻型化、简洁化，页面技术标准和设计呈现必须技术转码后便于移动终端用户阅读。与此同时，门户网站的移动终端不能仅仅是对传统网络平台的内容平移，而是“内容 + 社交关系 + 场景应用”。门户网站未来的竞争不应当只瞄准内部竞争，而要放眼整个移动互联网产业链，迎接“跨界竞争”，拥抱平台化、社交化、视频化的发展大势。

CONTENTS 目录

第一章 绪 论

第一节 研究缘起

一、研究背景

据 CNNIC 第 38 次《中国互联网络发展状况统计报告》数据显示，截至 2016 年 6 月，中国网民规模达 7.10 亿人，互联网普及率达到 51.7%，同时，移动互联网塑造的社会生活形态进一步加强，"互联网 +"行动计划推动政企服务多元化、移动化发展。手机网民规模达 6.56 亿人，网民中使用手机上网的人群占比由 2015 年底的 90.1% 提升至 92.5%，手机上网主导地位进一步强化。网民上网设备进一步向移动端集中。随着移动通讯网络环境的不断完善以及智能手机的进一步普及，移动互联网应用向用户各类生活需求深入渗透（图 1 – 1、图 1 – 2）。

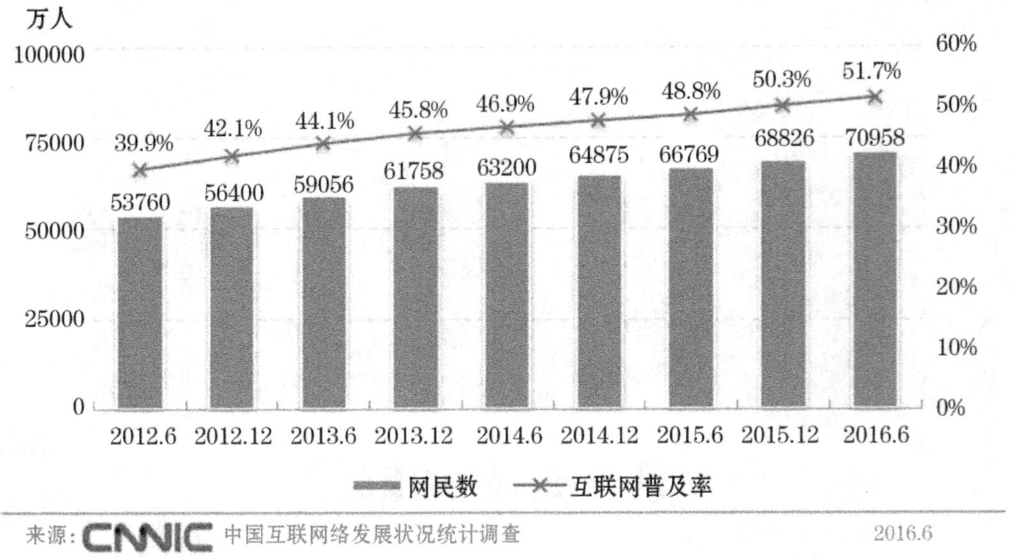

图1－1　中国网民规模和互联网普及率

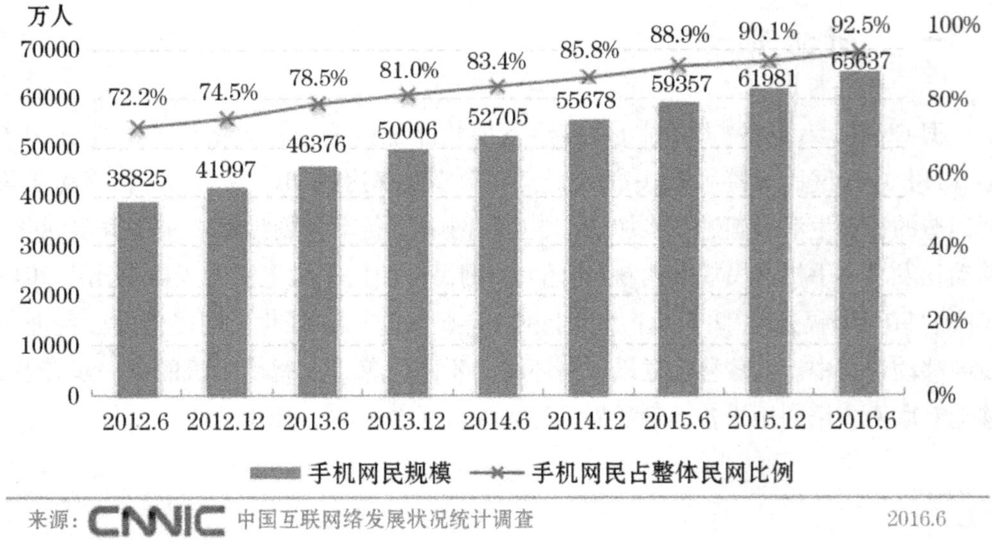

图1－2　中国手机网民规模及其占网民比例[1]

〔1〕 图1－1，1－2数据来源于 http：//www.cnnic.cn/gywm/xwzx/rdxw/2016/201608/t20160803_ 54389.htm.

从互联网接入设备使用情况看，截至 2016 年 6 月，我国网民使用手机上网的比例达到 92.5%，较 2015 年底增长了 2.4 个百分点，与此同时，使用台式电脑、笔记本电脑、平板电脑上网的使用比例分别为 64.6%、38.5%、30.6%，较 2015 年底分别下降了 3.1、0.2 和 0.9 个百分点。可见，手机移动终端已经成为用户进入互联网的第一平台和渠道（图 1-3）。

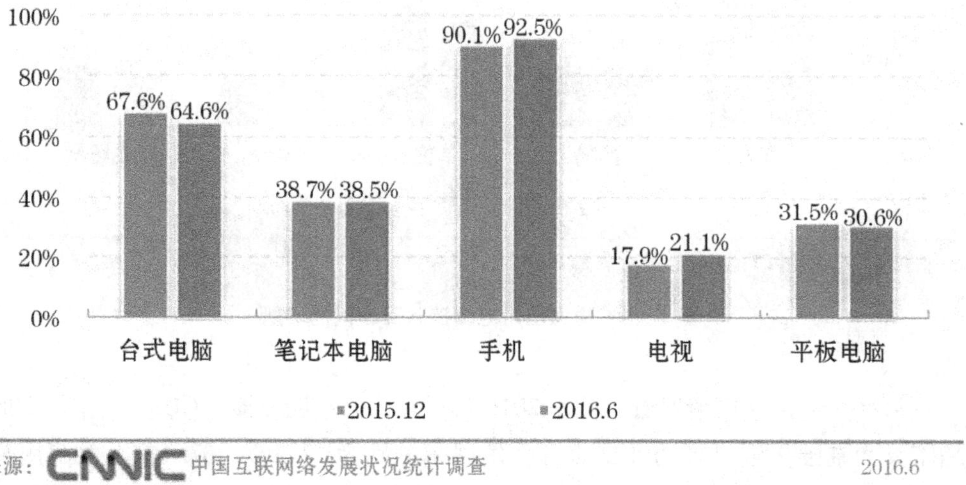

图 1-3 互联网接入设备使用情况

从网民使用电脑接入互联网的场所看，截至 2016 年 6 月，我国网民在家里通过电脑接入互联网的比例为 87.7%，与 2015 年底相比下降 2.6 个百分点，在单位、学校、网吧通过电脑接入互联网的比例均有小幅上升，在公共场所通过电脑上网的比例略有下降，为 17.3%（图 1-4）。由此可见，网民上网的场景不再局限于固定的环境和时空，而是更加随意和多元，可以随时随地通过手机、Pad 等移动终端来传递各种资讯。

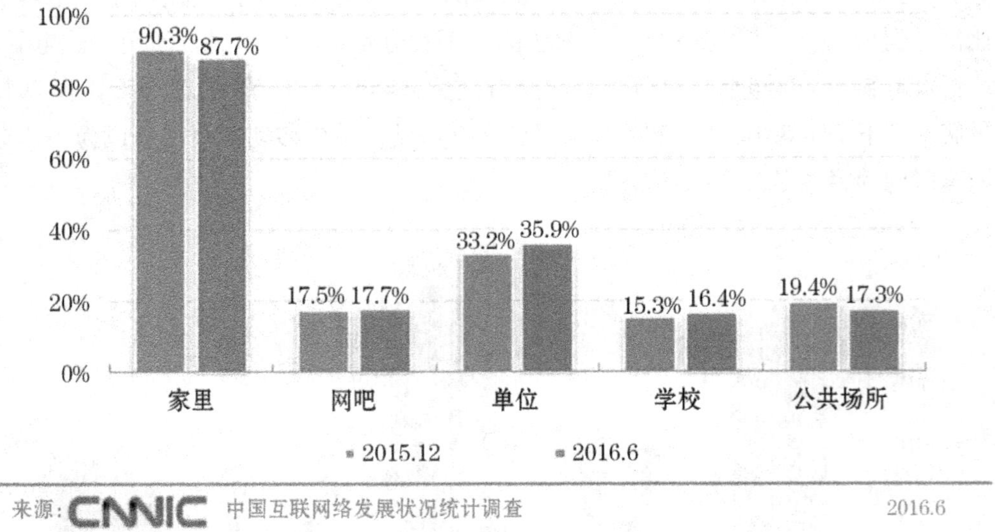

图 1－4　网民使用电脑接入互联网的场所[1]

从社交应用使用情况看，截至2016年6月，微信朋友圈、QQ空间是以即时通信工具为基础衍生出来的社交服务，使用率分别为78.7%、67.4%。微博用户规模为2.42亿，逐渐回升，使用率为34%，与2015年底相比略有上涨。微信朋友圈是基于微信联系人形成的熟人社交平台，随着用户规模的拓展、产品功能的丰富，弱关系社交也逐渐渗入。而微博是基于社交关系而进行信息传播的媒体平台，在经历了行业调整后，发展策略转换为垂直化内容生态建设，打造垂直化的兴趣社区，兼具媒体和社区属性。可见，随着移动互联网技术崛起，微信朋友圈、QQ空间和微博等已经成为受众主要的社交应用工具，并呈逐年上升趋势（图1－5）。

〔1〕 图1－3，1－4数据来源于 http://www.cnnic.cn/gywm/xwzx/rdxw/2016/201608/t20160803_54389.htm.

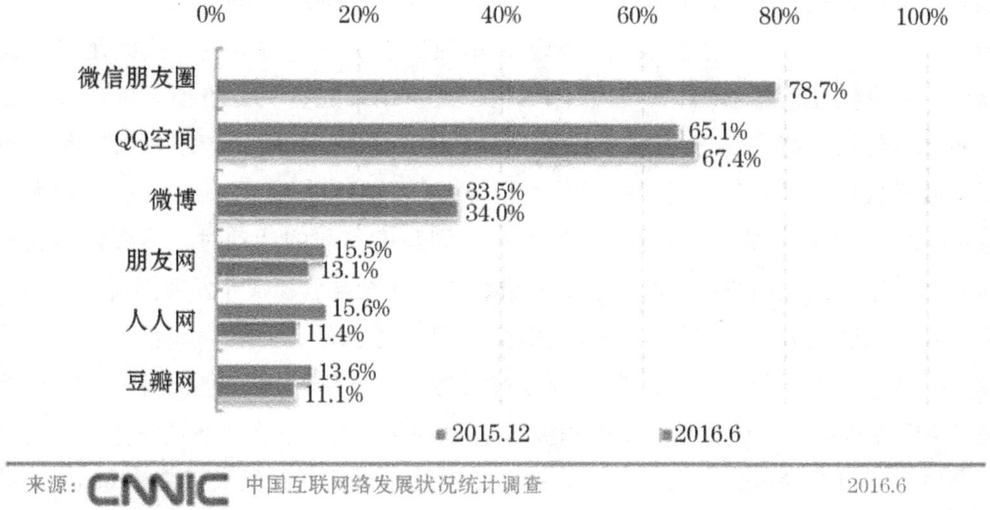

图1－5　2015.12－2016.06 典型社交应用使用率[1]

综上，从 CNNIC 最新数据显示情况看，无论是手机网民的规模，还是互联网接入设备使用情况、网民使用电脑接入互联网的场所以及社交应用使用情况，与 2015 年均发生了较为显著的变化。当传播的第一终端，由 PC 端转向移动终端，最大的社会舆论语境变化，使每个个体都有了发声、评议和参与的可能。2016 年里约奥运会，门户网站以豪华阵容成移动和直播新媒体的竞技场。四年一届的奥运盛会，不仅是运动员大比拼的竞技场，也是媒体的较量场，为了吸引更多受众关注，国内媒体纷纷派出“精兵强将”，运用最新的科技手段，为大众奉献精彩的奥运大餐，让人们看到一个更真实、更全面、更有趣的奥运全景。移动互联网时代，手机成为人们最须臾不可离开的工具，人们对奥运赛事及运动员热点的关注，从报纸、电视、PC 转移到手机上。市场研究机构 DCCI 的数据显示，智能手机已成为人们获取奥运资讯的第一大终端，大幅领先电视和电脑，有 76.1% 的网民通过移动端关注里约奥运会。

在当今的智能移动终端主宰奥运传播的新时代，受众的特点和理念也在发生明显的转变，过去谈奥运、体育，竞技的成分多一些，如今中国正从竞技体育大

---

〔1〕 图1－5 数据来源于 http：//www.cnnic.cn/gywm/xwzx/rdxw/2016/201608/t20160803_ 54389.htm.

国转向全民运动大国，体育正慢慢从一个大多数人“围观”的事情，成为全民参与的社交化运动。当今的奥运新闻传播，单纯的赛事内容将再也无法满足奥运受众的多元立体化信息需求，体育媒体的担子更重了，随着奥运价值观的改变，公众对奥运传播的需求变得更加多元化，公众需要多角度看奥运，需要切实参与奥运，线上报道不再囿于赛场，线下活动也得以舒展拳脚。当“奥运”从一个大多数人“围观”的热闹转变为全体国民通过不同角度参与的活动时，体育媒体也纷纷行动起来，而以门户网站为代表的网络媒体更是充当引领媒介发展潮流的作用。

在国家政策方面，中共十八届五中全会提出了创新、协调、绿色、开放、共享的发展理念。“十三五”时期，中国将大力实施网络强国战略、国家大数据战略、“互联网＋”行动计划，发展积极向上的网络文化，拓展网络经济空间，促进互联网和经济社会融合发展。我们的目标，就是要让互联网发展成果惠及14亿中国人民，更好造福各国人民。基于互联网发展的大背景，2014年习近平总书记在“8·18”文件中还强调：“推动传统媒体和新兴媒体融合发展，强化互联网思维，坚持先进技术为支撑、内容建设为根本，推动传统媒体和新兴媒体在内容、渠道、平台、经营、管理等方面融合，着力打造一批形态多样、手段先进、具有竞争力的主流媒体，建成几家拥有强大实力和传播力、公信力、影响力的新型媒体集团，形成立体多样、融合发展的现代传播体系。”可见，加快推进传统媒体和新兴媒体融合化进程，实现两者深度融合发展，已是摆在全国人民面前亟待解决的大课题。

与此同时，自2008年北京奥运会的成功举办，中国运动员以51枚金牌骄人战绩位居榜首，体育与传媒在本届奥运会上的互动共栖与完美演绎，为全世界受众贡献一道精美的饕餮盛宴，也重塑了中国良好东方大国形象。北京奥运会后，我国体育事业进入一个全面发展的新阶段。而南非世界杯、伦敦奥运会、巴西世界杯以及我国承办的广州亚运会、南京青奥会等大型体育赛事的全媒体传播，既满足受众多元体育需求，同时在传承中国体育文化、宣传国家和城市形象、促进我国竞技体育事业发展方面，成绩斐然。竞技体育的辉煌成就，必将带动我国社会体育和全民健身事业的发展创新，促进我国体育产业发展和体育消费增长。2014年10月20日，国务院正式印发了《关于加快发展体育产业促进体育消费的若干意见》，提出到2025年体育产业总规模超过5万亿元，将成为推动经济社会持续发展的重要力量。李克强总理在2015年3月5日两会政府工作报告中首次提出扩大体育消费，与上面文件相吻合。2016 年 8 月 5 日—21 日里约热内卢第 31 届夏季奥运会刚刚拉下帷幕，里约成为奥运史上首个主办奥运会的南美洲城市，同时也是首个主办奥运会的葡萄牙语城市，里约奥运会和残奥会的口号——“一个新世界”，寓意里约奥运会将创造一个更美好的世界，以影响和改变下一代人。本届奥运会上，中国体育代表团虽然成绩不尽如人意，获得了 26 枚金牌，70 枚奖牌，位列金牌榜第三，但本届奥运会却具有极为重要的历史意义，尤其是在媒介大战中，以门户网站为代表的网络新媒体独占鳌头，走在资讯的最前沿，首次超越传统媒体，尤其是电视媒体，成为奥运媒体大战和奥运营销的赢家。

基于以上的媒介背景、受众背景、政策背景、体育发展背景，本研究选取腾讯、新浪、网易和搜狐四大门户网站的 2016 年里约奥运会传播发展作为主要研究内容，分析现状与面临问题，并寻求未来发展策略及前景，以期为我国网络媒体发展提供思考与启示。

二、研究目的

目前，随着大数据、移动互联网和云技术的狂飙突进，传统媒体面临转型拐点，网络媒体向移动媒体迁移，曾经以互联网为核心技术的网络新媒体，在历经 20 年的繁荣发展后，也将被迫沦为旧的“新媒体”或传统的“新媒体”，受到来自以移动互联网为技术核心的“新新媒体”的冲击与挑战。学者陆高峰曾抛出如下论题：“门户网站是否还有未来?”据最新数据显示，2016 年里约奥运会期间，移动互联网成为网民获取奥运赛事资讯最主要的渠道，各类新闻资讯 APP 则是奥运传播最重要的载体。“移动智能设备已大幅赶超电视及 PC 端，成网民获取奥运资讯的首要终端。”知名数据调研机构 DCCI 数据显示，76. 1% 的网民在“移动端”关注本届里约奥运会，61. 0% 的网民使用了电视，52. 2% 的网民使用了 PC 端。而在移动端的争夺中，更新速度、内容丰富占优的新闻资讯类 APP，成为网民关注奥运最核心的入口，77. 9% 的移动网民通过各类新闻客户端关注奥运，使用频次每天达到了 6. 6 次。2008 年北京奥运奠定了四大门户网站的格局，四年后的伦敦奥运社交媒体微博大放异彩，而 2016 年里约奥运会成为互联网媒体最关键的角力平台，如今移动端早已不复四大门户格局，而直播需求的全面兴起，使网络媒体第一次真正有机会去挑战电视媒体的霸主地位。数据进一步证实里约奥约会国内移动互联网已全面压过 PC 端，而不同于 PC 端网络媒体的“四大门户”格局。以里约奥运会为分界线，四大门户竞争的时代已经远去，取而代之的是移动端网络媒体的新格局。

可见，从 2008 年北京奥运会到 2016 年里约奥运会，历经 8 年，媒体世界已经发生了改天换地的变化。首先是移动互联网的大爆发和全面普及。这直接催生了移动化、个性化的新媒体大行其道，让人们可以随时随地关注到自己最感兴趣的内容，而在这个过程中新闻客户端成为人们关注内容资讯最常用的平台之一。在这次里约奥运报道当中，可以清晰地看到，由于新闻客户端占据及时性、个性化等优势，已经超越 PC 网络媒体、电视媒体成为奥运报道的主力军。数据显示，整个奥运期间，腾讯全平台奥运相关视频播放量超过 81 亿，用户覆盖量达 7.5 亿，移动端占比达到 75%。这足以证明移动客户端已经全面超越 PC 互联网成为人们获得资讯第一选择。第二是社交媒体的全面兴起，这让全民参与创造内容成为时代潮流。四年前虽然微博在奥运报道上已经初露锋芒，但总体来看还是传统电视媒体和网络媒体的天下。但在今年 2016 年里约奥运会上，在微博之外，微信和手机 QQ 作为国内第一和第二大社交软件崛起，以及视频直播在 2016 年的大热，这都成为推动全民参与创造和传播奥运报道的重要力量。第三就是视频时代的全面来临。在经历了漫长的图文时代之后，视频时代终于全方位地到来。尤其是在 2016 年里约奥运会上更是成为绝对主力，并且视频还实现了跨平台的传播，这也是不同于以往的奥运报道的最显著特点。以腾讯为例，腾讯所有奥运相关视频，都通过腾讯新闻客户端、腾讯体育客户端、天天快报、腾讯视频客户端、微信、手机 QQ、腾讯网等“移动 + PC”全平台进行展示，这使得用户从每一入口都能进入并观看里约奥运赛事视频节目。

综上，Web2.0 时代，移动互联网和大数据技术崛起，用户的信息阅读方式由 PC 端向 APP 端迁移，门户网站内涵与外延的边界逐渐模糊，互联网重心从门户时代转向社会化媒体时代，如今的门户网站已经成为提供网络信息及应用服务的综合平台，传统的单一大众传播模式已经演变为多元网众传播模式，新闻传播核心理念由“内容为王”逐渐转化为“渠道为王”“用户为王”。门户网站历经 20 年发展变迁，有过辉煌，但在移动新媒体的冲击下，逐渐演变为传统的“新媒体”，日渐式微，亟待转型与创新，因此，以用户为核心，适应新媒体发展趋势，不断整合与叠加新旧业务与功能，不断开拓新兴服务，将门户网站打造成新媒体巨无霸，势在必行。大型体育赛事是体育新技术、传媒新技术的试验场，2008 年北京奥运会网络媒体逐渐开始跃升为主流媒体，与传统媒体各半壁江山成为传播奥运会主要阵地；2010 年南非世界杯微博兴起迎来首届“社交奥运”；2012 年伦敦奥运以微博为代表的社交媒体骤然兴起，新闻客户端成为“黑马”；2014 年巴西世界杯移动终端带来“指尖上的奥运”，微博、新闻客户端和微信引领移动浪潮。可见，从门户、博客、微博、微信到新闻客户端，几乎每一次大型体育赛事都成为中国互联网媒体发展过程中的重要节点，从某种意义上说，大型体育赛事发展历史其实也是一部媒体传播的变迁史。基于此，本专著从传播学、新闻学和体育社会学的视角，以新浪、腾讯、搜狐和网易四大门户网站 PC 端和 APP 端 2016 年里约奥运会新闻传播为主要研究内容，调查解析门户网站奥运会赛事传播现况、差异化营销传播策略，查找面临瓶颈并思考健康持续发展的现实路径，以期为门户网站转型发展提供参考。

三、研究价值

（一）理论价值

本研究拟从传播学、新闻学、体育人文社会学视角来探求移动互联网和大数据背景下门户网站大型体育赛事传播特点与规律，对于从理论和务实层面丰富国内新媒体体育传播研究理论框架体系，具有重要的理论价值和现实意义；同时本研究能反哺国内体育新闻传播教育，推进传媒教育转型和发展，为体育院校新闻传播专业人才培养理念和模式建构提供参考。

（二）应用价值

本研究旨在考量移动新媒体技术在大型体育赛事传播中的具体应用、面临困境及动因，以适应当前社会转型和媒介融合的大环境，为门户网站体育新闻传播自身发展构建理论框架，选择适当路径，以更好助力政府进行网络舆情研判与监测，把控舆情民意，为更好服务社会、服务民众、服务体育、服务体育新闻传播教育提供新视角、新思路。此外，本研究为门户网站的体育新闻传播提供了新的工具和方法范式，从现实角度丰富了门户网站体育新闻传播的内容和组成，对指导门户网站大型体育赛事传播具有重要的现实意义。同时，为新闻记者和媒体工作人员在当前媒介转型与融合的传播环境下，提供新的技能和实践指导，并对移动化传播大背景下，门户网站的现实突围带来健康良性发展之策。

四、研究创新点

（一）研究对象与内容的创新

通过对近十年来国内外相关文献资料的收集、整理与分析，可以发现，目前针对门户网站体育新闻传播和大型体育赛事传播领域的研究已有一定规模，但是依托移动互联网和大数据技术为背景，将门户网站的 PC 端和 APP 端作为一个全媒体平台，展开系统深入研究还是一个十分崭新的领域。此外，里约奥运会刚刚闭幕，以里约奥运会作为主要研究文本，进行系统的内容分析，也体现了内容的创新性。

（二）研究视角创新

本课题从体育人文社会学、新闻传播学和体育传播学的互动关系中探讨 PC 端、微博、微信和新闻客户端在大型体育赛事传播中的发展历史与现状，查找问题，并进一步提出门户网站体育新闻传播发展的现实路径，这还是一个很少有人探索的新课题。同时本研究站在媒介融合和技术演进的视角，以当今的全媒体时代为契机，探讨和研究门户网站体育传播发展问题，细致体察其发展进程中的误区及未来态势，这还是一个很少有人触及的课题。

（三）研究方法创新

研究方法设计上，在内容分析中，得到中国体育报业总社、腾讯网、搜狐网等媒体支持与协助，通过数据平台支撑来抓取和进行数据统计分析，以保证研究可操作性和数据可信性、代表性和权威性。

第二节 研究对象与方法

一、研究对象

论文以门户网站里约奥运会传播面临问题与解决路径为主要研究对象，以2016年里约奥运会门户网站新闻传播为主要研究内容，选取新浪、腾讯、网易和搜狐四大综合门户网站，通过对其在里约奥运会中PC端、新闻客户端、微博和微信传播现状与特点进行量化分析和媒体专家访谈，深入分析研究四大门户网站大型体育赛事传播特点、规律、问题与路径。

二、研究方法

（一）文献资料法

以中国国家图书馆、沈阳体育学院图书馆、北京体育大学图书馆等单位为资料搜集的主要基地，参阅社会学、传播学、新闻学、文化学、体育学等方面的专著，尤其是与网络等新媒体相关学术专著总计80本，在浏览完相关框架后精选出30本作为本研究的参考书目，为本研究寻求研究框架和理论支撑。利用Cnki数据库、Google、百度等网络搜索引擎，同时申请沈阳体育学院的外文资源库论文检索下载权限，总计搜索了587篇与论文相关的国内外文献资料，通过对这些资料的浏览、整理、鉴别和分析，精选出约221篇国内文献和10篇外文文献深入研究，形成对本研究所要探讨问题的基本认识，为本研究提供新视角、新思路和新启示。

（二）内容分析法

1952年，贝雷尔森（Bernard Berelson）率先将内容分析法引入到传播学研究过程中，它是一种非结构化程度较高的定量研究方法。美国学者克里朋多夫将“内容分析法”做如下定义：内容分析是可重复地有效地从数据推论其情景（Context）的一种研究方法。这个定义简洁的包含了内容分析法的一些基本概念：数据、情境、研究目的（推论）、信度和效度[1]。本研究选取2016年里约奥运会期间新浪、搜狐、腾讯和网易四大门户网站的新闻报道为研究文本，制定具体三级指标体系，对所有分析单元进行量化分析，并利用EXCEL软件对数据进行处理。

（三）专家访谈法

通过对学界和业界有关专家学者的深度访谈，获取宝贵的第一手材料，为进一步深入研究和探讨影响和制约门户网站大型体育赛事传播发展的主要因素，为构建移动新媒体体育传播发展的全新理论逻辑框架提供参考指向。

（四）比较分析法

通过对四大门户网站PC端、客户端、微博和微信公众订阅号传播的横向比较，得出四大门户网站里约奥运会新闻传播状况，得出各门户网站里约奥运传播亮点、着力点与问题，同时横向比较各门户网站微信、微博和新闻客户端大型体育赛事传播各自特点，归纳总结三种新传播方式的联系与区别。

三、研究思路

（一）研究重点

本论文研究重点为构建移动互联网环境下网络媒体体育新闻传播理论框架。调查分析微博、微信和新闻客户端三种新移动化传播方式在大型体育赛事中应用现状、特点及规律；查找现实困境并寻求门户网站大型体育赛事传播的变革路径。

（二）研究难点

新媒体技术、大数据技术发展速度、态势之迅猛，移动化传播方式、产品及

---

〔1〕 陈阳．大众传播学：研究方法导论［M］．北京：中国人民大学出版社，2007：198－200.

功能更新迭代之快，令学界研究很难跟上业界实践脚步，也为本论文研究增加难度。同时在研究方法选取上，对于内容分析量化统计、对数据抓取与分析的工作量较大，比较繁琐和复杂，这也是本课题研究难点之一。

（三）基本思路

基本思路见图 1-6。

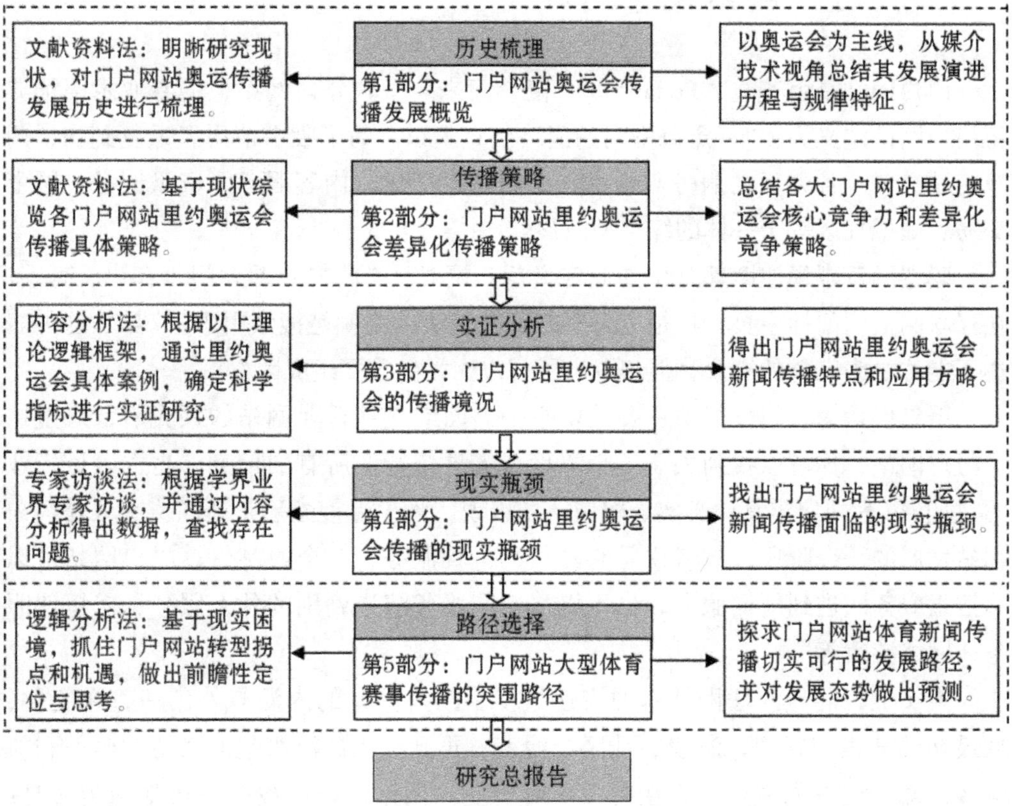

图 1-6 研究的基本思路

第三节 研究理论基础

一、门户网站概念阐释

门户网站是由英文“Portal Site”翻译而来。微软公司网站上的专业术语词典将门户网站定义为：“一定范围内的网络信息入口。为了吸引使用者重复到访，门户网站会整合各方面的服务与资源，是集搜索引擎、内容服务、资讯服务、网上交易、虚拟社区等于一体的综合型门户。”[1]

聪慧网董事局主席郭凡生如此定义门户网站：“门户必须有门、有户、有路。在互联网上，门即主页，户是主页上的各个板块，路就是搜索引擎。”虽然这种表述不能称之为完整的概念，但却点出了门户网站的重要组成因素。

屠忠俊认为：门户网站主要是指某一方面或是某行业网站的领先者，通过这个门户网站，你可以找到关于这个方面或者这个行业所有的信息，是进入该行业的“门”，其内容丰富、真实、权威。所以说，无论是搜索还是新闻，都只是门户网站发展的一个阶段，或者说是它提供的一种服务、一个盈利点，门户网站可以从搜索服务演进到新闻服务，也可以从新闻服务演进到别的什么服务，像短信服务、网络游戏等[2]。

事实上，随着互联网技术的飞速进步，门户网站的内涵与外延一直在变化，从最初的搜索到新闻、游戏、社区、博客，再到今天广泛兴起的微博、微信和新闻客户端，门户的主业一直在转移。对于门户网站，一个被广为接受的定义是：通向某类综合性互联网信息资源并提供有关信息服务的应用系统。但这无疑是一个比较抽象甚至有点模糊的定义，而且“应用系统”一词也带有过于技术化的痕迹。而2007 年科技资讯网曾经对“新门户”网站做出如下界定，其标准包括

---

〔1〕 黄琳达．门户网站的竞争力研究——以新浪为例［D］．武汉：华中科技大学，2005：4.

〔2〕 屠忠俊．网络传播概论［M］．武汉：武汉大学出版社，2007：126.

三个指标：一是足够大的人群浏览量（每日每百万到达人次达4万以上）；二是盈利模式在广告、付费搜索、电子商务等方面都有（游戏的收费可看为电子商务的一种）；三是所提供的功能性应用需尽量全面。可见，如今的门户网站可谓是一个提供网络信息及应用服务的综合平台，其信息内容及应用功能几乎无所不包，从第一代的以新闻为主，到第二代的重视发展博客播客、游戏和电子商务，再到第三代以SNS、微博、微信和新闻客户端等社会化媒体为发展方向，且新旧业务与功能之间并非取代和颠覆，而是不断整合与叠加，这就使得现在的门户网站成为一个个新媒体巨无霸，但这也自然给它们的经营与发展带来许多新的问题与挑战[1]。因此，本研究所指的门户网站，则是把属于ICP（内容服务商）类型的一家具体网络公司所有业务视为一个门户整体，即使各门户网站提供种类繁多的内容和其他产品及服务，但它们大体是在一个大而全的门户平台上得以呈现。

此外，对门户网站另外一种解读是将其视为新闻信息接收终端。“终端”是这场革命性变革带来的时代性称谓，它来源于对互联网接收设备的指称。在移动网络传播时代，集移动化、私人化、社交化、收发讯息等功能于一体的互联网智能数字设备大量涌现，典型的如PC端、手机端、平板电脑端。这些信号接收“终端”，生产信息、传播信息、连通信息，天然地涉入新闻传播领域，成为“新闻终端”。门户网站的新闻终端和互联网技术驱动的触网终端，包括PC端、手机端、平板电脑端都属于第三代新闻终端的范畴。触网终端的最主要特性是互联，信息传递之迅速与广泛，已经完全颠覆了以往的衡量尺度。在大量的、全伴随的媒介使用中，人们的行为方式、思维方式都被重塑了。终端即媒介，应用即端口，软件定义一切的时代到来，作为触网终端的代表形态，微博、微信作为新闻属性突出的新媒体新闻端口，覆盖了PC端、平板电脑、手机三端，因此对不同新闻端口在不同终端设备的差异不予区分，是跨设备维度下的新闻APP端；而同样被称为“新闻终端”的PC端、手机端，则是就接收设备维度进行的区分，它更接近于广

---

〔1〕 黄朝钦，钟瑛. 从“媒体平台”到“关系网络”——综合门户网站的经营现状与模式转型［J］. 现代传播，2014（07）：6－12.

义的第三代新闻终端的微观化[1]。

综上，门户网站主要是由独立主页、多个内容板块和搜索功能构成的网络信息入口。综合性、服务性、权威性、引领性是其主要特点。我国门户一般分为两大类，一是综合性的大众门户网站，如新浪、网易、腾讯、搜狐等。另一类是专业性的垂直门户网站，如专业体育垂直门户网站虎扑体育、华奥星空等；我国当前有市场竞争力的门户网站主要是新浪、网易、搜狐和腾讯，呈四足鼎立之势，并已形成稳定的市场格局。因此本研究具体范畴为以上四大综合类门户网站，垂直类门户网站不囊括其中。同时将腾讯、新浪、网易和搜狐四大门户网站的 PC 端、微信和新闻客户端作为主要研究对象，此外因新浪微博一家独大，在大型体育赛事传播中具有举足轻重的地位，因此，也将新浪微博里约奥运会传播纳入本研究中。

二、相关研究理论基础

（一）保罗·莱文森（Paul Levinson）的“补偿性媒介论”

保罗·莱文森（Paul Levinson）是美国著名的媒介理论家，被喻为数字时代的麦克卢汉，提出了著名的“补偿性媒介”（Remedial Medium）理论：即人在媒介演化过程中进行着理性选择，任何一种后继的媒介都是一种补救措施，都是对过去的某一种媒介或某一种先天不足的媒介功能的补救和补偿。保罗·莱文森认为，媒介进化是一种系统内的自调节和自组织，其机制就是补救媒介，即后生媒体对先生媒体具有补救作用，当代媒介对传统媒介有补救功能。换言之，人类的技术会越来越完美。保罗·莱文森的技术乐观主义扬弃了麦克卢汉的“技术决定论”，认为人可以对技术进行理性选择，人对技术具有控制的能力。保罗·莱文森是媒介环境学派第三代代表人物。媒介环境学产生于 20 世纪 50 年代，第一代的代表人物为哈罗德·英尼斯和马歇尔·麦克卢汉等；第二代的代表人物为尼尔·波斯曼等；第三代为保罗·莱文森、约书亚·梅罗维兹、林文刚和埃里克·麦克卢汉等

〔1〕 沈浩，王宇飞，姜智勇等．理解与选择：融媒时代的新闻终端与新闻端口［J］．新闻与写作，2016（03）：9－16.

人。哈德罗·伊尼斯（Harold Innis）认为媒介的偏向和强大影响，不等于媒介具有决定性，媒介的作用仅限于“加速”“促进”或“推动”复杂的社会进程。他认为影响社会进程的还有其他很多因素[1]。麦克卢汉提出“媒介即讯息”“媒介是人体的延伸”的著名隐喻，指出任何新媒介的诞生都会在人们的事务中引进一种新的尺度，都是人的能力（神经系统和感觉器官）的一次延伸，从而总会带来传播内容（讯息）的变化。一种新媒介的内容都是一种旧媒介，而且几乎一切技术都是杂交体[2]。英尼斯和麦克卢汉被称为“硬技术决定论者”，甚至被认为是唯技术决定论者。

保罗·莱文森主要继承了马歇尔·麦克卢汉的学术观点并将其丰富发展。保罗·莱文森坚持“软技术决定论”。在《软利器》中指出：一切媒介都是对过去的某一种媒介或某一种先天不足的功能的补救和补偿。手机因为更符合前技术时代人的交流特征，将取代电脑成为未来的主导传播工具[3]。可见，从麦克卢汉到保罗·莱文森，都是在强调媒介、技术在大众传播和社会发展中的重要性，但他们都不是纯粹技术决定论者，只是从哲学思辨视域为我们开启了传播学研究的新范式、新思路。技术确实改变了人们的行为模式、思维方式与生活方式，但技术绝不是新媒体的唯一决定性因素，因为技术固然满足了人们的欲望，加快了内容传播的速度，但它并不是“欲望”与“内容”本身。技术无生命，而内容却有灵魂[4]。因此，本研究不是从传统经验范式和批判范式为逻辑起点，而是选择媒介环境研究的范式，将西方媒介环境学与中国当前传媒发展实际相结合，与中国社会改革的现实道路相结合，从人性化的视角思考媒介形态的演进，注重思考人、体育、移动媒介与社会环境的和谐互动，以及移动化传播给社会、人及体育带来的影响。同时保罗·莱文森的“补偿性媒介论”为本研究主体新闻客户端、微博

---

〔1〕 哈德罗·伊尼斯（Harold Innis），何道宽译．传播的偏向［M］．北京：中国传媒大学出版社，2013：21.

〔2〕 罗伯特·洛根，何道宽译．理解新媒介——延伸麦克卢汉［M］．上海：复旦大学出版社，2012：15－20.

〔3〕 保罗·莱文森，何道宽译．软利器——信息革命的自然历史与未来［M］．上海：复旦大学出版社，2011：1－2.

〔4〕 胡晓东．新媒体的非技术逻辑［J］．新闻实践，2013（02）：77.

和微信等新传播方式的诞生与发展创新提供了理论依据和理论支撑[1]。

（二）刘静、陈红艳的数字媒介传播的“全通道模式”

1948 年美国政治学家哈罗德·D·拉斯韦尔（Lasswell，Harlod D.）在其发表的《传播在社会中的结构与功能》〈The Structure and Function of Communication in Society〉一文中提出 5W 模式，规定了传播研究的五要素：传者、讯息、媒介、受众和效果，形成了传播学研究五个主要领域：控制分析、内容分析、媒介（渠道）分析、受者分析和效果分析，搭建传播学的“脚手架”，第一次为传播学搭建了一个比较完整、全面的理论构架，从而使传播学的最终确立成为可能[2]。尽管该模式存在直线性（无反馈）和孤立性（没有将传播过程放置于整个社会环境中来考察）的缺陷，但自 5W 模式提出至今，后人所有传播学研究成果均未能逃离这一模式涵盖的领域，中外学者概莫能外[3]。

为弥补 5W 模式的缺陷，历经众多学者 12 年研究探索、丰富和发展，1959 年美国社会学者赖利夫妇在《大众传播与社会系统》中提出了社会系统传播模式，基本观点为传播过程是处于社会系统中并受其影响的一个子系统，所有的传播过程都可以看作是一个系统的活动。传播系统既与社会中其他系统相联系，又具有自身相对的独立性。社会系统模式首先解决了传播过程中的信息反馈和传受互动问题，同时将传播过程与社会总系统相联系，并更多地对社会系统的整体环境加以研究，解决了传播孤立性的问题。该模式认为传播过程是处于社会系统中并受其影响的一个子系统，社会系统模式开启了大众传播研究的新面貌[4]。由上可知，从 5W 模式到社会系统模式的提出，都是在以报纸、杂志、广播和电视为主导媒介环境下提出来的，对于传统媒介环境下传播理论研究具有一定的适用性和普遍性。虽然从语言、文字、印刷媒介到影像媒介的每一次质的飞跃，都伴随着传播符号的变迁与丰富，但传受之间地位、传播方式、生产方式、传播时空观、传播消费

---

〔1〕 何道宽．异军突起的第三学派——媒介环境学评论之一［J］．深圳大学学报（人文社会科学版），2006（06）：104－108.

〔2〕［英］丹尼斯·麦奎尔，［瑞典］斯文·温德尔著．祝建华译．大众传播模式论（第二版）［M］．上海：上海译文出版社，2008：13－15.

〔3〕 张国良．传播学原理［J］．上海：复旦大学出版社，2011：39－41.

〔4〕 张国良．传播学原理［J］．上海：复旦大学出版社，2011：46－47.

观等没有发生质的变化，传播模式直观定义传播的所有要素及其相互关系结构，诠释传播整个过程。

从传统媒体到网络媒体再到移动媒体，中国社会迎来了第三次浪潮，中国新媒体经历了急剧的移动化发展，逐渐成为中国社会转型关键期的结构性因素，移动媒体与政治、经济、文化的深度融合不断释放新能量，成为社会历史性变迁的重要驱动力。当前，国内传播领域主要分为两种力量：一是传统媒体形式或者媒介组织形式所进行的系统化、专业化、单向度的新闻传播所形成的传播力；二是各种媒介形态在互联网平台上所进行的碎片化、个性化、社交化的传播所形成的传播力。两股力量不是孤立存在，而是相互融合起着微妙的化学反应。确切的说，当前以微博、微信、新闻客户端等移动互联网新兴传播形态为主体的传播力量，成为世界上最重要、最为活跃的传播场域之一，其所产生的影响既包括建构作用，也包括解构作用，还包括定型作用[1]。可见，传统大众传播模式基本上是信源到信宿的单向传播，这是由传统大众媒介的传播属性决定的。在当今移动媒介环境下，信息在移动终端内部编码后以比特流的形式在移动互联网上传播，比特流又通过译码后被另一个移动终端接收，无论移动终端以何种形态出现，移动媒介环境下新闻传播模式已经发生根本改变，传统的5W模式、社会系统模式已经无法完整诠释新媒介语境下社会传播过程，需要对原有理论模式做出进一步丰富与完善。国内学者在这方面做出了创新与尝试，如王中义的“网络传播模式”邵培仁的“阳光模式”和“整体互动模式”，谢新洲的“网络传播模式”等，最具有典型代表性的是刘静、陈红艳提出的数字媒介传播的新模式——“全通道模式”（图1-7）[2]。

〔1〕 张芳，栾慧先．移动互联网时代微传播力的解构、冲击与构建之我见［J］．通信管理与技术，2014（01）：1，9.

〔2〕 刘静，陈红艳．数字媒介传播概论［J］．北京：清华大学出版社，2014：102-108.

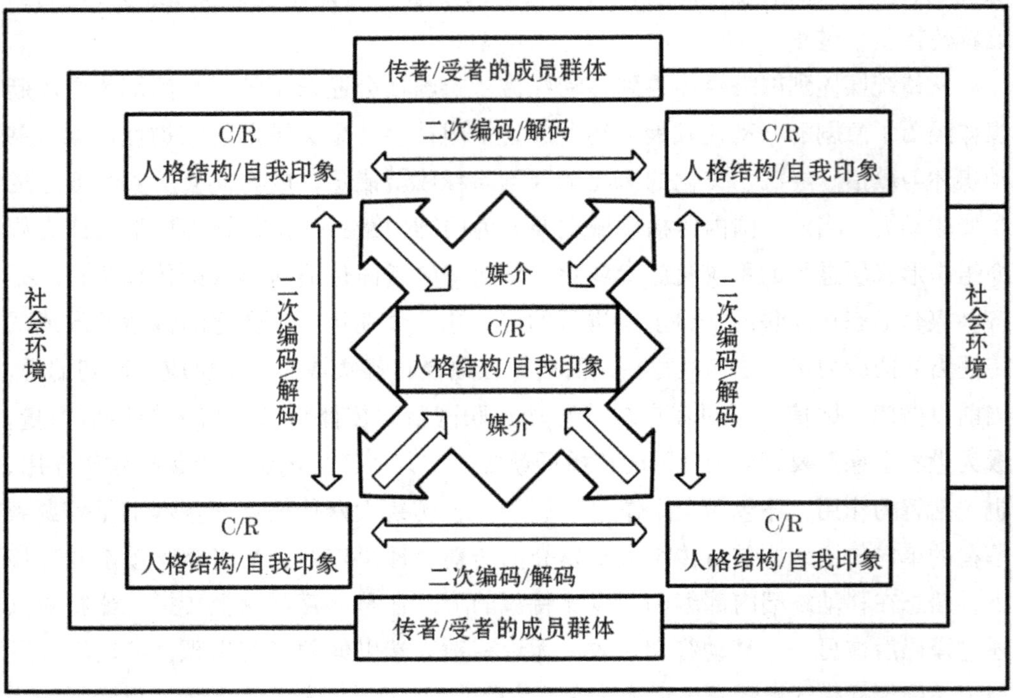

图 1－7　数字媒介传播的“全通道模式”

由上图可见，“全通道模式”与传统模式有着根本区别，该模式涵盖了移动化传播涉及的传者、讯息、媒介、受众、技术和社会环境等多个要素，体现了传播过程和角色的重大变化。该模式既保留了经典传统模式不可或缺的基本要素，也综合借鉴了学者们对于网络传播的最新研究成果，展示了当今移动媒介传播中各要素之间互动关联，反映了各种类型传播的具体概貌。与传统传播模式相比，主要特点如下：首先，整个传播过程以“个体”为核心，该模式中传播主体——传者与受者高度融合，C/R 既是传播者又是接受者，同时扮演着两大角色，通过多次传播、编码、解码和释码过程来实现传受地位的转换。其次，参与传播个体数量不受限制，可进行点对点、点对群、群对点、群对群的传播，移动化变革传播类型，导致人际传播、群体传播和大众传播的多向回归。第三，传播过程受到传者、受者和社会环境等多种复杂因素的制约与影响。第四，也是最重要的特点，媒介不再以单独的传播要素身份存在，而是作为信息流动渠道，成为连接所有 C/

R 的中介物，贯穿于传播的各层级[1]。基于此，本研究将刘静，陈红艳的“数字媒介传播的全通道模式作为主要理论分析框架”。

综上，从传统媒介环境下 5W 模式、社会系统模式的建构，到移动媒介环境下打破旧有传播模式，重构数字媒介传播的“全通道”模式，体现了媒介技术、媒介环境变迁对传播理论冲击与影响，尤其是移动互联网带来的传播渠道变革和传受身份转换与认同。保罗·莱文森认为：“人在媒介演化过程中进行着理性选择：任何一种后继的媒介都是一种补救措施，都是对旧媒介某一种先天不足功能的补救或补偿。”媒介技术加快了内容传播的速度，满足受众无限欲望，但媒体的新与旧是文化、思维与心理范畴的概念，与技术没有必然逻辑关系，技术固然满足了人们的欲望，但它并不是“内容”与“欲望”本身。技术的演进重组了我们的精神生活与思维方式，但它并不是精神与思维的本身，而媒体作为人们精神与思维的延伸永存，需要与传播方式的变迁同步[2]。

（三）约书亚·梅罗维茨（Joshua Meyrowitz）的“媒介场景融合理论”

“场景融合”一词，来源于传播学家梅罗维茨的媒介情境理论，美国传播学者梅罗维茨（Joshua Meyrowitz）是媒介环境学派第三代代表人物之一，他有关媒介学术观点与麦克卢汉一脉相承，他在《消失的地域：电子媒介对社会行为的影响》著述中，结合麦氏理论和戈夫曼的戏剧理论，指出电子媒介是通过改变社会的情境进而影响人们的行为方式。该理论将媒介本身视为一种环境，认为媒介不是通过内容来影响我们，而是通过改变社会生活的场景来产生影响。当今移动新媒介全面深入人们生活，将模糊媒介环境与社会环境的界限、情境合并成为媒介生态的一种特征形式[3]。简而言之，梅罗维茨认为对人们交往的性质起决定作用的并不是物质场地本身，而是信息流动的模式[4]。在当今这样一个边界愈加模糊、场景愈加多元、选择愈加自由、注意力愈加分散的新媒体时代，传统的场景已经被

---

〔1〕 李芳．大型体育赛事移动化传播研究［M］．北京：北京体育大学出版社，2015.

〔2〕 胡晓东．新媒体的非技术逻辑［J］．新闻实践，2013（02）：77.

〔3〕 田中初．电子媒介如何影响社会行为——梅罗维茨传播理论述评［J］．浙江师范大学学报（社会科学版），2006（01）：108－112.

〔4〕 桂琳．媒介场景：文化研究中的新思路——读梅罗维茨的《消失的地域》［J］．文化与诗学，2008（01）：291－298.

彻底颠覆，融合后的信息环境为社会行为创造了新的媒介场景，这种场景打破了以往相对封闭的信息系统，形成了一种参与度高、互动性强的开放式信息传播系统。当前传统场景的颠覆，既带来了危机和挑战，也意味着机遇和新生。互联网、移动终端、大数据，新技术、新思维、新平台，带来的是更丰富、更具创造力的场景重构的可能[1]。

伴随着智能手机、平板等移动设备的普及和移动互联网的飞速发展，媒介使用变得随时随地。彭兰指出："移动互联网的发展将使得内容、社交、服务 3 种平台的交融更加深层。对于各种类型媒体，'场景'都将成为一个新的核心要素。"美国知名媒体人 Robert Scoble 和 SheIdon Israel 合著的《即将到来的场景时代》一书指出了场景时代的五个重要相关因素：移动设备、传感器、定位系统、大数据、社交媒体[2]。场景被认为是"移动媒体的新入口"和"移动互联网时代的核心"。以移动媒体的用户超过 PC 用户数量为标志，如今的人类社会已经进入到移动互联网社会，或者说进入一个互联网思维主导的社会。以智能手机为代表的移动媒体几乎"控制"了人类的生活，场景这一概念的提出正值移动互联网时代兴起之时，也成为引导移动互联网无限发展前景的关键[3]。可见，梅罗维茨拓展了媒介研究领域的新视域，开拓了媒介场景研究新视野，为本研究智能手机等移动终端带来的媒介场景变迁、引发社会情景重组新景观、进而改变信息系统结构变化和人的思维方式与生活方式变化提供了理论依据和支撑，也就是媒介移动化重组新场景，新场景引发新行为。

---

〔1〕 邱翔．广播媒介的"场景重构"［J］．中国广播，2015（3）：16－18.

〔2〕 陆烁．"碎片化"时代网络用户使用场景研究——对媒介权衡需求理论的补充［J］．科技传播，2016（01）：4，16.

〔3〕 郜书锴．场景理论：开启移动传播的新思维［J］．新闻界，2015（17）：44－48，58.

第四节 相关研究综述

本研究试图从传播学、新闻学和体育人文社会学的视域探究四大门户网站 PC 端和移动终端里约奥运会赛事传播现况、面临困境和发展的现实路径。根据本研究需要，阅读和参考的文献主要包括以下四方面：一是体育新闻传播研究；二是大型体育赛事新媒体传播研究；三是门户网站奥运会新闻传播研究；四是门户网站移动终端体育新闻传播研究。

之所以做以上四方面分类，主要以 Cnki、Baidu、Google 等网站下载的期刊与博硕士论文为代表，通过搜集本文研究核心关键词“体育新闻传播”“大型体育赛事”“门户网站”“新媒体”“微博”“微信”“新闻客户端”，并在此基础上，将以上关键词进一步细化分解，再对查阅到的文献进行搜集、归纳与整理，共浏览文献 587 篇，并从中精选出 221 篇理论创新、观点独到的文献，为本论文研究提供许多新的视角、思路和前期理论支撑。（表 1－1）

表 1－1 文献资料情况一览表

	浏览文献量	精选文献量
体育新闻传播研究	150	67
大型体育赛事新媒体传播研究	95	42
门户网站奥运会新闻传播研究	82	30
门户网站移动终端体育新闻传播研究	260	82
总计	587	221

精选文献依据主要通过人工筛选法，如表 1－1 所列浏览文献量，指能在各专业文献网站中搜集到的 2000—2016 年 6 月的所有文献数量，之所以选取 2000 年作为文献搜集的起点，是因为我国门户网站奥运会新闻传播历史，最早可以追溯到 2000 年的悉尼奥运会。精选文献量主要是在对每一篇文献浏览后，根据论文发表

的刊物、作者权威性、观点创新性、研究方法的可操作性、结构严谨性、结论代表性、学术性与科学性等方面指标要求进行过滤筛选。

从表 1 - 1 可见，关于体育新闻传播、门户网站移动终端体育新闻传播研究文献相对丰富，而有关大型体育赛事新媒体传播和门户网站奥运会新闻传播研究方面文献相对略少，说明学界对该领域关注和研究还不够。门户网站移动终端体育新闻传播研究主要包括新闻客户端、微博和微信三个部分，微博于 2009 年在我国上线，关于微博传播研究文献较多，且已经渗透进体育传播领域。而关于新闻客户端和微信体育新闻传播方面研究文献还较为少见，但相信伴随着微博，尤其是微信、新闻客户端在体育新闻传播实践领域的日益勃兴，关于移动终端体育新闻传播研究也会愈加丰富与多元，成果会更加丰硕。

一、体育新闻传播研究

门户网站大型体育赛事传播研究属于体育新闻传播领域，也是体育新闻传播理论与实践的核心构成部分，因此，本研究首先分析体育新闻传播领域相关文献。主要包括四个构成部分：体育新闻传播模式研究、体育新闻传播受众研究、体育视频新闻传播研究、体育数据新闻传播研究。

（一）体育新闻传播模式研究

林碧锋从“脱域”理论的视角出发，以我国优秀垂直门户网站虎扑体育网为例，探析体育新闻传播模式的创新与发展。“脱域”概念由英国社会学家安东尼·吉登斯（Anthony Giddens）在《现代性的后果》一书首次提出：“所谓脱域，是指社会关系从彼此互动的地域性关联中，从通过对不确定的时间的无限穿越而被重构的关联中‘脱离出来’。”以篮球为主要传播内容虎扑体育网，为球迷构建一个综合虚拟社区，球迷以兴趣爱好为纽带，并最终形成一种新型社会人际交往模式，也推动体育新闻传播主体、渠道及内容生产方式的改革与创新（2015）[1]。张恒以新旧媒体融合为背景，探讨新旧媒体融合对体育新闻传播的意义与影响，并指出

---

〔1〕 林碧锋．“脱域”视野下的体育传播模式探析——以虎扑体育网为例［J］．新闻研究导刊，2015（10）：200 - 203.

体育新闻传播未来发展趋势：一是新闻传播与现代技术紧密结合，体育新闻传播要实现时效性、便捷性、交互性就需要与现代化技术紧密结合起来；二是观众成为主体，转变了单向传播模式；三是体育新闻传播渠道多元化[1]。李雨泽针对媒介融合发展的大背景，阐述新媒体崛起给传统媒体带来的困境及优势，分析媒介融合时代下体育新闻传播基本特征，并预测其未来发展趋势（2015）。李白咏、杜波以传播学议程设置理论为研究框架，对 CBA 联赛中北京男篮的“北京王朝”这一体育传播现象进行解读。认为“北京王朝”是媒体构建的一个框架，深入解读了“四年三冠”的“北京王朝”这一传播事件，并从强度和重复、个人动机两个层面分析“北京王朝”框架的传播效果（2015）[2]。刘树民认为：互联网勃兴对体育赛事传播产生了深远的影响。结合网络体育新闻传播现实背景，论述体育新闻传播基本特征、传播模式创新，并对其未来发展提出具体建议（2015）[3]。张栋指出随着我国经济的全球化发展，中国体育尤其是竞技类体育运动得到了国家乃至全世界的高度关注，体育新闻传播的途径与媒介也成为全民关注的焦点，总结了新型体育新闻传播的特征：新兴体育新闻传播普遍网络化；新兴体育新闻传播趋向互动化；新兴体育新闻传播形式多样化。并预测新型体育传播未来发展趋势：传播媒介界限模糊化；传播理念服务化和传播媒体合作跨界化（2016）[4]。王浩明提出“重构体育传播，乐视搭建更美好体育场景”。论文以乐视体育为主要个案进行分析，认为“乐视体育的场景生态与乐视倡导的大生态系统相吻合。未来体育内容的传播还需要解决体育迷的四大痛点：一是专业体育迷对数据的需求；二是体育迷对互动的需求；三是体育迷对竞猜的需求；四是体育迷对消费的需求。互联网重构体育传播生态，未来体育内容的生产和呈现方式将发生天翻地覆的变化（2016）[5]。罗璇深入解析了新媒体体育传播的发展态势与动因，指出政策扶持为新媒体体育传播指明方向；体育组织为新媒体体育传播增加动力；新媒体在竞争

〔1〕 张恒．基于新旧媒体融合下的体育新闻传播研究［J］．财经纵览，2015（08）：215.

〔2〕 李白咏，杜波．体育传播中议程设置与构架的融合［J］．科技传播，2015（09）：52－54.

〔3〕 刘树民．网络体育新闻的传播学解析［J］．学术经纬，2015（24）：53－54.

〔4〕 张栋．新兴体育新闻传播的特征及发展趋势研究［J］．采写编，2016（02）：65－66.

〔5〕 王浩明．重构体育传播，乐视搭建更美好体育场景［C］．中国商报，2016.2.26. 第 A02 版：1－3.

与合作中探寻体育传播之道；技术进步与资本青睐为新媒体体育传播提供保障（2015）[1]。

（二）体育新闻传播受众研究

受众是体育新闻传播核心要素，既是体育新闻传播的服务对象，又是传播效果的检验者。关于体育新闻传播受众研究方面文献研究并不多见，有代表性的如：徐敏佳结合当前移动互联网和新媒体技术崛起，探讨了场景时代体育新闻传播的分众化、小众化之路。阐述了场景传播的技术支撑，体育新闻的场景再现，预测体育新闻的分众化趋势，提出了场景时代体育新闻传播的分众化策略（2015）[2]。张爱兵、吴月红对新媒体环境下体育受众心理特征进行了分析。首先分析新媒体概念，新媒体体育新闻传播特征，揭示新媒体环境下体育受众发生变化动因，提出新媒体环境下的体育受众主要呈现心理特征为：主体意识、求新心理、娱乐心理、求真心理和选择心理增强等特征，针对这些心理特征，提出引导树立正确的体育价值观和充分满足受众需求心理的引导策略（2015）[3]。

（三）体育视频新闻传播研究

视频化是门户网站体育新闻传播的未来发展趋势之一，生动形象的视觉化传播日益成为体育赛事传播的主流方式。当前，关于视频传播方面文献数量较多，但体育视频传播领域研究相对较少，APP 端视频传播近几年的研究文献呈上升趋势，说明客户端和移动化视频传播作为近几年才兴起的新传播方式，学界对该领域研究关注亦越来越多。体育视频新闻的日益发展，也使学界理论研究逐渐深入，主要研究文献包括两方面：一是关于网络体育视频传播特征的研究；二是关于网络体育视频传播面临问题的研究。

1. 网络体育视频传播特征的研究

伍梦月、汪明香以乐视体育赛事集锦为主要研究个案，分析乐视体育赛事集

---

〔1〕 罗璇．新媒体体育传播的态势与动因［J］．青年记者，2015（09）：72－73.

〔2〕 许敏佳．场景时代体育新闻的分众化传播之路［J］．传媒，2015（22）：61－63.

〔3〕 张爱兵，吴月红．新媒体环境下体育受众心理特征分析与引导策略［J］．安徽理工大学学报（社会科学版），2015（02）：105－108.

锦的传播特色：标题吸引眼球，推送消息及时和视频内容包装精美。并得出乐视体育赛事集锦传播效果：点击量占有绝对优势和提升网站的品牌影响力。分析了其制作与推广集锦的规律，进而提出其存在本土化不足、移动客户端推广滞后和市场冲击较大等方面面临的问题（2015）[1]。郭瑞涛提出，巴西世界杯期间，移动和视频占主导地位，实现了“社交＋移动＋视频”的跨越式传播方式（2014）[2]。高贵武、滕泽人指出，传统媒体与新媒体的竞争主要是独家直播与短视频、端庄严肃与幽默八卦、中心与边缘的竞争（2014）[3]。唐陟指出：多屏互动创造赛事传播的新途径；APP 转变观众角色是体育节目娱乐化的新尝试；本届世界杯微信、微博、客户端等活跃度明显增强，共振效应加大（2014）[4]。李金宝指出：巴西世界杯新闻客户端、视频客户端崛起态势明显。PC、手机网及新闻客户端的赛事直播内容的打通，是一种在效果上 1＋1＋1＞3 的资源整合（2014）[5]。刘连喜、张腾之，肖频频认为：电视仍然是世界杯赛事播放主渠道，传播分众化导致受众多屏收看，呈现“直播时看 PC 端，伴随闲暇时看 APP 端；非直播时 PC 端上边看边侃”的特点（2014）[6]。孙琳认为，各大视频网站自制视频在 2014 年巴西世界杯传播中大量运用，行业整合、内容自制、“客厅之战”、移动视频、网台互动等将是未来体育视频发展的新趋势（2013）[7]。张楠、万晓红简要概述体育微视频和体育形象的内涵，分析了微视频传播中国体育形象的可能性：体育微视频平民化传播视角、多元化传播主题、网络化传播渠道，使其有望成为移动互联时代传播中国体育形象的新路径。并从体育理念形象、体育行为形象和体育视觉形象三个维度论述了体育微电影传播中国体育形象的具体表现，进一步提出体育微视频成为

〔1〕 伍梦月，汪明香．体育赛事集锦的传播特色和效果分析——以乐视体育为例［J］．现代视听，2015（04）：20－24.

〔2〕 郭瑞涛．2014 年巴西世界杯的传播新特征解读［J］．安顺学院学报，2014（05）：89－90.

〔3〕 高贵武，滕泽人．传统媒体与新媒体之巴西世界杯报道比较——以中央电视台和腾讯网为例［J］．新闻与写作，2014（08）：69－72.

〔4〕 唐陟．多屏互动央视体育频道开启“全媒体报道时代”——CCTV 传播论坛：央视巴西世界杯报道总结［J］．现代传播，2014（09）：145－146.

〔5〕 李金宝．新媒体环境下大型赛事报道特点与趋势——以中央电视台 2014 年巴西世界杯报道为例［J］．电视研究，2014（11）：25－27.

〔6〕 刘连喜，张腾之，肖频频．以大数据透视世界杯——2014 世界杯“社交媒体”传播分析报告［J］．电视研究，2014（12）：39－41.

〔7〕 孙琳，中国网络视频行业发展现状及走向猜想［J］．新闻研究导刊，2013（11）：30－34.

中国体育形象传播的新渠道（2015）[1]。

2. 网络体育视频传播面临问题的研究

王平、杨成伟指出：网络视频直播体育赛事引领体育赛事观看方式的演变。网络视频具有直播时可以观看到传统电视上不会转播的比赛；与传统媒体争夺受众；多场比赛同时直播观看；视频点播；实时互动也是目前两大媒介关注的一个重点。网络视频尚存在转播时间要比电视台推迟一段时间，版权问题，视频画面的流畅程度和清晰度等不足之处（2010）[2]。单一飞指出，网络体育视频接收过程具有一定的便捷性，传播效果具有一定的持续性。但面临诸多问题，如：过度娱乐化、同质化严重、体育评论质量有待提高、缺乏深度报道。只有加强对网络体育视频的深度报道及评论水平，才能不断提高质量，为观众带来更多优秀的体育视频产品（2015）[3]。

（四）体育数据新闻传播研究

体育一直是新闻报道的宠儿，特别是诸如奥运会、世界杯等全球性体育赛事，更是媒体报道的重中之重。付晓静、张斌认为：大数据时代同样为体育新闻生产注入了变革的驱动力（2015）[4]。一场精彩比赛所包含的要素很多，胜负情况、运动员表现、临场发挥、排兵布阵等技战术运用等许多内容都可能成为媒体宣传报道的新核心内容，然而并不是所有报道都能直观及时地反映以上内容；同时体育新闻传播的高度情感性特征，单纯的文字性叙述极易带来主观印象甚而有失偏颇。在这种情况下，媒体要平衡不同受众群体的情感诉求，同时又要满足尽可能多的受众需要，依据比赛数据进行客观报道，就成为必然的选择（2015）[5]。由此可见，数据新闻在大型体育赛事精准传播过程中扮演着生力军的角色，而且伴随门

---

〔1〕 张楠，万晓红．体育微视频：中国体育形象传播新渠道［J］．中国广播学刊，2015（04）：64－66.

〔2〕 王平，杨成伟．网络视频直播大型体育赛事的状况分析——以网络视频直播南非世界杯足球赛为例［J］．新闻爱好者，2011（02）：94－95.

〔3〕 单一飞．网络体育视频的困境及解决策略探究［J］．新闻战线，2015（02）：113－114.

〔4〕 付晓静，张晓斌．大数据时代的体育新闻报道——以巴西世界杯报道中的可视化数据新闻为例［J］．青年记者，2015（03）：46－47.

〔5〕 付晓静，张晓斌．大数据时代的体育新闻报道——以巴西世界杯报道中的可视化数据新闻为例［J］．青年记者，2015（03）：46－47.

户网站受众的可视化要求不断提升，其重要作用有愈发难阻之势。大数据从概念变为现实，对体育赛事传播产生了深远影响（2014）[1]。

1. 关于体育数据新闻传播发展研究

王国昆、刘亚男以腾讯、新浪、搜狐三家门户网站对2014年巴西世界杯的体育新闻报道为研究对象，认为：巴西世界杯门户网站如一骑红尘狂飙崛起，为原本纷繁复杂的媒体格局加入了新元素，大数据时代的媒体竞争，将是数据开放程度以及数据收集、整合、处置和使用能力的竞争，数据日益成为世界杯传播的核心资源之一。同时，该研究对腾讯、搜狐两家门户网站的世界杯数据专题进行了分析，腾讯网为巴西世界杯特别打造了专业数据分析系统，搜狐世界杯报道设置了专门数据页面，建立世界杯数据库。二者在可视化设计方面丰富多元、直观权威，可见，数据化报道能提升赛事报道的精确性、权威性和专业性，成为大数据时代世界杯传播的新落点、新内容，也为各门户网站赢得了口碑和市场（2014）[2]。白霜指出：网络体育数据新闻的数量、内容及形式远不及其他类型的数据新闻，数据不能得到充分利用。体育新闻要求较强的时效性，受众希望比赛信息时刻跟随赛况；数据新闻逻辑性强，而体育报道本身的数据规律单一；掌握足够的数据以及处理数据能力的记者很少；在这些方面门户网站数据新闻将会遇到较大困境。并对门户网站数据新闻提出了合理化建议，认为：当前互联网重视用户，数据新闻需多加使用动态可视化内容来提升用户的参与度，增加新闻的趣味性、交互性和自主选择性。在发展方向上，体育数据新闻的多平台呈现仍是一大空缺。当前体育数据新闻应有意识地转移到移动平台发展，提高新闻的传播扩散效率，为未来体育新闻的发展做铺垫（2015）[3]。

2. 关于体育数据新闻可视化传播研究

辛蔼玲认为：可视化的数据新闻逐步进入人们的视野，成为一个被受众所熟知并接受的全新的报道方式；数据新闻属于独家策划类板块，高度融合了多种表现方式，打破了专业性内容的限制；可视化的数据新闻不仅仅用信息图表的方式

---

〔1〕 王国昆，刘亚男．门户网站巴西世界杯传播新视点［J］．新闻战线，2014（8）：101－102.

〔2〕 王国昆，刘亚男．门户网站巴西世界杯传播新视点［J］．新闻战线，2014（8）：101－102.

〔3〕 白霜．大数据时代体育新闻的发展之道——体育数据新闻的实践与创新［J］．采写编，2015（4）：39－40.

去展现新闻，它还在每期报道中配以专业且有深度的数据解读，使可视化数据新闻在文字报道的补充下更吸引受众眼球（2015）[1]。汤莉萍选取《华盛顿邮报》官网“北京冬奥”可视化新闻报道为例，介绍了《华盛顿邮报》官网的新闻版面安排，总结了可视化报道的类型、传播内容及数据来源，介绍了该报可视化新闻制作的基本原则，并有针对性的解析该报官网可视化新闻传播对中国媒体的启示。(2015)[2]。王楚涵以新华网和网易为例，探讨了大数据时代背景下，门户网站体育数据新闻可视化传播的优势：即数据对比增强说服力；数据故事化加强叙事性；数据可视化舒适阅读体验和数据预测提升竞争力。分析了大数据在体育数据新闻报道中面临的瓶颈，并从搭建高品质的体育数据库、采用多种方式增加用户参与、加强与社会化媒体的合作和提高体育记者的数据素养四个方面提出具体解决策略(2016)[3]。王康乐指出：数据新闻是大数据时代新闻报道的新模式。分析了体育数据新闻的可视化及其应用，总结出体育数据新闻可视化报道的优势：用数据说话使体育新闻更具说服力；数据挖掘呈现体育新闻的深度信息；数据可视与解读传递轻量化的阅读体验；数据集成使体育新闻更具连贯性。最后提出体育数据新闻可视化发展面临的挑战为数据的采集不够科学、严谨；数据新闻人才匮乏，可视化制作能力不足；可视化阅读效果和互动性有待提高和报道速度滞后且推送力度不够等（2016）[4]。张晓斌深入分析了数据可视化在体育新闻中的制作与呈现，提出数据成为体育新闻的主要来源和核心竞争力。在现状分析基础上，总结归纳数据可视化在体育新闻报道中的传播优势、应用要点、存在的问题及解决对策，并预测数据可视化在体育新闻传播中的应用前景（2015）[5]。

---

〔1〕 辛蔼玲．商业门户网站大型体育赛事报道创新探究——以新浪、网易和搜狐 2014 年巴西世界杯专题报道为例［D］．暨南大学，2015.

〔2〕 汤莉萍．《华盛顿邮报》官网可视化报道分析——以“北京冬奥”新闻为例［J］．新闻知识，2015（10）：33－34，43.

〔3〕 王楚涵．大数据时代门户网站体育数据新闻可视化探究——以新华网、网易为例［J］．商，2016(02)：199.

〔4〕 王康乐．大数据时代体育数据新闻可视化报道的优势与挑战［J］．体育研究与教育，2016（01）：13－17.

〔5〕 张晓斌．数据可视化在体育新闻报道中的应用［D］．武汉体育学院，2015.

文献评介

体育新闻传播研究是门户网站大型体育赛事新闻传播研究的基础与前提，前几年主要关注体育新闻传播模式、传播特征、面临问题及发展趋势等方面研究，近几年随着新媒体崛起，关注点开始向新媒体体育新闻传播领域转移，尤其是体育视频新闻传播和体育数据新闻传播成为学界关注重点，也成为体育新闻传播发展主流趋势。但国内目前体育新闻传播研究还多留在现象描述阶段，深入理论探讨文章还不多见，此外对体育新闻传播基础理论研究尚未引起足够重视，体育新闻传播尚未形成自己独立理论框架体系，需要在后续研究中不断加以完善与创新。

二、大型体育赛事新媒体传播研究

体育新闻常常与时政新闻、经济新闻一道，成为媒体三大主要内容资源之一，也是最受关注、最吸引注意力的媒体资源。每临奥运会、世界杯等重大体育赛事，各媒体均提前排兵布阵，举全媒体之力，不惜重金打造豪华报道阵容进行传播报道。大型体育赛事传播体现一个媒体核心竞争力，是媒体吸引受众资源和提升关注度、公信力与影响力的重要契机，也是所有体育新技术、传媒新技术、新传播方式的一种试验场，是会影响以后整个体育行业和传媒业的大发展，尤其对体育传播有很大的方向标作用。因此，本研究重点关注如奥运会、足球世界杯、亚运会等大型体育赛事新媒体传播相关文献。

（一）大型体育赛事传播模式研究

管昌燕、陆亨伯在论文中主要对传统媒介与移动媒介体育赛事传播报道特点进行比较分析，得出移动媒介传播优势，探求体育赛事移动媒介传播的具体路径，并针对问题提出详细的对策建议（2009）[1]。著名传播学者拉斯韦尔的“五W模式”将传播过程分为传者、媒介、讯息、受众和效果五个研究领域。关于大型体育赛事传播模式研究，主要研究成果为上海体育学院张业安、肖焕禹等人的《大

〔1〕 管昌燕，陆亨伯．我国体育赛事移动媒介传播路径探讨［J］．体育文化导刊，2009（08）：40－42，51.

型体育赛事媒介传播效果影响因素的多维考察》（2013）、《大型体育赛事媒介传播的相关利益主体分析》（2013）和《大型体育赛事媒介传播效果的层次与评估指标研究》（2012）等。在以上研究中，主要对大型体育赛事概念作出清晰界定，对影响传播效果各因素进行考察分析，制定了科学、合理的评价指标体系，提出政府、媒介、赛事组织者、受众、赞助商和赛事参加者是媒介传播相关利益主体，并对各利益主体特点进行详细论述[1]。李丁、肖焕禹以 2012 年伦敦奥运会为主要研究对象，从过程和结构两个视角解读媒介融合背景下体育传播模式的发展与变化：体育传播者职能的重新定位、体育传播内容生产方式的变革、体育传播渠道（媒介）的创新、体育受众需求的变化以及新环境下对体育传播效果的审视（2013）[2]。王相飞、张巧玲阐述了大数据背景下大型体育赛事新媒体传播的主要特征，大数据在大型体育赛事新媒体传播中的应用表现，即即时了解社交舆情，设置热议话题；赛事技术分析、支持与结果的预测；赛事直播中的运用和大数据新闻的制作等。针对应用现状提出存在问题：首先与国外相比，国内大数据技术的运用方面尚不够普及与成熟；其次大数据技术运用涉及的隐私保护问题；第三是大数据的积累与开放方面国内与国外相比具有很大差距。在探讨问题基础上进一步阐述用大数据推动体育赛事新媒体传播的展望（2015）[3]。王相飞分析了体育社群的初步形成、不同发展阶段的特征及策略，以及体育社区发展关键因素。指出社交网络传播的最大意义在于促进沟通和交流，通过赛事贴吧、主题活动、消息墙以及粉丝微信群，让用户更容易参与进来，变得更加动态化（2016）[4]。焦亮亮、张玉超运用 SWOT 分析法对大型体育赛事新媒体转播的发展进行分析，得出体育赛事新媒体转播的发展优势：产业规模发展迅速，受众空间巨大；内容、形式、广度及速度更优于传统媒体为具有转播世界大赛的丰富经验，设备技术全面等。体育赛事新媒体转播的发展劣势为版权不易保护，持权转播商利益难以维护；

---

〔1〕 张业安，肖焕禹，冉强辉．大型体育赛事媒介传播的相关利益主体分析［J］．体育科学，2013（03）：71 – 80.

〔2〕 李丁，肖焕禹．媒介融合背景下体育传播模式之嬗变［J］．上海体育学院学报，2013（05）：31 – 36.

〔3〕 王相飞，张巧玲．大数据背景下大型体育赛事新媒体的传播研究［J］．武汉体育学院学报，2015（11）：25 – 29.

〔4〕 王相飞．大型体育赛事社群成长的发展模式［J］．体育学刊，2016（01）：31 – 35.

业务发展迅速带来的协调发展问题；专业与复合型人才紧缺；技术尚存制约等。深入探讨了体育赛事新媒体转播的发展机遇，网民数量攀升，受众接受信息的渠道发生转变；政策导向的宽松；以奥运会转播为依托，亚运会为平台促成了技术革新；大型体育赛事为新媒体带来巨大的商机。最后提出大型体育赛事新媒体转播的发展威胁：即新媒体版权受到拷问；监管冲突；合作不畅等（2016）[1]。

（二）足球世界杯新媒体传播研究

2010年南非世界杯，正值微博进入发展井喷期，网络正式成为世界杯传播的主力媒体，可查阅文献也主要以网络媒体、微博和网络视频直播世界杯为主。本次世界杯，移动化传播初现端倪，手机电视、手机报等新媒体开始参与南非世界杯报道。

关于网络媒体南非世界杯报道的研究，多从现状趋势、传播特征、传播格局等方面展开分析讨论，如薛岚《网络传媒对体育信息传播的现状趋势和发展研究——以世界杯足球赛为例》（2012）、徐蒂的《论南非世界杯传播的新特征》（2010）等论文。王凯、王爱丰提出："腾讯网"南非世界杯报道攻略为战略指导："用户中心"的报道设计理念；战略意图："零距离"世界杯网络主场打造；战略通道：多资源整合优势互补；战略布局：腾讯网"442阵型"的报道策略，并总结南非世界杯报道特征及对体育赛事网络传播的启示（2010）[2]。杨剑锋、雷海平指出：南非世界杯是网络视频、微博和3D电视转播的世界杯，新媒体的强势介入，使体育新闻传播格局发生了变革，自媒体化、移动化和高保真化成为新格局下体育新闻传播的新特征，新格局下大型体育赛事传播也将面临信息迷误、技术迷误和意义迷误等新问题（2012）[3]。

关于微博的南非世界杯传播研究，主要从报道现况、传播特点、面临问题、改进建议、报道策略和传播模式等方面展开。例如何婷婷总结分析世界杯微博传

---

〔1〕 焦亮亮，张玉超．我国大型体育赛事新媒体转播的SWOT分析［J］．湖北体育科技，2016（06）：537－540.

〔2〕 王凯，王爱丰．腾讯网南非世界杯报道特征及其启示［J］．体育文化导刊，2010（12）：132－135.

〔3〕 杨剑锋，雷海平．新媒体语境下的体育新闻传播新格局［J］．中国体育科技，2012（48）：127－130.

播特点为：设置话题、接近名人、内容简短多样、传播方式裂变、新闻来源直接等（2012）。汤天甜、张璐璐指出微博为所有球迷开辟了新的主流评球方式、新的虚拟看球环境和新的情感宣泄渠道，并对体育微博、体育赛事微博做出全新界定，指出世界杯微博传播特质为及时互动性、用户黏性和行为连续性等（2011）[1]。殷国华指出新浪创新报道摆脱同质化竞争、《黄加李泡世界杯》创跨媒介传播典范，查找世界杯微博运营存在问题并提出具体对策（2010）。罗艺漫对黄健翔体育名人微博传播特征进行分析（2010）。刘颈在论文中从传播主体、传播内容、传播关系和意见领袖四方面论证了微博的传播特点（2011）。徐艳提出微博世界杯运营方式为视频播放（直播 + 点播） + 微博（发送 + 接收）。从版面设计策划、明星策略、活动策划和专业性支持四个维度分析比较四大门户网站的传播策略，并指出新闻报道模式变革为“秒互动”；传播模式变革为“台网互动”构建跨媒介传播新模式；媒体执业者资质变革将为新媒介造就全媒体传媒人（2011）[2]。

2014 年被业界称为移动视频元年，巴西世界杯实现多屏互动，新闻客户端、短视频争抢世界杯注意力，通过手机、平板电脑等移动终端看世界杯成为新风尚。同时微信加入了世界杯传播，通过微信公众号，用户可以随时随地了解世界杯最新资讯。微博除新浪微博继续保持发展势头，其他门户网站已放弃这块阵地，开始争夺移动端和视频资源。关于巴西世界杯新媒体传播文献，主要以阐述传播新特征、趋势、大数据对世界杯传播影响等。

辛霭玲以新浪、网易和搜狐三大门户网站 2014 年巴西世界杯专题报道为研究文本，从站头设计、板块设置、首页布局和横纵综合对比四方面，详细阐述三网站巴西世界杯的设计创新。并从表现方式、报道技巧、报道渠道和横纵综合对比四方面分析了三大门户网站的报道内容与渠道创新。以此为基础，思考三大门户网站体育新闻报道提升空间具体策略，并对商业门户网站大型体育赛事报道进行展望（2015）[3]。乔延宾运用文献资料法和文本分析法，对巴西世界杯网络媒体的报道特征进行了深入解析，提出网络媒体世界杯报道的策略，即“全投入战略导

[1] 汤天甜，张璐璐．微博话语场中的世界杯传播探析［J］．新闻研究导刊，2011（05）：13－15.

[2] 徐艳．微博的新闻策略与传播模式研究——基于门户网站世界杯报道的内容分析［J］．现代传播，2011（04）：85－88.

[3] 辛霭玲．商业门户网站大型体育赛事报道创新探究——以新浪、网易和搜狐 2014 年巴西世界杯专题报道为例［D］．暨南大学，2015.

向”“全明星资源抢占”“全渠道平台整合”的全方位、立体化战略；在内容上呈现出原创性内容、主题化策略，“大数据”分析体现专业性，网络竞猜、游戏凸显互动性，“性、腥”内容充斥，各端口等特征。在传播模式要素方面：传播主体上草根生产与专业生产各得其所；传播内容上自创内容与整合内容并驾齐驱；传播渠道上多终端联动、跨屏幕互动模式凸显；传播对象上传统媒体用户初现端倪。在运作方面特征：用户体验线上线下互动；传播渠道移动端全面布局；报道形式为“三位一体”与图文“竖组图”结合；品牌营销初现“品牌互动+内容共建”的新模式（2015）[1]。李铁对巴西世界杯的媒体奇观现象进行了探讨。首先对“奇观社会”与“媒体奇观”概念进行阐释，其次分析了世界杯媒体奇观表征：激情再现的奇观塑造；英雄叙事的奇观；全民狂欢的奇观营造；情欲消费的奇观辐射和广告营销的奇观。最后从身体的自我消解、实体情感的削弱、体育本质的背离、商业利益的僭越和体育文化的单一五个层面对世界杯“媒介奇观”现象进行反思（2015）[2]。郭瑞涛提出，巴西世界杯实现了“社交+移动+视频”的跨越式传播方式，移动和视频占主导，微信加入世界杯传播，通过2014年巴西世界杯的微信公众号，受众便可以随时随地了解关于世界杯的各种最前沿、最流行的信息（2014）[3]。高贵武，滕泽人指出，传统媒体与新媒体的竞争主要是独家直播与短视频、端庄严肃与幽默八卦、中心与边缘的竞争（2014）[4]。唐陟指出：多屏互动创造赛事传播的新途径；APP转变观众角色是体育节目娱乐化的新尝试；本届世界杯微信、微博、客户端等活跃度明显增强，共振效应加大（2014）[5]。李金宝指出：巴西世界杯新闻客户端、视频客户端崛起态势明显。PC、手机网及新闻客户端的赛事直播内容的打通，是一种在效果上 1+1+1>3 的资源整合

---

〔1〕乔延宾. 巴西世界杯网络媒体传播特征解读［J］. 南京体育学院学报（自然科学版），2015（06）：157-160.

〔2〕李铁. 世界杯报道的媒体奇观与反思［J］. 体育文化导刊，2015（10）：189-193.

〔3〕郭瑞涛. 2014年巴西世界杯的传播新特征解读［J］. 安顺学院学报，2014（05）：89-90.

〔4〕高贵武，滕泽人. 传统媒体与新媒体之巴西世界杯报道比较——以中央电视台和腾讯网为例［J］. 新闻与写作，2014（08）：69-72.

〔5〕唐陟. 多屏互动央视体育频道开启“全媒体报道时代”——CCTV传播论坛：央视巴西世界杯报道总结［J］. 现代传播，2014（09）：145-146.

(2014)[1]。刘连喜、张腾之、肖频频认为：电视仍然是世界杯赛事播放主渠道，分屏收看常规化，呈现“直播时看大屏伴随手机互动；非直播时 PC 端上边看边侃”的特点（2014)[2]。杨叶指出：巴西世界杯新浪微博报道特点为零时差传播赛况，全面整合信息资源；设置热门话题，进行议程设置；实现裂变式传播，打造互动平台；传播内容多样，娱乐性、趣味性增强（2014)[3]。徐静指出：体育大事件串起媒体发展简史，巴西世界杯移动互联网成为站在潮头的产品，移动端崛起态势明显，巴西世界杯成为媒介融合最大最新的实验室。“渠道、移动、连接”成为本次世界杯报道关键词。新闻客户端、视频、微博、微信等平台覆盖了几乎所有终端，移动互联网时代的发展关键在于“建立连接”，抓住移动端用户，就是抓住了未来（2014)[4]。金文恺认为：在当今“指尖触碰”时代，传播格局正在向移动端迁移。世界杯传播强化“移动”特色，并通过对搜狐、腾讯、网易等移动模式解析，提出建构移动互联网媒体新思维，创新与观众的直接交互模式，成功实现“第二屏传播”（2014)[5]。周家旺指出：2014 年巴西世界杯移动媒体和社交媒体大放异彩，重大事件的移动社交化传播趋向愈加明显。人们关注世界杯方式发生转变，从电视等传统媒体逐渐转向网络媒体、从 PC 端逐渐转向移动端(2014)[6]。

（三）广州亚运会新媒体传播研究

大型体育赛事新闻媒体传播，除关注足球世界杯新媒体传播外，还有关于 2011 年广州亚运会新媒体传播研究文献，但仅检索到 3 篇，全部与微博有关。如徐绍文，赵蕴《在微博时代体育赛事的传播特点——以南非世界杯和广州亚运会

---

〔1〕 李金宝．新媒体环境下大型赛事报道特点与趋势——以中央电视台 2014 年巴西世界杯报道为例［J］．电视研究，2014（11）：25－27.

〔2〕 刘连喜，张腾之，肖频频．以大数据透视世界杯——2014 世界杯“社交媒体”传播分析报告［J］．电视研究，2014（12）：39－41.

〔3〕 杨叶．大型体育赛事的微博传播特点分析——以 2014 巴西世界杯期间新浪微博为例［J］．传媒观察，2014（08）：37－38.

〔4〕 徐静．体育传播移动化吹响——巴西世界杯媒体生态观察［J］．传媒观察，2014（09）：44－46.

〔5〕 金文恺．移动社交全媒体共享的传播迁徙——浅析 2014 年巴西世界杯的新媒体传播［J］．新闻研究导刊，2014（11）：15－16.

〔6〕 周家旺．“指尖”上的足球，“口袋”里的世界杯——从巴西世界杯看重大事件的移动社交化传播趋向［J］．西部广播电视，2014（16）：12.

为例》一文中，通过比较分析得出传播特点并提出具体传播策略（2011）。邹浩在《亚运助推体育"微时代"降临》中宣称"全民记者"微博追亚运，做好准备迎接体育"微时代"的到来（2011）。文远竹通过对新浪、网易、腾讯等门户网站借力微博传播广州亚运会现状与特点进行分析，预示了微博作为一种"新媒体"参与重大体育赛事新闻报道的巨大空间，是传播方式的一大变革（2011）[1]。

文献评介

大型体育赛事新媒体传播研究，以近年来影响力关注度颇高的赛事为主线，所有文献均围绕2010南非世界杯—2011广州亚运会—2012伦敦奥运会—2014巴西世界杯展开，并伴随赛事举办年，当年文献研究也呈上升趋势（奥运会相关研究，将在下文单独作以阐述）。比较四大赛事，从研究文献数量到研究深度广度，亚运会均无法与世界杯和奥运会相媲美。以2012年为时间节点，2010年文献以微博为主，2012年微博和移动媒体并重，到2014年开始以移动客户端、短视频为主。从文献研究发展走势大致可以看出大型体育赛事媒体发展现状与趋势。从精选文献看，还多停留在现象描述，大部分文章从现状分析到总结传播特点、现存问题和未来发展趋势预测，缺乏理论深度和系统的定量研究，仍需进一步完善。

三、门户网站奥运会新闻传播研究

王晓东对1995—2004年网络媒体奥运会传播历史进行了回顾与梳理，并分成三个历史阶段，即萌芽阶段（1995—2000）、缓慢发展阶段（2000—2004）和加速发展的新阶段（2004—），并对2008年北京奥运会网络媒体传播前景进行了展望，指出北京奥运会将是首届"数字化"奥运会，北京奥运会网络传播的政策环境将更加宽松（2006）[2]。王静以搜狐、新浪、腾讯三大门户网站的北京奥运报道为主要研究内容，对三网站奥运竞争策略进行了对比分析，提出门户网站北京奥运报道存在问题：网络拥堵；视频内容不丰富、无法下载。并从创新报道模式、差异

〔1〕 文远竹. 试议微博在广州亚运会宣传报道中的应用［J］. 中国编辑，2011（01）：47－51.

〔2〕 王晓东. 奥运会网络传播发展的历史回顾及前景展望［J］. 武汉体育学院学报，2006（05）：37－39.

化竞争和改善网络技术三方面提出相应改进建议。指出北京奥运给网络媒体带来重大的发展契机，网络媒体成为受众获取北京奥运信息的主要渠道之一，门户网站的影响力和营销收入在逐渐提高（2009）[1]。张雷分析了2004年雅典奥运会网络媒体报道的经验与启示，阐释了差异化竞争策略的理论意涵，提出2008年北京奥运会基于受众的多元化需求，实施差异化报道策略（2008）[2]。吴润楠对北京奥运会互联网传播进行深入细致研究，梳理了奥运会互联网传播发展历程，总结了四大门户网站的奥运竞赛策略：搜狐网赛事数据先人一步，总裁化身首席记者，焦点话题网民热辩；传统优势厚积薄发，明星草根齐上阵、新浪博客引领舆论；腾讯网"IM + 门户"变等待浏览为主动推送；"实时 + 互动"：手机QQ展示新媒体力量，网易视频访问量全球第一，专题策划展现雄厚实力。并对门户网站北京奥运报道进行评析（2010）[3]。陈广旭、黄新炎对社交网络在2012年伦敦奥运会中的正负效应进行客观分析和评价，对体育赛事使用社交网络提出了合理化建议。指出伦敦奥运会社交网络传播正功能主要包括：社交网络让"更高"程度地融入伦敦奥运会成为可能；社交网络让"更快"的新闻发布成为可能；社交网络让"更强"的体育广告营销成为可能。并提出社交网络伦敦奥运会传播的负功能为社交网络使伦敦奥运会所谓"绝顶机密"无所遁形；奥运会的一些小失误经由社交网络无限放大；奥运会遭到社交网络"数字炸弹"猛烈轰击，以及社交网络大型体育赛事传播规律对2016年里约奥运会的启示（2012）[4]。郑维嘉以伦敦奥运会腾讯和网易网络专题报道为主要研究内容，通过对两网站伦敦奥运报道策略、奥运专栏架构、同一事件报道、突发事件报道和我国强势夺金项目报道的比较分析，查找两网站在伦敦奥运会报道方面的经验与不足之处，并对两网站未来传播发展提出建设性建议（2013）[5]。阮航以手机腾讯网伦敦奥运会新闻报道为主要个案进行研究，从新闻总量、新闻题材、新闻来源、报道方式、报道基调、新闻立场等

---

〔1〕 王静．北京奥运报道中门户网站的竞争策略分析——以搜狐、新浪、腾讯为例［J］．新闻界，2009（01）：45－47.

〔2〕 张雷．网络媒体在奥运报道中的差异化策略［J］．声屏世界，2008（09）：11－12.

〔3〕 吴润楠．北京奥运会互联网传播研究［D］．南昌大学，2011.

〔4〕 陈广旭，黄新炎．社交网络在伦敦奥运会中的正负效应探析［J］．体育与科学，2012（05）：44－47.

〔5〕 郑维嘉．伦敦奥运会网络专题报道对比研究——以腾讯和网易为例［D］．成都体育学院，2013.

指标进行详细内容分析，得出伦敦奥运会手机腾讯网新闻报道的优势：广阔的全媒体平台；优质的独家新闻资源；高效的团队合作和“内容为王”的原则。并提出手机腾讯网伦敦奥运会新闻报道的不足，即过度关注热门项目，冷门项目报道缺失；后台技术有待完善，尚无视频内容展示和采编流程尚需优化，新闻素养需要提高（2014）[1]。陈勤以腾讯网伦敦奥运会网络新闻专题报道为例，从站头分析、导航区分析、板块分析、头条、要闻区、视频区和微博区七个维度对腾讯网伦敦奥运会网络新闻报道内容进行了分析，得出伦敦奥运会腾讯网报道创新特点与不足（2013）[2]。孙颖也以腾讯网伦敦奥运报道为例，指出传统媒体与网络媒体的竞争是赛事报道中的博弈，分析了腾讯网伦敦奥运报道概况，总结该网站伦敦奥运报道在赛事执行、传播策略与模式方面的特点与创新，查找网络媒体赛事报道中面临主要困境，并提出主要突破路径（2015）[3]。魏江雷、朱丽前瞻性预见里约奥运年将开启“互动传播”新时代，里约奥运会给各家门户网站带来巨大商机，本届奥运会更强调线上线下的融合，奥运赛事对于观众不能光看，更重要的是亲身参与。在 2016 年的里约奥运会上，社交媒体的商业价值将再次得到释放（2016）[4]。

文献评介

门户网站奥运会新闻传播研究，重点关注了四大综合门户网站腾讯、新浪、网易和搜狐奥运会新闻传播方面文献，综览以上研究成果，多以门户网站 PC 端为主要研究对象，以北京奥运会和伦敦奥运会 PC 端页面新闻为主要内容，多从历史梳理、传播概况、现状分析、面临问题及发展对策等方面进行深入细致研究，鲜见有两篇近期发表论文，重点关注了门户网站 PC 端与社交媒体融合发展这一新趋势，但研究主体还是门户网站 PC 端奥运新闻传播内容，而以门户网站 PC 端和移动端为主要对象，展开综合系统研究成果尚不多见。

---

〔1〕 阮航．手机腾讯网伦敦奥运会新闻报道研究［D］．北京体育大学，2014.

〔2〕 陈勤．伦敦奥运会网络新闻报道研究——以腾讯网奥运专题为例［D］．成都体育学院，2013.

〔3〕 孙颖．网络媒体对重大体育赛事的报道研究——以腾讯网伦敦奥运报道为例［D］．首都体育学院，2015.

〔4〕 魏江雷，朱丽．奥运年开启“互动传播”时代［J］．中外管理，2016（02）：51.

四、门户网站移动终端体育新闻传播研究

随着移动互联网的勃兴发展，新闻客户端作为一种全新的新闻传播方式，成为各传统媒体、门户网站数字化延伸的战略高地。门户网站新闻客户端自2010年开始开发应用，至今不到6年历史。但其传播彰显出的强大优势被越来越多的用户青睐，在大型体育赛事传播中逐渐从边缘迈向主流，成为继微博、微信之后掀起的第三次新媒体革命。朱志峰指出：移动终端媒体对体育新闻传播产生深刻的影响，智能手机和平板电脑等成为获取体育新闻传播的主要途径，可穿戴智能设备的应用已经越来越广泛，移动终端媒体促进体育新闻内容生产方式的转变，将进一步促进体育新闻传播的互动发展（2015）[1]。近几年，伴随着移动互联网和大数据技术的崛起，移动终端在体育新闻传播中发挥愈来愈重要作用，在2016年里约奥运会中，移动终端已经成为各门户网站奥运传播的主要平台。门户网站移动终端主要是指新闻客户端、微信和微博等移动平台，移动终端不是一个独立媒体，而是门户网站PC端功能与形式的延伸与创新，上文已经关注门户网站PC端奥运会新闻传播发展相关研究成果，下面将主要关注新闻客户端、微博和微信为代表的移动终端体育新闻传播研究文献，移动终端作为新生事物，在门户网站奥运传播实践中才刚刚起步，理论研究也相对较少，因此，关于移动终端体育新闻传播的研究成果，均作为本研究主要文献加以借鉴与参考。

（一）新闻客户端体育新闻传播研究

作为一种新的传播途径，新闻客户端在巴西世界杯的传播中凸显出了极其重要的作用。王相飞，张德胜以腾讯、新浪、网易、搜狐和凤凰五大门户网站新闻客户端为主要研究对象，介绍了巴西世界杯新闻客户端的传播概况，通过对新闻客户端世界杯期间的渗透率、日均UV、UV增长情况、报道速度、认知度、美誉度和忠诚度等的比较分析，得出新闻客户端成为世界杯资讯主要入口，并进一步阐述巴西世界杯新闻客户端的传播特征与发展趋势：娱乐化、游戏化逐渐成为传

---

〔1〕 朱志锋．移动终端对体育新闻传播的影响［J］．高校论文，2015（05）：203－204.

播的主题；强调受众的参与和深度互动；进行受众细分并提供差异化个性服务；倾力打造自媒体；注重传播形式上的多屏融合和在传播上更加重视用户体验（2015）[1]。张占英指出：体育新闻传播也依据智能手机得到更好的传播效果。阐述了APP时代体育新闻传播特征：直播突破时空限制；更为海量的资讯；绝佳的用户体验。指出APP时代体育新闻传播新前景：APP将引发体育新闻载体革命，促使体育新闻生产方式发生改变，并加速自媒体时代来临。最后提出体育APP的未来发展路径：一是"融合"是生存法则；二是关注用户体验；三是"简洁"是力量源泉；四是流量资费关系未来发展（2015）[2]。伦敦奥运会期间，以微博为代表的自媒体成为奥运报道中的最大亮点，微博完全融入其中，以手机客户端为代表的移动APP应用是本届奥运会报道一项最重要的创新技术应用。传统媒体、网络媒体全力整合资源，尝试从PC端向移动终端前移，创新报道模式，升级用户体验，推崇网络视频，全方位、全媒体、全景式地呈现奥运资讯。从文献可以看出，"社交媒体""全媒体"成为伦敦奥运新媒体研究核心关键词，而"新闻客户端"（APP）、"移动媒体"成为"时尚关键词"。如吴欣鑫在《新媒体与伦敦奥运的互动》中，从网站、微博、手机等方面对新媒体与伦敦奥运的互动进行分析，并对新出现传播形式如网易、搜狐和新浪网新闻客户端奥运版进行分析研究，提出门户网站实现从PC端到移动终端的整合，为用户打造一个资讯无缝的"移动奥运"（2013）。李蕾在伦敦奥运会媒介传播学术研讨会上探讨媒体变局主要表现为：互联网成为奥运信息传播主渠道和平台，自媒体成奥运报道最大亮点（2012）。原新浪执行副总裁兼新浪网总编辑陈彤在论文中，回顾中国网络奥林匹克的历史流变，从亚特兰大——悉尼——雅典——北京——伦敦，指出2008体育视频异军突起，全媒体布局2012 CCTV的奥运航母。并提出三点思考："微博奥运"令社交媒体走向春天；奥运视频偏重话题讨论；移动终端正在变红的"蓝海"（2012）[3]。中国体育报业总社新媒体中心主任曹勇总结了伦敦奥运报道的六大特点：一是媒体角色分工明确，奥运信息随时可见、无处不在；二是报道形式和内容呈现多样化及倾向性特点；三是自媒体（微博）成奥运报道最大亮点；四是创新技术应用（移

[1] 王相飞，张德胜．2014年巴西世界杯新闻客户端的传播分析［J］．新闻界，2015（09）：44－49.
[2] 张占英．APP时代下体育新闻传播新前景［J］．新闻研究导刊，2015（22）：131.
[3] 陈彤．伦敦奥运：网络媒体视角下的全媒体思考［J］．现代传播，2012（10）：76－79.

动客户端 APP）助力奥运报道；五是视频报道更受互联网推崇；六是移动媒体成为获取奥运信息最便捷渠道之一（2012）[1]。潘琦以巴西世界杯新闻客户端报道为例，介绍了手机客户端体育赛事传播概况，从界面设计、频道设置、报道数量、报道内容和报道形式五方面分析传播现状，得出巴西世界杯手机客户端传播特色为即时性；新闻实时更新，受众及时获取赛事资讯；人性化：充分利用“碎时间”，点播赛事阅读新闻；个性化：多视角直播赛事，个性订阅新闻与视频；交互性：创新交互形式，受众世界杯讨论参与度高。总结手机客户端巴西世界杯传播中存在的问题：体育赛事新闻内容同质化；赛事新闻“标题党”严重，语言应用不规范；与传统媒体相比，网络语言泛滥；与球迷的互动形式存在局限性等。并提出手机客户端体育赛事传播的发展对策：一是充分整合赛事传播内容，发挥“补偿性媒介”作用；二是扩大报道对象，多角度报道体育赛事；三是利用手机媒体“个人属性”，提供个性化赛事体验；四是培养体育新闻编辑职业道德，完善移动互联网监管制度；五是凸显移动体育社交功能，提高用户黏性（2015）[2]。

（二）微博体育新闻传播研究

微博最早起源于 2007 年美国的 Twitter，2009 年新浪在国内最早推出微博，并创立新浪体育微博。2010 年被称为中国的微博元年，四大门户网站全线引入微博，形成蔚为壮观的微博传播“景观”。微博传播曾作为移动化传播主要构成部分，发挥着重要作用，影响力不容忽视。2014 年底，腾讯微博、网易微博和搜狐微博相继退出市场，而新浪微博上市，呈一家独大发展局面。当前微博体育新闻传播，主要指新浪微博。关于微博体育新闻传播研究文献，因起步较早，可资借鉴成果也较多，并已形成几个比较稳定研究范畴。学界主要研究领域为体育微博概念界定、微博体育新闻传播特征、微博体育新闻传播面临问题、体育微博管理和微博体育新闻传播发展趋势五个方面。

1. 体育微博的概念界定

有关体育微博的概念界定，各位专家学者的认定标准不一，代表性观点如下：

---

〔1〕 曹勇 . 2012 年伦敦奥运会中国媒体报道研究报告［J］. 新闻与写作 2012（06）：6 – 17.

〔2〕 潘琦 . 我国手机客户端体育赛事传播的现状分析——以巴西世界杯报道为例［D］. 上海体育学院，2015.

刘伟等在《体育微博对中国体育发展的影响与对策》一文中认为，体育微博是指与体育相关而被关注的微博。在马凌云的硕士论文《我国体育微博客现状和发展趋势研究》中认为，发表的微博客的内容大都与体育赛事以及体育人物相关，都紧紧地围绕在“体育”这个圈子中。这部分微博我们称之为“体育微博客”。而魏杨玲在《试论微博在体育公共领域的建构》中简短表述：“体育微博是‘语录体’即时表述，不超过140个字的碎片式记录。”张伟在《体育赛事微博运营的现状、问题与对策》中指出，体育微博是指体育组织、体育媒体、体育迷等组织和个人开通的微博，以及内容涉及体育的微博。体育微博作为一个名词性短语，既指微博这种新的网络技术应用，也可以指微博的体育内容。黄元骋在《体育微博把关现状及对策研究》中认为，体育微博必须在其本身能提供的信息、使用者所属的领域和范畴、受众人群对其发布信息的反应这三个方面均与体育相关才能区别于其他类型微博。于文谦在《自媒体环境下的体育微博及其价值》中将体育微博介于微博的普遍定义与学界对于体育博客概念的界定之间，得出“体育微博则可以‘在特定时期内，将体育类题材作为主要关注内容或由体育界人士创作的微博’”。认为其参与主体大致可分为体育明星、体育媒体人士、体育传媒机构以及体育爱好者等主要的几大类别。综上，本文认为体育微博即指在报道内容、微博使用者和受众评论等方面均与体育活动及体育人物密切相关的微博。根据其发布主体的不同可分为运动员微博、专家微博、体育组织机构微博、草根微博以及门户网站的官方微博等。

2. 微博体育新闻传播特征研究

现阶段我国对于体育微博传播特征的研究数量不少，但是质量与深度参差不齐，并且很多研究对传播特征的归纳依据不够客观，指标的选取也比较混乱不够科学。较有代表性的如王璠以四大门户网站体育微博为例，分析了其传播特征，并针对现存问题提出发展策略（2012）。孟文光对新浪、腾讯、网易、搜狐等四大门户网站体育频道中微博的应用特征进行分析，阐述微博传播特征，并提出微博媒介生态下门户网站发展的具体建议（2011）[1]。苟蕊婷认为微博作为一种新的信

〔1〕 孟文光．体育门户网站中的微博应用特征及发展策略研究［J］．当代体育科技，2011（34）：110－112.

息传播形式，促进互联网与主流媒介的有机融合，推动体育新闻传播主体的大众化，对体育新闻传播产生了极为重要的影响。并分析了体育新闻传播中微博具备的特征：自媒体化与互动性；去中心化与生动性；终端化与便易性和精简化与即时性（2015）[1]。刘晓东分析了微博发展现状和功能特征，查找了微博在大型体育赛事传播中存在的问题并提出微博传播体育赛事的具体策略：一是对微博技术进行更新和拓展，增加微博在体育赛事报道中的信息深度和信息量；二是微博成为信息传播的新渠道；三是谨防因网络的虚拟性和匿名化导致虚假新闻传播；四是创新微博广告的盈利模式；五是网络体育赛事传播应不断融入微博服务，对发展模式进行创新，为用户提供全面而准确的体育赛事信息（2015）[2]。罗艺漫认为，世界杯期间微博迎来了诞生以来一次世界范围内依托体育元素的发展契机，这是其发散、向小众化发展的尝试。黄健翔微博个例，可以说是时代环境技术条件和个人因素的综合体现，而它也将在一定程度上影响着草根微博的发展趋势（2010）[3]。阙哲屹在《微博体育赛事报道的现状与对策分析》中探讨了微博对体育赛事报道的作用。阐释了微博的传播特点、微博对体育赛事报道的影响，并分析了微博报道体育赛事存在的问题，提出了改进微博报道的若干对策与建议。刘娟在《新浪体育微博的"明星效应"探析》中阐述了体育微博中"明星效应"的传播现状及传播效果。范久红在《体育微博在体育赛事传播中的特点》一文中主要分析了体育微博在体育赛事传播过程中的特点，认为体育微博在体育传播过程中呈现出传播主体多样性、传播信息碎片化、传播时效强、传播交互性强等方面的特点。而朱晋源、陈琦在《高尔夫运动微博传播的可行性分析》中以注册新浪微博的高尔夫相关人员发布的有关高尔夫运动的博文信息为研究对象，借鉴传播学领域已构建的传播模式，分析高尔夫运动的微博传播过程和影响因素。周蓓在《论新媒体（微博）在伦敦奥运会体育新闻报道中的应用发展》中对新媒体（微博）的传播性和发展的特性进行了分析，曾莉对体育专业人士微博进行探讨，认为体育专业人士微博最大的优势在于能够在微博平台上体现专业水准，其微博内

---

〔1〕 苟蕊婷．体育新闻传播中微博具备的特征探析［J］．当代体育科技，2015（19）：179－180.

〔2〕 刘晓东．微博环境中关于赛事传播的内容分析［J］．新闻战线，2015（07）：139－140.

〔3〕 罗艺漫．世界杯期间体育名人微博特征分析——以黄健翔个人微博为例［J］．新闻传播，2010（9）：135.

容的专业表达集中表现为两点：一是信息的精准性；二是评论的深刻性。媒体可利用体育专业人士微博的舆论领袖功能，为体育新闻传播服好务（2015）[1]。

3. 微博体育新闻传播面临问题研究

微博作为体育新闻传播新渠道、新方式，在发展中尚不尽完美，还面临诸多问题，如黄元骋界定了体育微博概念并分析了体育微博把关现存问题：一是信息发布与处理碎片化明显；二是自主把关下的信息真实性不强，并针对问题提出改善对策（2013）[2]。黄璐结合中西体育微博侵权案例，对体育微博侵权问题进行分析，指出应重视网络推手的传播作用，呼吁社会关注体育行业形象与声誉侵权问题（2013）[3]。吴马、冯巨涛对新浪微博在体育新闻传播过程中体现的作用和相关问题进行了探讨。通过研究发现，新浪微博作为用户采用较多的一种传播交互方式，拓展了体育新闻的传播速度及广度。新浪微博在对体育新闻进行传播的过程中具有特征如下：一是即时性与精简化，实现了体育新闻形式的全面创新和高时效；二是便易性与终端化，实现了体育新闻的多元化传播路径和低成本；三是生动性与去中心化，实现了全方位体育新闻传播和传播主体的社会化（2015）[4]。王沛指出当前新浪体育新闻微博在大型体育赛事报道存在的不足有：盲目追求速度，权威性不足；报道内容严重缺乏深度；网络暴力等负面现象时有出现。并针对不足提出具体解决对策：即借助新闻资源来加强政府的公信力；利用“长微博”进行深度报道和加强对微博体育新闻传播的监管力度（2015）[5]。

4. 体育微博管理研究

关于体育微博管理研究，如魏杨玲阐述了体育微博划时代特点，反思体育微博在公共领域现存问题，理清体育微博与公共领域关系，指出体育微博拓展了传统公共领域的界限（2013）[6]。崔赟、张泽根将新浪体育微博用户分为三类：一是

〔1〕 曾莉．体育专业人士微博的传播功能探析［J］．新闻爱好者，2015（09）：57－59.

〔2〕 黄元骋．我国体育微博把关现状及对策研究［J］．哈尔滨体育学院学报，2013（04）：37－39，43.

〔3〕 黄璐．体育微博侵权问题试析［J］．体育文化导刊，2013（12）：137－140.

〔4〕 吴马，冯巨涛．新浪微博对体育新闻传播的相关问题探讨［J］．新闻战线，2015（06）：137－138.

〔5〕 王沛．基于微博的大型体育赛事报道［J］．采写编，2015（05）：81－82.

〔6〕 魏杨玲．试论微博在体育公共领域的建构［J］．四川体育科学，2013（03）：26－27，39.

普通用户：个性的全民狂欢；二是橙标V用户：二级传播的舆论领袖；三是蓝标V用户：权威声音的日常折衷（2014）[1]。关于体育明星微博研究，如刘娟、万晓红对以新浪网为代表的体育微博的“明星效应”模式和以体坛网体育微博为代表的“草根效应”模式进行比较分析，指出当前中国专业体育网站和门户网站体育微博呈现差异化发展模式，并试图提出改进各网站体育微博传播效果的针对性策略（2013）[2]。黎藜分析了新浪体育微博和体育明星微博的发展现状、存在问题并提出具体发展对策（2013）[3]。俞丰穗以政府体育微博为个案，从传播学视角对政府体育微博的内涵和传播特点进行研究。指出政府体育微博主要传播特点为传播者：权威性与双重身份；传播内容：丰富性与强扩散性；受众：定向关注与主动评论；传播效果：粉丝效应与线下活动；传播渠道：及时传输与随时随地等。认为政府微博作为政府机构官方媒体的重要类型，已成为继政府网站和政府博客之后，政府机构用以发布公共服务信息、与民众沟通交流的网络新场域。需要政府体育微博与政府体育网站互相提升，克服微博内容碎片化弊端和打造年轻人的舞台，从而更好发挥政府微博的管理功能（2015）[4]。陈天赐以大型体育赛事官方微博为内容分析文本，发现大型体育赛事官方微博具有权威性、专一性、丰富性和详细性等大众即时传播与多元交互传播的特点与优势。分析了大型赛事官方微博的营销现状：有效续存时间短；传受双方互动性低。大型体育赛事官方微博通过信息发布、赛事营销和活动营销方式盈利。针对现存问题提出延长官方微博的前期宣传周期和使用周期；与相关网站合作，加大深度报道；扩大粉丝量；建立微博矩阵和增加投入扩大盈利等发展建议（2015）[5]。

5. 微博体育新闻传播发展趋势研究

关于微博体育新闻传播的发展趋势研究，车益民在《浅析体育微博的发展》中分析了体育微博传播的环境与传播优势，并提出切实可行发展对策（2014）。毛

〔1〕 崔赟、张泽根．微博的身份管理与媒介角色研究——以新浪体育微博为例［J］．当代体育科技，2014（24）：177－178.

〔2〕 刘娟，万晓红．体育微博：“明星效应”与“草根效应”的差异比较［J］．传媒观察，2013（04）：35－36.

〔3〕 黎藜．体育明星形象营销与新浪微博管理［J］．体育文化导刊，2013（08）：151－154.

〔4〕 俞丰穗．传播学视角下的政府体育微博研究［J］．今传媒，2015（11）：23－24.

〔5〕 陈天赐．大型赛事官方微博营销方式及对策研究［J］．新媒体研究，2015（20）：31－33.

林杰、毛锋在《“新媒体”新浪微博对我国体育发展的探析》中细致分析了新浪体育微博的现存问题及具体完善对策，并对发展趋势进行前瞻性预测（2014）。于文谦、杨韵阐述了体育微博的构成及特性解析、体育微博的内在结构与发展模式以及体育微博传播特性：实时性的传播机制；碎片化的传播形态；蔓延式的传播模式；跟随性的转播特质，并预测其未来发展趋势（2012）[1]。王璠在《门户网站中体育微博的应用与发展探析》中以四大门户网站体育微博为例，分析了门户网站中体育微博的应用特征和发展对策，指出当前的体育微博具有的优势，建议四大网站要强强联手完善微博发展（2012）。孟文光在《体育门户网站中的微博应用特征及发展策略研究》中对新浪、腾讯、网易、搜狐等四大门户的体育频道中微博的应用特征进行分析，并提出微博环境下体育网站的发展策略。任盼红，张欢阐述体育微博的产生，概括体育微博传播特性：即简短写作，快捷发布，传播流程的简单化；大众即时传播，具有极强的参与性；多元交互方式，传播内容多样化等。并针对体育微博发展中存在的问题，提出具体发展策略：完善微博信息审核制度，注重深度报道，提供全方位服务；打造精品栏目，塑造个性品牌和体育微博的商业化发展趋势等（2015）[2]。

（三）微信体育新闻传播研究

关于微信体育新闻传播方面文献比较少见，如马浩从三个方面进行了分析论述：央视世界杯微信互动，利用热门专题探求长远发展；央视巴西世界杯系列节目的受众吸引和央视微信平台的传播战略。可见，有关微信体育传播方面研究，才刚刚起步（2014）[3]。毋张明运用文献资料法、逻辑分析法，介绍了微信体育传播概观，指出微信体育传播过程是点面结合的人际体育传播与大众体育传播的融合。总结微信体育传播的优势：移动终端的便携性与灵活性、低廉的传播成本、个性化的用户体验。提出微信体育新闻传播存在过度娱乐化和商业化倾向、信息过载、信息失真和谣言滋生等方面问题，亟待改进（2015）[4]。余黎霞论述了微信

〔1〕 于文谦，杨韵．自媒体环境下的体育微博及其价值［J］．体育学刊，2012（03）：26－30.

〔2〕 任盼红，张欢．浅析体育微博的发展与创新［J］．文体用品与科技，2015（10）：112.

〔3〕 马浩．电视节目中的微信互动研究——以央视巴西世界杯系列节目为例［J］．新闻研究导刊，2014（09）：67－68.

〔4〕 毋张明．微信对体育传播的影响研究［J］．学术探讨，2015（19）：169－172.

对全民健身体育传播的影响，提出了借助微信这一新载体扩大全民健身体育传播的途径：挖掘微信特长，低成本高效益扩大宣传造势；培育全民健身微信圈内权威言论者，凝聚微信舆论导向；微信搭台，构建学校、家庭、单位、社区四位一体的全民健身体育传播开放路径等（2015）[1]。荆敏探究在移动互联时代，重大体育赛事在以微信为主流的新媒体话语场中所产生的传播特性和效果。通过内容分析法解析大型体育赛事在微信话语场中的传播特征，提出微信的媒介特质给体育赛事传播带来了全新观赛用户体验，同时世界杯等大型体育赛事也推动了微信等新传播方式的勃兴发展。微信为世界杯赛事传播带来了新的参与式评球方式，新的虚拟化看球环境，新的交互性宣泄渠道，呈现为"微信"话语场中的互动式世界杯（2015）[2]。孙阳对微信公众平台在赛事管理中的应用进行研究，分析微信公众平台的属性，阐述了微信公众平台用于体育赛事管理的内涵，重点分析了微信公众平台用于体育赛事管理中志愿者的管理。指出在未来，微信公众平台融合在体育赛事管理是一个必然趋势，与时俱进，通过变化的、进步的载体，达到对大型体育赛事管理提供一个完美的用户体验（2015）[3]。

文献评介

综上，关于新闻客户端体育传播方面文献比较少见，重点关注了门户网站新闻客户端体育传播的发展现状、概念界定、基本特征、面临问题与发展趋势等。关于新闻客户端体育新闻传播研究文献多从2012年开始，近两年呈逐渐增加的态势。但针对新闻客户端体育新闻传播的"用户体验、个性定制、内容生产"等方面特点进行专门深入细致研究文章还少之又少，能够检索到的也多是对某门户网站报道大型赛事的宣传性介绍，系统理论论述文章还不多见。关于微博传播研究，主要从微博发展现状、传播特征、传播模式、传播功能和运营管理等方面展开研究。微博传播从实践到理论，均已开始走向稳定成熟阶段。关于体育微博和微博体育新闻传播方面文献比较丰富。许多文献研究领域从传播学跨越到社会学、管理学、经济学和营销学等领域，体现了研究视角的多元性。关于微信传播研究，

---

〔1〕 余黎霞．微信对全民健身体育传播之影响研究［J］．电子技术与软件工程，2015（08）：93.

〔2〕 荆敏．微信话语场中的2014巴西世界杯传播探析［C］．全国体育科学大会，2015.

〔3〕 孙阳．简析微信公众平台在赛事管理中的应用［J］．运动，2015（16）：13－14.

从2012年散见几篇文献，到近两年逐渐增多，主要从传播学视角分析微信传播特点、现状及发展趋势，以及微信平台营销、社会影响等。同时学者们也关注微信与微博互动关系，大部分认为两者同中有异，互相补充，不可替代。但关于微信研究，方法比较单一，多以定性描述性分析为主，深度欠缺，研究视角还较窄。关于微信体育传播方面研究比较少见，亟待出现更多研究成果。

第二章 门户网站奥运会传播发展概览

网络媒体的崛起是世纪之交大众传媒领域最为深刻的一场变革。网络时代的到来，给传播学领域带来一场革命性的巨变。我国网络媒体发轫于20世纪90年代初期，1994年中国被国际上正式承认真正拥有全功能Internet，1995年中国公用计算机因特网的开通，标志着中国网络传播真正拉开序幕。而最早的体育赛事传播可追溯到1996年中央电视台创办并试运行的央视国际网站，成为我国最早发布体育新闻的网络媒体。1996年4月新浪网前身四通利方信息技术有限公司和华渊资讯公司商业门户网站发布“利方在线”中文网站，提供中文搜索、新闻、中文论坛、聊天室等信息服务，开始门户网站的探索期。到了90年代末期，各大商业门户网站相继成立，体育频道作为独立板块，已经在网络媒体新闻报道中占据一定的地位。1998年2月搜狐网创立，同年11月腾讯网建立，为我国网络媒体全面参与大型体育赛事报道奠定了基础[1]。奥运会作为全球范围内最高水平的综合体育赛事，也受到世界各国媒体的普遍关注与青睐，奥运会不仅是运动员的竞技场，也是各大媒体比拼实力、争夺受众眼球经济的试验场，自1996年亚特兰大奥运会开启网络传播的新时代，2000年悉尼奥运会门户网站正式登上奥运历史舞台，2004年雅典奥运会传统媒体与网络媒体的“化敌为友”，2008年北京奥运会门户网站的强势崛起大放异彩，2012年伦敦奥运会门户网站迎来首届“社交奥运”，微博、微信和视频客户端成为网民观赛的新渠道新入口，直到2016年里约奥运会门户网站移动终端超过PC端，成为奥运赛事传播和营销的主要阵地，网络媒体历经6届奥运会、20年的传播发展变迁，也已成为奥运传播的主渠道，用户参与和体验

〔1〕 孙颖．网络媒体对重大体育赛事的报道研究——以腾讯网伦敦奥运报道为例［D］．首都体育学院，2015.

精彩奥运赛事的第一端口。

第一节　亚特兰大：开启网络奥运传播时代

1996 年的亚特兰大奥运会期间，互联网刚刚在我国开通不到两年时间，作为一项新技术，仍处于初期发展阶段，当时无论在基础设施、网络环境还是内容建设等方面，大多数人对互联网一无所知。对大众来说，他们更青睐于通过传统的报纸、广播电视等媒介观看奥运盛会。尽管如此，亚特兰大还是在市场需求不大的情况下将互联网这个新媒体引入了奥运会。并由此开启了网络奥运传播的新时代。

为了保护电视转播权购买者的利益，国际奥委会对互联网媒体奥运转播一直采取消极抵制的态度，在互联网兴起的很长一段时间，网络媒体在奥运传播中只能充当“看客”的角色，无法真正参与其中。国际奥委会尽管承认互联网是推动奥林匹克运动巨大的潜在力量，但奥运会互联网传播发展一直十分缓慢和艰难，直到 2008 年北京奥运会，互联网的这种尴尬境遇才真正得到改善。1995 年 4 月 11 日，奥运会主办单位和 IBM 公司合作推出了奥运官方网站。1996 年亚特兰大奥运会上，首次将互联网传播技术运用到比赛组织管理系统和转播系统中。虽然当时亚特兰大奥组委官方仅仅只是将新兴的互联网作为一种技术工具进行尝试，但是却收获了意想不到的效果，该网站总点击量超过 2 亿人次，震惊了国际奥委会。许多商家也发现了奥运会互联网传播巨大的潜在的商业价值，当时的美国国家广播公司（NBC）最具超前意识，不惜重金购买了亚特兰大奥运会独家转播权，成为第一家通过互联网转播奥运比赛的媒体，并首次将奥运会的相关视频、文字、图片等信息上传到了互联网，以此来吸引受众的点击和对网站的访问。NBC 对奥运网络传播的首次尝试，具有划时代的意义，开启了奥运会和互联网携手传播的新时代。在亚特兰大奥运会上，传统媒体奥运传播地位坚不可摧，而网络媒体因为影响力的局限性，仅仅是奥运传播洪流中的一个微不足道的分支，国际奥委会更是没有给予网络媒体以足够的重视，与之相关的限制网络媒体报道的规定也没有起草颁布。此外，亚特兰大奥运会时期，我国互联网虽然当时已经处在初期起步阶段，但还未在全国范围内大面积普及，尚未具备报道大型体育赛事的基础和能力，门户网站还未创立，奥运报道更是无从谈及[1]。综上，自中国正式接入国际互联网到1996年亚特兰大奥运会，奥运会网络传播处在稚嫩的孕育期，在西方一些发达国家，开启奥运网络传播新时代，但国内因互联网普及率不高，并囿于网络技术等方面瓶颈，尚未开启网络媒体奥运传播的新征程，依然是报纸、杂志、广播电视等传统媒体一统奥运传播的天下。

第二节　悉尼奥运：门户网站初登奥运舞台

2000年的悉尼奥运会是21世纪的第一次奥运会，经过4年快速发展的互联网已逐渐成熟，成为受众观看体育赛事的重要渠道之一。互联网的强势崛起，令国际奥委会左右为难，是否应把奥运赛事转播权在出售电视媒体同时，也同样授予网络媒体，成为当时争议的焦点。经过审慎的考虑，如果互联网与电视媒体一起拥有奥运会转播权，这必然给电视媒体的利益造成巨大损害，也会影响到国际奥委会继续从电视媒体那里获取高额的版权费用。国际奥委会最后出于经济利益等因素的考量，决定将互联网媒体基本拒之于悉尼奥运大门之外，只允许NBC、IBM等赞助商创立的网站进行悉尼奥运相关赛事内容的传播。首先，在2000年悉尼奥运会上，国际奥委会加强了其官方网站的建设，同时积极支持悉尼奥运会组委会和IBM公司合办的以悉尼奥运会为主题的官方网站建设。此外，国际奥委会还授权NBC开办报道奥运会内容的网站，主要面向美国体育爱好者。除上述几个网站之外，国际奥委会没有授权给其他的任何网站报道悉尼奥运会动态画面和声音资料，网络转播比赛更是被严格限制和禁止。NBC为悉尼奥运会支付的7.5亿美元版权费占到了悉尼奥运会电视转播权收入的53%，而全球其他219个购买了电视转播权的媒体机构只允许通过电视媒体转播奥运，全部禁止通过网络转播奥运赛

〔1〕 朱凯迪．我国门户网站奥运报道的历史流变及趋势研究［D］．武汉体育学院，2013.

事。NBC 虽然获得了悉尼奥运网络转播的版权，但为了保证电视直播的优先性，NBC 网站播放的录像还必须只能是电视节目中已经播放过的内容，网站上的视频节目内容也只是前一天的赛事录像。与此类似，任何广播电台对比赛项目的转播也不能上网。尽管悉尼奥运会被称作是第一届互联网全面渗透的运动会，到赛会闭幕时悉尼奥运会官方网站的点击次数达到了 100 亿次。但在线新闻机构在争取提供原创报道方面却屡遭挫折，奥委会不仅禁止网站播放比赛的电视录像，还拒绝让网站记者采访现场比赛。据统计，第 27 届悉尼奥运会全球共有 2.5 万多个信息涉及奥运内容的网站，其中有接近 1000 个网站具备发布视频信息的技术。

悉尼奥运会网络技术取得了突飞猛进的发展，中国网络媒体也加入到了悉尼奥运会的新闻报道，这个时期正值很多国内的传统媒体建立其所属网站，例如央视国际、新华社等。很多传统媒体利用本身优势，将收集到的最新奥运新闻和资讯等第一时间在其所属网站上公布，给我国网友提供了丰富的奥运信息。与此同时，我国门户网站也经历了诞生和起步的震荡时期，如雨后春笋般纷纷创立并得到了初步的发展，悉尼奥运会标志着我国门户网站正式登上网络奥运传播的历史舞台。2000 年的悉尼奥运会门户网站本可以大显身手，但由于国际奥委会对网络媒体的版权限制，我国门户网站不得不另辟蹊径，通过碎片化赛事信息的传播，以及与官方合作共赢的方式介入悉尼奥运会的报道中。虽然发展空间非常狭小，但以新浪为首的国内门户网站依旧在奥运报道中落地生根，在整个悉尼奥运会期间，新浪、搜狐和网易的点击率和网站总流量均得到质的飞跃，这不仅超出了各方的预测，所取得成效甚至远远高出了各家门户网站对于自身发展的估计。因此，2000 年悉尼奥运会不仅是我国门户网站首次参加奥运报道的历史性时刻，同时门户网站也通过灵活多样的发展方式为之后的奥运报道奠定了坚实的基础，我国门户网站奥运报道由此正式起步[1]。下面以本届奥运会受众关注度较高的新浪和网易网站为例，来进一步分析门户网站悉尼奥运会的传播特点。

---

〔1〕 朱凯迪．我国门户网站奥运报道的历史流变及趋势研究［D］．武汉体育学院，2013.

一、新浪：中国奥运代表团唯一互联网官方合作伙伴

2000 年悉尼奥运会，新浪网以 800 万元人民币的天价购得中国奥运代表团授予的唯一互联网合作伙伴的资格。在当时可谓天价的奥运转播费，新浪网是否能收回成本并获得盈利，是其亟待解决的问题。因国际奥委会的政策限制，加上网络媒体与传统媒体网络版相比存在先天缺陷，即没有采访报道权，因此，门户网站在参与奥运报道之初可谓举步维艰。但是这并没有使得新浪网放弃在奥运报道上的执着努力，通过与中国奥运代表团合作的方式，既名正言顺的参与到奥运传播中，同时又借助官方的力量使得自身获得长足发展。悉尼奥运会举办之前，新浪网便提前预热，进行奥运策划与宣传，早早制定自己的第一次奥运传播策略，派出了由技术人员和新闻采编队伍组成的奥运报道团开赴悉尼，并建立独立媒体运作中心。在帮助中国奥委会建设悉尼奥运会中国官方网站的基础上，新浪在自身网站中也不断加大对于奥运赛事的报道力度。

新浪首先借鉴国际奥委会官方网站先进的赛事传播经验，并针对中国网民浏览网站和观赛的特点，进行中国奥委会悉尼奥运会官网的建设与传播工作，并取得了巨大的成功。据统计，悉尼奥运会期间，新浪奥运官方网站一度创造了单日页面点击次数超过 1070 万次的惊人数据。并制定了每场赛事结束后，成绩快讯 5 秒钟发布，图片 30 秒内发布，新闻报道 1 分钟发出，详尽深入新闻报道 5 分钟发布的奥运传播目标，这种对奥运信息快速及时传播，是传统纸媒无法比拟的，也极大地满足了网民及时了解奥运资讯的需求，因此新浪网在悉尼奥运会期间，吸引了众多受众眼球，受众黏度提升，其网站的日流量、日均点击率也是节节攀升。此外，作为中国奥运代表团唯一的互联网合作伙伴，新浪在既没有视频转播权，也没有采访报道权的情况下，开创了通过 BBS 进行奥运传播的新方式，新浪以 BBS 为平台，邀请中国奥运夺金运动员与网友进行互动，这一全新的报道方式获得了网民青睐。可见，新浪虽然耗费巨资争得悉尼奥运会官方网站建设和传播资格，但新浪极好的利用了手中的有限资源，实现了自身的创新式发展，并最终实现了与官方合作共赢的可喜成果。

二、网易：转载传统媒体新闻，网编人员技术缺失

新浪凭借奥运官方网站的资源优势，以及 BBS 互动传播的新方式，使其成为国内门户网站悉尼奥运传播的大赢家，在新浪独领风骚之际，其他门户网站则陷入奥运传播的尴尬境遇。以网易为例，在无视频转播、无采访权限、无官方授权的情况下，网易体育只能通过转载平面媒体如人民日报、中国体育报、解放日报、体坛周报等奥运新闻资讯，虽然这种方式也为网易带来了不错的点击率，但与新浪相比则相差甚远。网易体育还尝试通过策划设计互动话题来加强媒体与网民之间互动，不过也收效甚微。此外，由于门户网站体育编辑从业经验尚浅，既懂体育又懂技术的专业采编人员严重紧缺，在策划互动话题环节也难以起到意见领袖的作用，最终导致网易体育的奥运报道没有在受众群体中引起较大的共鸣。而在奥运新闻的报道中，又因为图片使用权的被禁止，仅仅通过文字进行描述难以达到既定的传播目标。因此总体来看，网易体育的悉尼奥运报道成效甚微，需要探索更多经验和思路[1]。

鉴于悉尼奥运会是门户网站首次参与奥运报道，从整体上来看各门户网站确实取得了不小的成功。极强的时效性，碎片化的传播内容，互动传播的新方式等，为门户网站首次奥运传播培养了大量忠实受众群体，据统计数据显示，悉尼奥运会网络媒体已经成为仅次于电视媒体的奥运报道媒介。但除了获得官方授权的新浪得到了长足发展之外，在国际奥组委严酷政策的打压之下，其余门户网站都没有在奥运报道这块大蛋糕中尝到太多甜头。综上，可以把 1996 年亚特兰大奥运会至 2000 年悉尼奥运会这一阶段视为奥运会网络传播的萌芽期，这一阶段的主要特征为：互联网已全面渗透入奥运会，但网络媒体尚未得到国际奥委会的正式接纳，网站记者还被排斥在奥运会报道队伍之外。声音资料和动态画面被严格限制，网络直播更是被严格禁止，报道内容基本上都是图文直播 + 聊天短信互动等方式[2]。不过在首次尝试参与奥运会传播中，各家门户网站也获得了十分宝贵的经验。首

---

〔1〕 吴润楠．北京奥运会互联网传播研究［D］．南昌大学，2011.

〔2〕 王晓东．奥运会网络传播发展的历史回顾及前景展望［J］．武汉体育学院学报，2006（05）：37－39.

先，充分利用门户网站综合性的优势，创新除新闻报道以外的 BBS 论坛、聊天室等新方式；其次，门户网站作为新兴事物，还缺乏与之适应的既懂体育、又懂新闻还懂技术的专业采编人员，以满足高水平奥运传播的要求；第三，增强与官方的合作，曲线应对国际奥组委的高压政策，以期在夹缝中求得生存。总之，在经历本届奥运会的报道之后，门户网站的巨大发展潜力已经初显端倪。

第三节　雅典奥运：网络媒体夹缝中慢生长

互联网技术的强势崛起，特别是门户网站的蓬勃发展，给传统媒体带来了强大的冲击与挑战。从 1996 年的亚特兰大到 2000 年的悉尼奥运会，国际奥委会对网络媒体传播一直采取高压限制的政策，而纸媒、广播电视等传统媒体对于网络媒体的奥运传播同样是采取敌视态度，国际奥运会和传统媒体的联合抵制，极大程度地限制网络媒体传播发展进程。直到 2004 年第 28 届雅典奥运会，这种局面才逐渐被打破。门户网站的群雄并起，使传统媒体意识到一味的“敌视”只能两败俱伤，因此传统媒体与门户网站开始“化敌为友”，抱团取暖，通过资源的优势整合以及奥运中的融合传播，打造共赢的体育传播生态。

悉尼奥运会后，国际奥委会于 2000 年 12 月在洛桑召开了“运动与新媒体”大会，会议的主题就是“体育运动与互联网新媒体的关系问题”。时任国际奥委会副主席庞德表示：“对那些电视转播覆盖面相对较窄的运动项目，国际奥委会将允许在因特网上进行转播。”遗憾的是，洛桑会议国际奥委会依然得出了“新媒体尚不能取代传统媒体”的结论。尽管网络媒体拥有诸多优势，但国际奥委会考虑到电视的覆盖率比网络广得多，最终还是将直至 2008 年的所有奥运会电视转播权以 35 亿美元的高价，一次性卖给了美国全国广播公司。

到 2004 年雅典奥运会，坚冰终被打破。国际奥委会首次准许十多家广播公司在线转播奥运赛事，这是奥运赛事新闻转播的一次重大突破。奥运网络转播权由欧洲广播联盟的一个政府广播公司团体拥有，该团体分别以 3. 94 亿美元和 4. 43 亿美元从国际奥委会手中购买了 2004 和 2008 年奥运会的欧洲转播权。但本次网上奥运直播的时间长度将受到严格限制，以保护利润丰厚的广播转播合同。有关合同规定，转播奥运会节目的网站必须采取技术手段，以屏蔽本国以外观众看到这些节目。同时网上需要延时对赛事进行播放，受众需要在美国广播公司转播之后方能等待上网的精彩片段，而且美国观众必须使用一个信用卡来验证身份，尽管公司是网络免费直播，但如果不是信用卡持有人，仍不能观看网上直播。一些欧洲广播公司也将网上直播限定为只针对高速宽带用户，以便屏蔽那些通过国际电话呼叫连接上网的外国用户。

一、四大门户雅典奥运传播策略的调整

中国网络媒体第28届雅典奥运会传播，主要以新浪、腾讯、搜狐和网易四大门户网站为主体，四大门户网站一方面受到国际奥组委对网络传播的限制，一方面还需与传统媒体尤其是电视媒体展开白热化的竞争。为谋求创新发展，雅典奥运会门户网站奥运传播进行了较大的理念与策略调整，并取得了较好传播效果。首先，构建跨领域一体化合作平台，如新浪网与国家体育总局官方网站华奥星空以及中国移动所组成的“345传播大平台”，便是多家媒体的联盟实现跨领域一体化合作的典型案例，这种通过媒介资源整合形式，将门户网站与传统媒体从相互竞争转变为相互合作共赢的态势，从而实现资源有效配置与合理利用，实现了多方利益最大化，并为受众提供了全方位、立体化、多形式的奥运赛事大餐。其次，不断提升门户网站奥运传播的技术水平，以受众为中心，为用户提供图文声像并茂的奥运视觉盛宴。

二、四大门户网站的奥运专题建设

随着Web2.0技术的诞生和完善，门户网站的技术水平得到质的提升，从上届悉尼奥运会单纯枯燥的文字网页报道，已经发展成为奥运专题主页加上图片视频相结合的报道方式，在进行直播并播放冠军采访视频之外，各家门户网站均大力美化并完善自己的奥运报道主页，例如搜狐网的专题主页即选取了与雅典奥运会主题颜色相同的蓝色作为背景，非常贴合当届奥运的传播理念；同时门户网站构

建的成熟导航功能，使得受众能够通过主页的导航栏轻松完成一站式奥运资讯阅览。加上国际奥委会对于网络摄像头拍摄的视频和连续的禁止图片使用不再加以限制，因此门户网站在报道页面中也适时加入图片信息，使得报道内容更加详实生动丰富多彩。第三，通过多种形式网络互动，吸引众多网友参与讨论奥运，增加受众黏性。如新浪网耗资三千万元、组建二十多人的工作团队共同打造新浪奥运频道，建立网络直播、互动区、焦点新闻等板块。新浪网还延续悉尼奥运会的BBS奥运赛事讨论版，并将网络平台互动讨论专题化。同时为吸引网友参与，设置了关于奥运的小游戏，奥运知识问答等活动，并借此强化奥运资讯的传播效果。腾讯、搜狐、网易等门户网站也不断丰富其所属奥运频道内容，创新报道板块，建立互动区域等，来吸引用户的参与，提升眼球经济。

三、腾讯网的雅典奥运传播创新

在雅典奥运会传播中，腾讯网借QQ用户提升影响力，创新一种独特的内部强强联合传播模式，取得较好的成效。2004年雅典奥运会，腾讯QQ历经5年的发展沉淀，已经拥有了较为稳定的群众基础。在雅典奥运会期间，只要用户登录QQ软件，腾讯会在第一时间将奥运最新资讯推送到用户面前。这也成为众多网友获得奥运资讯的重要渠道。如2004年8月30日，在雅典奥运会刚刚闭幕一天之后，腾讯网就刊发了题为《中国金牌榜列第二创历史　腾讯勇夺奥运报道亚军》的新闻。之所以腾讯网能够在雅典奥运会报道门户网站之争中异军突起，完全应该归功于腾讯内部业务强强联合的报道策略。虽然在2004年，相比于国内“三大门户网站”新浪、搜狐和网易来说，腾讯网的发展水平仍较为落后，但是腾讯公司却拥有全亚洲影响力最大，用户群体规模最为庞大的即时通讯软件腾讯QQ。截至2004年4月，据腾讯官方统计，QQ的用户注册数正式突破3亿大关。可以说，只要腾讯能够充分运用好QQ用户群庞大的优势，它的奥运报道就已经成功了一半。事实证明，腾讯通过内部强强联合的方式，很好的抓住QQ用户群体的注意力，适时提升了自身门户网站奥运报道的影响力。在整个雅典奥运会期间，通过QQ的桥梁作用，腾讯网奥运专题网页的点击率逾7亿人次。截止到2004年8月30日早晨新浪奥运评论总数超过65万条，腾讯奥运评论超过17万条，搜狐奥运评论总数为

14.9 万条”。按照这个数据换算，在雅典奥运短短 17 天中，腾讯体育的日均数超过 1 万条，且呈现不断上扬的趋势。可以说，借助雅典奥运会的契机，腾讯网通过自身优势资源整合，一举奠定了其跻身国内“四大门户网站”地位的基础。

综上，悉尼奥运会到雅典奥运会期间，门户网站奥运会传播始终处于缓慢发展阶段。这一阶段的主要特征为：网络媒体被国际奥委会正式接纳，对报道内容的限制也逐渐放松，并在雅典奥运会首次利用网络实现大范围奥运视频直播。但网络直播的方式及范围依然被严格限制，再加上网络传播的技术尚不成熟，网络媒体还是处于电视媒体的阴影笼罩下，奥运会网络传播发展十分缓慢。但与四年前的悉尼奥运会相比，雅典奥运会网络媒体的规模不断扩大。除了在报道团队规模、资金投入、网站版式设计、报道方式和报道内容等方面有所突破外，各个网络媒体间的合作也不断加强，这也使得中国网络媒体奥运新闻报道在 2008 年北京奥运会上大放异彩[1]。

第四节　北京奥运：四大门户网站大放异彩

2008 年北京奥运会是中国第一次承办奥林匹克运动会，作为东道主的中国媒体，其奥运传播具有非同寻常的意义和价值。北京奥运会也是我国媒体传播大型体育赛事历史上的第一届名副其实的“新媒体”奥运会，中国网络媒体第一次成为独立转播机构，为我国网民获取奥运资讯、观看赛事直播、挖掘赛后新闻的重要载体和入口，互联网在奥运会的传播中发挥了前所未有的重要作用。正如法新社社长皮埃尔·卢埃特所说：“互联网是新闻宣传的一次革命，它给人们提供了一个自由、平等地获取信息的渠道。通过网络，我们能够及时、便捷地了解各种有关北京奥运会的信息，它让我们的报道更加精彩。”然而，从亚特兰大奥运会到雅典奥运会，出于维护电视转播商的利益等各种因素的考虑，国际奥委会对以互联网为主的新媒体一直采取限制的保守态度，互联网对奥运的传播受到了极大的限

〔1〕 朱凯迪．我国门户网站奥运报道的历史流变及趋势研究［D］．武汉体育学院，2013.

制。另外，互联网技术迅速发展，为网络媒体传播奥运提供了更加便利的条件，极大地提高了互联网传播的速度和覆盖面。在这种情况下，国际奥委会开始以更加开放的姿态欢迎互联网加入奥运传播体系[1]。

据中国互联网信息中心（CNNIC）的统计数据表明，2008 年北京奥运会期间有 2.53 亿用户通过网络关注奥运赛事，相当于 2004 年雅典奥运会的 2 倍（8700 万用户），比 2000 年悉尼奥运会高出 14 倍（1690 万用户）。而在 2.53 亿网民中，通过互联网获取奥运资讯的网民数量占总数的 79.8%。可见，网络媒体已经与电视媒体一道，成为受众获取奥运信息的最主要渠道之一。迫于网络媒体的巨大影响力，国际奥委会在时代趋势面前也终于做出改变，第一次设立了“互联网内容服务赞助商”类别，同时国际奥委会还根据网站性质和影响力为各家网络媒体分配了一定的注册记者名额，继上届奥运会放开转播权之后，本届奥运会门户网站又获得了采访的权利，由此门户网站也获得了与传统媒体同等竞争的政策条件，这在奥运转播历史上具有里程碑式的重要意义。国际奥委会授权央视网等互联网站作为持权转播商以音视频形式传播北京奥运会，互联网首次获得了与传统电视转播商同等的地位，国际奥委会允许运动员在奥运会期间发表博客。网络媒体已成为奥运报道媒体阵营中不可或缺的一分子。网络媒体的强势加盟，使得北京奥运会成为一次真正意义上的“数字奥运”“科技奥运”。

北京奥运会对中国网络媒体来说，既是难得的机会，也是重大的挑战。奥运报道的成败，不仅关系到自身影响力的提升，也关系到后奥运时代网站竞争格局的变迁。因此，四大门户网站无不摩拳擦掌倾其全力，投入巨大的人力、物力、财力资源，将奥运报道作为一场捍卫自身利益和地位的生死之战。作为国内领先的商业门户网站，新浪、网易、腾讯、搜狐在奥运赛事传播方面各具优势。相比传统媒体网络版中央视国际一家独大的局面，我国四大门户网站的竞争则趋向于白热化局面。虽然搜狐获得官方唯一授权赞助商的地位，但是腾讯、新浪、网易等其他几大门户也不甘示弱，通过结盟方式为自己赢得了更大的生存空间，并得到央视的授权可以进行 2008 年奥运会视频直播与点播。据统计，在北京奥运会期间，四大门户网站一共占据了全部网络流量超过 8 成的份额。由于官方授权的互

---

〔1〕 吴润楠．北京奥运会互联网传播研究［D］．南昌大学，2011.

联网赞助商仅有搜狐一家，其他门户网站在北京奥运传播中只能另辟蹊径，以差异化传播策略赢得发展新空间。同时四大门户网站也均整合了自身内部的优势资源，以门户网站的奥运主页为中心，新浪利用博客业务，腾讯继续借助 QQ 庞大受众群体，网易结合网易邮箱，而搜狐则依靠搜狗输入法的巨大影响力，各家门户网站都将自己“杀手锏”的优势业务融入奥运传播中，通过多渠道多元化的发展，以期推动自身门户网站奥运传播的整体影响力[1]。

经过北京奥运会网络媒体的“井喷式”发展之后，我国网络媒体体育赛事报道逐步走向成熟。主要体现在体育频道的结构日渐清晰，并培养了一批相对固定的受众。以四大门户网站为代表的商业门户网站，已经占据了网络体育赛事报道的主导位置，网页浏览量和点击量均名列前列。受众在选择收看赛事转播时候，已经形成一定的搜索和浏览习惯。

一、新浪网的北京奥运会传播

新浪作为中国最具影响力的中文门户网站，在体育传播方面一直走在各大门户的最前头。从 1998 年至 2008 年 10 年的大型体育赛事传播历练，让新浪积累了丰富的运作经验和资源，出色的体育赛事报道让众多网民养成了“看赛事，上新浪”的使用习惯。据统计，新浪是网友观看北京奥运的首选网站，奥运开赛之前，便已有众多的网民通过新浪关注奥运的相关信息，网民选择新浪的原因主要有两个，一是网民长时间的使用习惯养成了“看赛事，上新浪”的潜意识；二是新浪在体育赛事传播方面的专业性与权威性，以及报道内容的丰富全面深度立体，是吸引网民浏览新浪奥运页面的主要因素。新浪网在 2008 年 7 月获得了北京奥运会互联网的转播授权，但是搜狐抢占先机获得北京奥运独家网络赞助商的资格，为应对搜狐的强势挑战，新浪联合腾讯、网易结成“奥运报道联盟”，并宣布三家网站对联合获得的奥运内容进行资源共享。

新浪在北京奥运传播中最大的亮点是开创博客奥运传播的新方式，并通过明星草根博主齐上阵，设置议程，引领奥运新闻传播的主流舆论。博客最初的名称

〔1〕 朱凯迪．我国门户网站奥运报道的历史流变及趋势研究［D］．武汉体育学院，2013.

是 Weblog，中文意思即网志或网络日志，是一种由个人管理、不定期张贴新的文章、图片或影片的网页或联机日记，用来抒发情感或分享信息。2000 年博客开始进入中国，并迅速发展，但都业绩平平；2005 年国内各门户网站，如新浪、搜狐等也加入博客阵营，开始进入博客春秋战国时代，2005 年被称作中国博客的勃兴年，2006 年中国博客开始呈现井喷发展之势，借博客在世界及国内刮起的狂飙之风，2008 年北京奥运会国际奥组委允许运动员在比赛期间可以写作博客，新浪和腾讯两大国内博客运营商在北京奥运会期间均开设了奥运博客专区，邀请运动员、教练员、媒体专家、各界文化名人等与网友分享第一手的北京奥运独家资讯。新浪网更是凭借着自身强大的名人博客阵容，组建了奥运传播专家博客，其中涵盖了各方面的名家名博。比如有包括易建联、邹凯、仲满等奥运明星在内的几百位运动员；有黄健翔、马德兴、董路、李承鹏等专业体育人士；还有韩寒、潘石屹、郑渊洁等名人名博。这些博客让网民看到了多角度、原生态的奥运，吸引了众多网友的关注和喝彩。据 Chinarank 统计数据表明，在北京奥运会期间，新浪奥运博客首页上的博文数量为 1646 篇，新浪博客的日均用户数达到行业均值的 3.6 倍，是排名紧随其后的腾讯和搜狐总和的 1.5 倍，而峰值用户数和流量更是分别达到同比状况下搜狐的 13 倍和 38 倍，以绝对的优势将竞争对手抛在身后。而新浪博客高质量的博文和评论，更是被 300 多家国内外主流媒体广泛引用。可见，不论在发布博文数量还是覆盖面上，新浪的博客资源均远超其他竞争对手，同时也带动新浪博客的流量在奥运期间大幅攀升。互联网观察人士认为，奥运期间新浪博客已成为重大事件舆论传播平台，网民已高度认可新浪博客的权威性及快速性。再加上草根明星分享奥运心情感受充当意见领袖的作用，通过博客报道奥运的方式成为新浪奥运传播的又一个“杀手锏”，其他门户网站望尘莫及。

二、腾讯网的北京奥运会传播

作为门户网站的后起之秀，腾讯网成立于 2003 年 12 月，2004 年的雅典奥运会是腾讯网第一次参与奥运报道。由于当时腾讯网刚刚成立半年多时间，无论是奥运传播内容资源、编辑人数还是报道规模方面，都无法与其他三家门户网站相提并论。在这种形势下，腾讯网大胆创新，巧妙地利用自身 QQ 即时通讯平台的资源优势，以差异化求生存，推出 QQ 弹窗推送奥运资讯的新模式，将奥运报道和夺金新闻第一时间通过弹出消息推送到用户桌面，无需用户进入门户网站寻找新闻，极大地提高了用户体验。正是这种创新性的弹窗推送模式，奠定了腾讯网新闻门户三甲的优势地位。

2008 年北京奥运会，腾讯与新浪、网易一起正式获得奥运赛事的互联网转播授权。并于 2007 年 7 月提前一年召开 2008 年北京奥运报道战略发布会，将“2008，你的网络主场”作为奥运报道的主题，并签约中国乒乓球队、中国羽毛球队、中国游泳队、中国举重队成为自己的合作伙伴。北京奥运会腾讯网继续延续雅典奥运会的差异化传播路线，以独特传播风格，避免了各门户网站之间的同质化竞争。2008 年北京奥运会期间，腾讯网利用 QQ 3.4 亿活跃用户的巨大群体规模，再次利用 QQ 用户弹窗功能，将夺金等奥运资讯 10 秒内送达用户桌面，让用户在第一时间分享中国队夺冠的喜悦。腾讯这种变等待浏览为主动推送的信息传播方式，最大成功在于其充分利用 QQ 即时通讯软件的自动弹出功能，在网民登录 QQ 的同时，关于奥运的最新消息就会自动弹出，从运动员上场到比赛结束的全过程都以消息的形式呈现在数以千万的网民面前。省去了用户点击页面的时间，同时奖牌数目同步刷新，让用户在第一时间即时了解到奥运赛事的最新战况。腾讯依托 QQ 用户的黏度和忠诚度，这种将报道时间优势直接转化为用户知晓时间优势，改变了门户网站吸引网民注意力的方式，从而在传播及时性方面占有优势，对门户网站的竞争格局产生较为明显的影响。腾讯 QQ 第一时间推送的金牌弹出资讯窗口受到了诸多国际品牌的青睐，广告量大幅攀升。据统计，65.28% 的网民表示是通过腾讯网获知了本届奥运会的首枚金牌信息，居各大门户之首。此外，拥有广泛的用户基础的腾讯网作为网络媒体平台，除网页形式的报道外，QQ 还延伸出了一系列网络终端产品，如个人空间 Qzone、QQ 群、QQ 直播、QQ 电台等，为北京奥运传播提供不同形式的信息载体，从而能够打造立体式的奥运传播新模式。

腾讯不仅在 PC 电脑端利用 QQ 弹窗界面即时传播奥运金牌资讯，同时通过手机移动端 QQ 平台，展示“实时 + 互动”的移动新媒体传播力量。为了方便网友随时随地、全面快捷地了解奥运最新资讯，腾讯网率先开通了“手机看奥运专题”，通过整合腾讯网 PC 端奥运前方最新资讯，以及 QQ 用户用手机在赛事现场撰写的手机 Qzone，多角度地完成了奥运报道，获得网友好评。同时，手机腾讯网提供的

“免费新闻订阅”功能，可以将奥运新闻通过手机腾讯网或手机 QQ 第一时间推送给用户。保证奥运新闻传播时效性与实时性，腾讯网通过手机 QQ 端与 PC 端的配合，系统能将准确的消息第一时间通知到所有在线的 QQ 用户，而数据显示腾讯网北京奥运金牌信息的阅读量超过 7 亿人次，这充分地证明了“实时”性重要性。

另外，手机腾讯网体现了较强的互动性传播特点，通过手机 Qzone、手机 QQ，手机腾讯网实现了最大限度的互动。如奥运冠军陈燮霞在赛场第一时间用手机 Qzone 写的“现在心情很激动，感谢所有的人”阅读量达到 991 259 人次，评论量高达 182 000 条，同时，张湘祥、程菲、张怡宁等奥运冠军手机 Qzone 成为互动的焦点。腾讯有大量用户使用手机 QQ，他们在赛场直接用手机发布博客并且聊天，大批的忠实用户组成了最强大的外部报道团队，实质上起到了帮助腾讯奥运记者团进行奥运赛事直播的作用。

三、搜狐网的北京奥运会传播

搜狐是门户网站中最早与北京奥运结缘的。2005 年 11 月 7 日，搜狐公司正式成为北京 2008 年奥运会互联网内容服务赞助商，标志着搜狐网将为北京 2008 年奥运会和残奥会，为北京奥组委、中国奥委会以及参加都灵 2006 年冬奥会和北京奥运会的中国体育代表团提供正式互联网内容服务。这是百年奥运历史上第一次设立互联网赞助类别，搜狐优先取得奥运内容赞助商身份这一事件，在整个互联网行业产生巨大轰动。此外，搜狐在 2008 年 6 月，成功与北京 2008 年奥运会官方互联网、移动平台转播机构央视网正式签约，成为其奥运战略合作伙伴，获得 2008 年奥运会赛事活动的互联网转播权。之所以要与央视网展开深度合作，主要原因是国际奥委会为保障奥运会电视转播商的权益，并未向包括奥组委官方网站在内的任何网站出售、转让北京奥运会的赛事转播权。国际奥委会之所以做出这个背离时代发展的“禁止网络媒体传播”的禁令，并不是没有看到互联网的飞速发展对北京奥运会成功举办所具有的举足轻重的影响与作用，而是因为每届奥运会的转播权都是被电视媒体所买断，国际奥委会通过向全球 20 多个电视台出售奥运会的独家转播权来获取并维持自己正常运营的巨额经费，因此电视台和国际奥委会双方互利互惠，合作得非常愉快。互联网的兴起对国际奥委会与电视媒体商业合作提出了严峻挑战，但国际奥委会与电视媒体多年合作的惯性不易打破，因此，奥委会以网络技术尚不成熟，网络覆盖率没有电视媒体高，门户网站奥运会商业运行模式还有待完善等理由，拒绝了互联网奥运转播权的开放，并得出了“网络媒体还不能取代传统媒体”的结论。同时，只有购买了2008年奥运会转播权的电视台和广播电台才能直播2008年奥运会，否则将被视为侵权。搜狐虽然取得北京奥运会互联网赞助商的唯一资格，但包括搜狐网在内的四大门户网站均不允许做2008年北京奥运会电视画面和声音的直播，尽管纯粹的商业网站被禁止视频直播奥运会，但考虑到电视台和广播电台有权利通过自办的网站转播比赛，因此，北京奥运会网络传播还是不可逆转地进入高速发展的新阶段。

搜狐凭借奥运会独家网络赞助商的特有优势，拥有了垄断性的赛事信息资源。搜狐充分利用获得的独特奥运权益，接入奥运会官方信息系统（INF02008）和比赛评论员系统（CIS），将最权威的官方比赛数据转化为网友最关注的赛事赛程、比分直播、奖牌榜、快讯、资料库等五大核心产品，以领先其他网站至少1分钟的速度，发布在搜狐奥运赛事信息系统上，全部产品均依赖于奥运会两大官方系统直接生成，整个过程不存在人工干预，受众在搜狐奥运赛事系统上看到的比赛数据与赛场完全同步。据CNNIC调查得出，搜狐携奥运内容的独有优势，实现技术与内容的有机结合，为网民提供奥运赛事信息服务，真正在数据结构的统一平台之上实现了及时更新、可检索和多选择。

为应对央视对奥运转播的版权垄断，各大门户网站均斥巨资购买了北京奥运会的赛事视频直播权和点播权，同时剑走偏锋，通过自制原创的视频节目，来吸引受众眼球。如搜狐开设了一系列的个性化原创视频节目，其中由搜狐首席执行官张朝阳领衔众多明星、名流加盟的《搜狐北京播报》成为最吸睛的奥运视频节目，深受广大网友青睐。这个节目凭借当红明星的名人效应、热点话题设置等方式吸引了众多网民的注意力，赢得了众多网友的好评。此外《搜狐鸟巢直播间》《奥运·紫微·星》等王牌视频节目，也都将报道重点放在了北京奥运会最耀眼的明星运动员身上，挖掘这些运动员荣耀背后的感人故事，这些节目同样取得了很好的传播效果。为应对其他媒体的挑战，搜狐还安排大量记者分赴各大奥运场馆随时随地传递最新奥运信息，搜狐华奥还联合北京电视台独家制作了《冠军面对面》，24小时不间断播报与奥运相关的消息。

搜狐除原创奥运视频外，通过与央视网奥运战略合作，还获得央视奥运直播频道的全部3800小时奥运视频内容，凭借最全的奥运资源、领先的视频技术、清晰、流畅的视频观看体验，24小时不间断地视频直击北京奥运会302个项目的全部比赛，搜狐奥运视频赢得了网民的广泛认可。据DCCI统计数据，北京奥运期间用户对搜狐奥运视频的满意度高达85.9%。

为吸引更多网民参与到北京奥运会传播中，搜狐网还通过网络聊天室、网友讨论、设置热点话题、投票调查等互动方式，激发网友参与度和观赛热情，并提升用户黏性。首先，搜狐在视频直播主页面显著位置设置了网络聊天室栏目，网友可以一边看网络视频直播，一边通过网络聊天室平台对赛事进行即时评论分享，这一互动形式充分发挥了网络的灵活互动反馈功能，在激发网友参与性的同时也增加了网络视频直播的附加值。其次，搜狐还根据赛事的进程和网民对奥运中感兴趣的人与物，来设置热点话题，并通过问答形式在网上进行投票调查。比如在奥运会开幕式前，组织调查“你认为谁将成为北京奥运会的旗手?”奥运期间，开展了以“谁将夺得中国奥运军团首枚金牌?”“你认为中国会成为金牌榜第几名?”等公众关注度高的话题进行调查。另外，还针对比赛中的有亮点、有悬念的话题组织调查，比如“羽球男单决赛谁将笑到最后?”等，这些话题或者直接在网络社区中引导网友讨论，或者直接链接在具体新闻或专题后，使网民在阅读新闻的同时及时进行交流互动[1]。

综上，获得官方政策支持的搜狐网在北京奥运会传播中成为门户网站白热化竞争的大赢家。据数据统计显示，在北京奥运会期间，搜狐在国内门户网站中共创造了总体流量第一，数据发布平均速度第一，整体渗透率第一，网友满意度第一，视频用户数第一等五项数据第一名。搜狐凭借领先的奥运内容报道优势，迅速确立了其在国内门户网站奥运传播报道中的领跑地位。

四、网易网的北京奥运会传播

网易在互联网公司以技术著称，产品强势一直是网易的特色之一，网易在邮

〔1〕 吴润楠．北京奥运会互联网传播研究［D］．南昌大学，2011.

箱、相册、在线游戏等领域一直居于市场领军地位。网易首席运营官蓝瑞豹表示，网易邮箱拥有2.2亿注册用户，网易在线游戏产品也是国内原创网游的佼佼者，相册博客贺卡等产品同样占据了重要的市场地位。在北京奥运会传播中，网易充分发挥这些产品对网民的渗透作用，第一次全面整合所有产品为赛事报道服务，也就是网民无论是在收发邮件、聊天、灌水、玩网络游戏还是看赛事新闻，都能第一时间接收最新的奥运信息，以最大可能地满足不同群体的奥运资讯需求。

在新浪、腾讯、搜狐三大门户网站相继推出北京奥运报道战略之后，网易也亮出了自己的奥运牌，口号依然是“网聚人的力量”。网易CEO丁磊表示，网易将动员全公司的力量投入到北京奥运传播的战略之中。首先，网易凭借自己多年专题策划制作的传统优势，来展现雄厚实力，网聚人气。如网易设置了金牌专题，对每个中国夺金项目在赛后，第一时间将全面、深度、多角度的信息呈现在网民面前，只要点击主页面进入专题链接页面，便能获取关于比赛战报、赛事数据、比赛图片、视频、赛场花絮、赛事点评等全方位赛事信息。网易奥运专题不仅内容丰富，视角多元，紧贴热点，专题页面制作亦十分精美，给网友提供了完美的阅读和观看体验。如网易的“美少妇看奥运”专题，由两位美女编辑精心打造，从女性的角度出发点评奥运期间的知名运动员，该栏目在奥运期间总访问量超过3000万。“刘翔因伤退赛”事件，网易在1小时内推出相关的新闻专题，并在专题界面对刘翔退赛事件进行全方位、客观理性的解读，“我们等你回来”集合了万名网友的签名，以示祝福；“四年坚持”给网友呈现出更真实的刘翔；“诊断刘翔”用有序排列的图片和文字表述了刘翔伤势的详细情况，简洁明了；“辩论台刘翔该不该道歉”为众多网友提供了讨论的平台，并得到了5万多网友的投票；“退赛亦是英雄”抒写了刘翔退赛的种种无奈。再如，北京奥运会结束时，网易第一时间推出网易奥运策划专题——“史记2008”。仿《史记》体，分本纪、世家、列传、表、书，记录大国崛起、梦之队、封神榜、辉煌时刻、和谐奥运，专题页面精美、视角独特、见解独到，得到广大网友的一致好评。综观各大网站的北京奥运传播，网易表现出了雄厚的独家专题策划实力，既有深度又独具匠心。可见，在门户网站北京奥运传播中，网易秉承其一贯的新闻深度传统，对资讯加工的力度，是四大门户网站中最突出的，这也成就了网易“看专题上网易”的用户口碑[1]。此外，网易通过赛事调查、赛事讨论等形式，充分发挥互联网互动优势，让用户在第一时间与他人分享观赛感受，均取得了较好的传播实效。

综上，北京奥运会各大门户网站均获得了突飞猛进的发展，各门户之间在竞争同时也实现了合作与“共赢”。门户网站由此积累了丰富的大型体育赛事传播、管理的经验，这些宝贵的奥运作战经历必将影响到它们今后的生存与发展。北京奥运会门户网站传播主要特点及启示如下：首先，以腾讯网为代表的“即时 + 门户”的创新传播模式，变传统的等待用户浏览的方式为主动向用户推送消息的方式，保证奥运信息第一时间直接到达受众，为未来门户网站的发展模式提供了借鉴与思考。其次，主打原创内容，以差异化竞争谋发展才是真正的取胜之道。同质化一直是门户网站面临的主要问题之一，借助北京奥运这一千载难逢的契机，四大门户网站分别对其战略定位进行调整，差异化竞争趋势逐渐凸显。为避免激烈的同质化竞争，门户网站必须要找到自身的准确定位，改变传统的内容大杂烩局面，整合现有资源，寻找差异化路线，才能获得持续生存与良性发展。如网易策划的奥运新闻专题，就是在整合媒体相关报道的基础上，形成了“独家策划”的板块，实现了资讯的深度加工，倍受网民好评。另外，各网站的原创视频、图片等等内容，也让门户网站的奥运报道显得精彩纷呈，充满个性化特色。第三，即时或实时传播，成为各门户网站的一致追求。竞技体育最大的特点就是比赛的悬念性和结果的不确定性，赛程、赛果、金牌、明星等资讯内容自然成为各家媒体聚焦的热点。为争取在第一时间向网民报道赛果，四大门户网站均在奥运专题主页设置了即时快讯栏目，在以动态字幕滚动报道比赛的同时，还以弹窗形式第一时间发送最新的奖牌结果。各大门户竞争激烈，发布时间已经精确到了以秒来争夺时效的地步。

此外，门户网站在北京奥运传播中也存在一些不足。首先，报道内容的深度性和广度性不足；其次，采编队伍的专业水平较之前两届有了较大提升，但仍与传统媒体的资深新闻队伍有较大差距；第三，网站的技术水准仍需要提高，当搜狐在陈燮霞为中国代表团夺得北京奥运首金之时，网民通过搜狐奥运赛事信息系

〔1〕 吴润楠．北京奥运会互联网传播研究［D］．南昌大学，2011.

统查询比赛详细信息的访问次数达到了 300 万 PV/5 分钟的高峰期时，网络会出现拥堵和页面打不开的情况，这亟须在技术层面进行升级改造；最后，关于网站直播和视频的质量有待进一步提升，目标应定位为接近甚至超越电视媒体的水准。

第五节　伦敦奥运：开创首届“社交 + 指尖”奥运

自 2000 年悉尼奥运会我国门户网站首次参与奥运传播至 2012 年伦敦奥运会，历经 12 年的发展变迁，四大门户网站已经从传统媒体的从属地位逐渐跃升为完全独立化的发展模式轨道中。据 CNNIC 数据显示，截至 2012 年 6 月底，中国网民数量达到 5. 28 亿人，互联网普及率为 39. 9%，手机网民规模达到 3. 88 亿人，手机首次超越台式电脑成为第一大上网终端。迫于网络媒体的强势崛起，国际奥运会对于网络媒体传播政策也在不断放宽，2012 年伦敦奥运会，国际奥委会和伦敦奥组委对于网络媒体的开放态度更加明确，甚至给予了网络媒体几乎等同于电视媒体的待遇。无论是网络赛事直播授予权，还是采访权方面，网络媒体特别是门户网站都获得了更广阔的发展空间。同时，经过悉尼、雅典和北京奥运会传播经验的总结，在第 30 届伦敦奥运会传播中，我国门户网站的传播策略更加完善，传播水平有了质的提升。可以说，我国门户网站的奥运传播已经进入日臻成熟的发展阶段。

2012 年伦敦奥运会，我国四大门户网站只购买了奥运赛事点播权，面对央视赛事直播版权的垄断，腾讯、新浪、搜狐和网易打破传统的依赖传统媒体发展的模式，通过自制原创视频节目、奥运赛事评论以及多元化的独家策划板块，为网民奉献精美的、个性化的、即时互动的、丰富多彩的奥运资讯，这也凸显了我国门户网站自身实力的壮大，在大型体育赛事传播中开始从边缘迈向主流。相较于雅典奥运会和北京奥运会，本届伦敦奥运会门户网站不仅重视 PC 端的发展建设，更加重视其手机门户网站奥运频道的构建和完善。各家门户网站也通过 PC 端奥运主页以及手机端奥运主页双管齐下的传播方式，使得奥运资源得以充分利用。不仅如此，继北京奥运会博客传播大放异彩之后，伦敦奥运会成为门户网站首届微博奥运会，移动新媒体的奥运会，微博、微信和新闻客户端成为门户网站伦敦奥运传播的新增长点，因移动新闻客户端和微信才刚刚出道，发展尚不成熟，而微博自2009年新浪首推，历经3年发展，已经走向成熟，并开创伦敦奥运“微博奥运传播”的新方式，吸引众多粉丝的关注。在四大门户网站中，新浪微博和腾讯微博的影响力较为广泛。两大门户纷纷抓住机遇，通过新闻时效性更强的特点，第一时间发布奥运赛事新闻，而通过超链接的方式，在门户网站网页中发布深度性更强的评论新闻，形成报道资源优势的互补，取得了极佳的传播效果。下面主要以腾讯网为例，分析门户网站伦敦奥运传播的主要特色如下。

一、打造豪华专业媒体与明星阵容

为向受众提供更加丰富多元、个性独家的奥运信息，各门户网站均不惜重金，打造由知名主持人、媒体专家记者、明星名人、运动员等组成的豪华奥运传播阵容，独家发布最新的奥运战况。如腾讯在伦敦奥运的报道团队中，不仅包括著名体育节目主持人和体育评论员白岩松、刘建宏、段暄、崔永元、孙正平、张卫平、于嘉等人，一线大牌明星成龙、莫文蔚等也赫然在列，作家团队包括韩寒、蒋方舟等人，还有退役冠军团队囊括了谢杏芳、杨凌等倍受大家关注的前冠军运动员。腾讯还与我国传统优势项目，具备夺金实力的羽毛球、乒乓球、跳水等金牌团队签约，包括刘翔在内的181位明星携手腾讯，依托腾讯微博平台，成为腾讯伦敦传播团队的成员。而全明星奥运播报团成员通过腾讯微博平台，在第一时间发布赛场一手信息，与网友进行积极互动，形成了团队微博互动播报的新模式。

二、聚集丰富独家的奥运合作资源

大型体育赛事期间，各家媒体总会提前排兵布阵，集全媒体之力，并与其他媒体结盟合作，形成强大合力，强势出击，上演媒体奥运传播激情大战。如腾讯总共向伦敦前方派驻150名记者和嘉宾团队，总计为腾讯门户奥运频道发回多达5927篇原创稿件，排在“四大门户网站”之首。在合作资源方面，腾讯网与《体坛周报》达成独家战略合作关系，腾讯拥有《体坛周报》的独家授权使用体坛旗下所有报刊、杂志和网站所属的相关版权信息内容，双方也会共享体育专家名人资源，同时腾讯还与部分知名报纸如《楚天都市报》《成都商报》《京华时报》《南方都市报》《华商报》《都市快报》等也建立了合作关系。此外，腾讯还在广播、电视、体育媒体领域寻求了不少合作伙伴，包括美国首席奥运媒体、美联社、新华社等权威性媒体以及各地方电视频道和地方广播电台。全球最受尊敬的媒体之一——英国广播公司（BBC）更是成了腾讯在本届奥运会上的战略盟友和合作伙伴。伦敦奥运会期间，腾讯网还与体坛传媒集团携手打造了中国体育第一微博圈——腾讯体坛微博圈。该微博圈囊括全国发行量最大的专业体育报纸《体坛周报》，以及《全体育》《足球周刊》《扣篮》《户外》等体坛传媒旗下多家杂志的官方微博；此外，更有颜强、杨毅、马德兴、滨岩、周文渊等领衔的多位体坛专家集体落户。网易联合国际体育记者协会、欧洲体育媒体联盟等重量级媒体机构，组建一个庞大的全球化奥运新闻传播系统，包括前方的两个独立演播室，多名前线记者、多个海外报道点以及多名后方精英采编团队，无间隙的关注奥运赛场的每个角落，随时随地传递奥运最多新资讯。

三、构建奥运传播的综合矩阵平台

伦敦奥运期间，各门户网站为满足用户多样化、立体化、多角度需求，均打出多平台联动的组合拳，形成多维度全平台产品矩阵，实现传播与营销的最佳效果。如腾讯网积极构建“Web + Wap”相结合的实时社区，发挥网页、微博、视频和移动终端四大主流平台的联动效应，初步实现了多平台、跨终端的立体传播模式，使用户足不出户，就能切身感受“在腾讯，在现场”的真实观赛体验。腾讯基于众多平台的“一站式”报道，与腾讯一直构建的“一站式生活在线生活平台”完全契合。此外，腾讯即时通讯平台 QQ 的优势，也是其他门户网站所无法复制的。腾讯围绕 QQ 客户端、QQ 空间、Q 秀、微博、朋友网、朋友圈等众多社区类产品，顺利完成多平台的无缝对接。通过整合拥有 5.5 亿用户的 QQ，3.1 亿用户的腾讯微博，2 亿用户的朋友网等为代表的以上多款互动类产品，组成全方位、立体化的奥运播报矩阵，用户在更好观赛和发表评论的同时，还可以实时互动和自我传播。与此同时，腾讯网在奥运会期间将会构建奥运实时社区，让亿万网友能够全面、多角度、多渠道地感受伦敦奥运的精彩与魅力。此外，在伦敦奥运期间，为确保用户在第一时间了解赛场消息，网易也聚集旗下的包括网易新闻、网易邮箱、网易阅读、网易应用等多款移动终端产品，全天候完成奥运内容的推送。此外，网易还与优酷、人人、天涯、猫扑等移动互联网网站建立合作伙伴关系，形成“移动云报道”联盟，深度挖掘伦敦奥运资讯渠道，打造一个全开放的奥运移动互联网平台。在伦敦奥运会传播报道中，网易主推以新闻客户端为主的移动平台，通过“传统互联网 + 移动互联网”无缝结合的方式，为用户奉献精美的奥运盛宴，实现了“奥运看网易，运动有态度”的伦敦奥运报道战略，践行了“无跟帖不新闻”的网易新闻传播理念。

四、自制原创视频与独家专题策划

伦敦奥运会的赛事转播权为央视一家垄断，各门户网站为应对没有赛事直播版权的困境，纷纷从自制原创视频节目和独家专题策划方面独辟蹊径，寻求个性化生存空间。在仅购买了 C 类奥运视频点播资源包的情况下，腾讯奥运频道原创策划的《中国茶馆》系列三档视频节目《金牌第一时间》《杯中话风云》和《奥运父母汇》均在网民中引起巨大反响，并获得极高的点击率和关注度。仅《金牌第一时间》栏目就采访了 39 位奥运冠军，覆盖率高达 83%。《奥运父母汇》，邀请 28 位父母为奥运健儿现场助阵，这是其他门户网站和传统媒体所不具备的资源，也为腾讯专访奥运冠军提供了更多的可能。据统计，伦敦奥运期间腾讯三档原创视频节目的日均播放量突破 2 亿次。此外，腾讯网利用电视综艺化手法原创出品包含深度访谈节目《冲刺伦敦》、户外综艺竞技栏目《挑战冠军帮》、美女综艺互动类节目《加油美人计》、综艺纪实类户外节目《品蔚英伦》等在内的 10 档视频栏目，视频内容彰显伦敦奥运的文化气息，也获得了众多网友青睐，赢得了不错的点击率和浏览量。

除原创自制视频节目外，几家门户网站还通过独家策划的专题栏目，对奥运赛事、明星人物、热点事件进行深度详细解析，起到了议程设置和舆论引导的作用。如腾讯网充分对用户的需求进行挖掘，不仅显著提升了门户网站奥运传播中的独家策划专题数量，以满足受众对于奥运新闻深度知悉需求，以及议程设置的热点讨论需要，同时也加大了在网站用户的互动环节上的人力、物力和财力的投入。据统计，整个伦敦奥运期间，腾讯网一共独家策划了290个专题，这个数据比排名第二的搜狐的195个专题多出50%左右，并远远超过了新浪的176个和网易的125个专题，在独家专题策划方面拔得头筹。

五、移动终端的指尖渗透＋社交奥运

随着智能手机的普及以及移动终端技术的发展，人们的阅读方式和信息获取方式也发生着翻天覆地的变化。在“社交奥运”的风潮下，腾讯网已经拥有自己较为成熟的社交平台，并在此基础上，以移动终端为重要着力点，走在各门户网站“社交奥运”的前端。在伦敦奥运传播中，腾讯推出的“微观奥运”“微频道”，并利用自身的平台优势，推出的微信、QQ提醒、新闻、微博和视频客户端，在无线平台的交叉搭建过程中，充分发挥自己的优势，呈现一场精彩的“指尖奥运”。腾讯在移动端的大举措，使得用户能够通过手机实现奥运比赛时间提醒，高清视频点播，浏览好友爱看的内容，发布、转发、评论感兴趣的微博，还可以通过朋友圈发布分享观赛心得。通过移动端的全面覆盖，成功抓住用户的碎片化时间，提高用户的观赛体验，兑现了“在腾讯，在现场”的赛前承诺。搜狐新闻客户端在伦敦奥运会期间提出“指尖上的奥运”的移动互联网整合报道模式。用户可以订阅搜狐新闻客户端精心策划编辑的《奥运专刊》《手机早晚报》《全景奥运画报》等奥运读物，客户端会第一时间将每天最新的内容推送给订阅用户；同时，奥运新闻文本、图片及比赛视频可随时点击浏览、点播观看，并将所有奥运赛况的内容与形式深度整合，以最多样且最有厚度的方式呈现于奥运受众眼前。

伦敦奥运会也被称为百年现代奥运史中首届“社交奥运”，在借助微博提升门户网站影响力方面腾讯做得同样出色。在整个伦敦奥运会期间，通过腾讯微博获悉奥运新闻信息的用户总数突破4亿大关。截至伦敦奥运会闭幕，共有218名中国奥运军团成员在腾讯微博发布了超过6648条消息，而网友与他们的互动留言超过1244万条。伦敦奥运期间，腾讯微博用户的活跃度达到42%，一举超越始终在国内微博业务中的龙头新浪，后者仅以40%排名第二，搜狐（18%）和网易（10%）的微博影响力则较小。奥运开赛之前，腾讯微博用户同时登录量峰值最多为6700万，而在伦敦奥运赛期中，腾讯微博的用户日均同时登录量为8700万，最高峰值甚至达到9200万之多。由此，足可见腾讯微博巨大影响力，已经在伦敦奥运报道中取得了巨大成功。而在互动环节中，腾讯网受众互动活跃度达到41%，新浪仅有29%，而搜狐的12%和网易的11%，在这方面更是显现出短板。

第30届伦敦奥运会也被称作“社交奥运”的元年，全世界范围内社交网络的兴起、发展与全面普及使得奥运会也不可避免地投身其中。在国内，微博的诞生和普及为社交网络介入奥运报道提供了可能。伦敦奥运会期间，腾讯微博和新浪微博为代表的微博奥运报道取得巨大成功。可见，在里约奥运会中，门户网站将会进一步发掘社交网络的潜力，为门户网站奥运报道的继续发展添加动力。从目前的情况来看，微信大有后来居上超越微博之势，尽管腾讯微博和新浪微博的用户群体仍很庞大，但是截至2013年1月，注册用户量已经突破3亿大关的微信发展势头更加迅猛。可见，在2016年里约奥运会中，微信这一新兴网络社交载体再次被腾讯公司创造性地运用加入奥运报道之中。微信与腾讯旗下的大部分业务都实现了“无缝对接”，凭借全面的功能特性，足以满足受众对于奥运信息服务的需求，以及其他各方面的需求。因此，微信与微博两者将共同发展，从而推动“社交奥运”传播战略的进一步深化[1]。

综上，历经悉尼、雅典、北京和伦敦4届奥运会的经验积累，至第30届伦敦奥运会，我国门户网站奥运传播已经进入日臻成熟的发展阶段。2012年伦敦奥运会新浪微博与腾讯微博领衔的中国社交网络风靡一时，通过腾讯微博收悉奥运新闻信息的用户总数突破4亿大关。随着“社交奥运”时代的到来，门户网站在报道奥运过程中也适时调整了自己的策略，迎合了时代的趋势，在坚持门户网站为核心的情况下，大力借助社交媒体来提升自身的影响力，吸引受众的关注，通过超链接的方式大幅度的提升门户网站奥运专题主页的访问量和点击率。同时，四大门户网站不约而同地选择放弃收购央视节目和奥运赛事直播权的战略显现了门户网站奥运差异化竞争的趋势。在自身发展日臻成熟的情况下，门户网站已经可以通过原创策划文字新闻专题并独立制作视频节目的方式来传播奥运会，真正实现独立化、自主化的奥运报道模式。不过，在本届奥运报道中，门户网站依旧存

〔1〕 朱凯迪．我国门户网站奥运报道的历史流变及趋势研究［D］．武汉体育学院，2013.

在着一些不足和缺陷，除了一直以来的网站技术支持不足，网络媒体内容传播不够权威，娱乐化低俗化趋势加剧之外，在社交奥运时代，如何在与网民互动中增强门户网站的把关人作用成为当下亟待解决的关键问题。此外，与传统媒体的共存与竞争、门户网站自身多元化的发展探索，以及传播模式的创新都有待于在2016年里约奥运会中继续改进和完善。

第三章　门户网站里约奥运会差异化竞争策略

大型体育赛事历来是兵家必争之地，是各媒体提振影响力的绝佳机遇，对于新兴的互联网媒体来说更是如此。里约奥运会四大门户网站均倾注全站之力，提前预热和宣传，相继推出奥运会媒体传播策略，以豪华的全明星阵容，独家的奥运报道资源，技术场景的无缝切换，互动直播的实时展演，让用户身临其境体验和感受里约奥运会的异彩纷呈。此外，各门户网站将渠道整合视为争取用户的主要手段之一，充分利用自身的平台优势，进行奥运传播资源的优势整合，通过全渠道平台整合，抓住用户的第一信息入口渠道，实现里约奥运会资讯内容从 PC 端到移动端的全覆盖。面向 2016 年里约奥运会，各门户网站在继续发挥其较传统媒体竞争优势的同时，更注重在行业内部形成差异化竞争态势，彰显个性，尽力消除同质化困境，独占鳌头，获得里约奥运传播营销的成功。

第一节　腾讯里约奥运会传播策略

一、腾讯里约奥运战略："连接体育的一切"

北京时间 2016 年 10 月 29 日，腾讯体育 2016 里约奥运资源推介会在北京举行。腾讯体育 2016 里约奥运的大幕正式拉开。此前，腾讯体育"连接体育的一切”战略在摩纳哥举办的 Sportel 峰会上首秀以来，引起了众多相关国家、领域、媒体的关注。此次里约奥运资源推介会将进一步呈现腾讯在这一战略指导下，在 2016 奥运年的整体发展思路。本次奥运资源推介会，还邀请了巴西驻华大使、国家体育总局相关领导、联合国开发计划署、国际记者协会以及多位体育明星出席。上述国家和机构，也在 2016 年里约奥运中与腾讯展开了密切的合作。

投资阿里巴巴并取得重大成功的日本软银集团董事长孙正义认为：“2018 年计算机的容量将超过人类的大脑，这个未来是不可想象的……我们可以肯定，在 300 年以后，世界上所有的事情都会通过云技术连接起来，每个人身上可能会被连接上千个设备，无论是手提电脑还是衣服、鞋子，甚至是一头牛都有可能被互联网联系起来。”腾讯网正是基于以上理念，坚持“全力 + 全星 + 全年 + 全时”原则，以优势传播资源为核心，在用户互动、社交方面发力，通过移动设备“连接一切”，即通过微信、手机 QQ、腾讯新闻客户端、腾讯体育 APP、腾讯视频客户端、企鹅直播等平台渠道，将里约奥运会与数以亿计的用户连接起来，满足用户对里约奥运的互动参与和社交愿望。

二、核心竞争力：豪华一线军团 + 独家奥运资源

豪华的一线军团和独家奥运资源，是腾讯奥运传播的核心竞争力。本次里约奥运会腾讯是最烧钱的门户网站，首先其豪华的奥运传播阵容堪比央视。2016 年 7 月 18 日，中国奥运代表团正式成立。7 月 19 日腾讯百余人的“奥运前方团队”随即踏上了奔赴里约的征程，将发挥本身强大的资源、内容生产、社交互动、直播视频等，第一时间用不同的视角给观众带来零距离的奥运体验。据腾讯官方数据显示，腾讯共有 170 余人的采编团队分赴里约，其中包括 10 人的明星报道团，前后方奥运传播团队人员总计 600 人，是规模最大的媒体阵容，直播人力投入最大。

在里约前方近千平方米的演播室内完成，其大手笔投入已不输于传统电视媒体。本次里约奥运，腾讯在前方配置了豪华的演播室，其在里约的演播大厅是伦敦演播大厅的 3 倍，接近 1000 平方米，离奥运场馆只有 2.7 公里，相对于网易、新浪与搜狐，腾讯奥运战略要豪华许多。同时腾讯体育还在奥运期间聚拢了孙杨、苏炳添、张继科等 40 余位夺金热门运动员，并占据了里约奥运中国代表队约 90%

的冠军资源。

早在 2013 年腾讯网便成为中国奥委会独家互联网合作伙伴，本次里约奥运腾讯网也自然成为互联网官方唯一合作媒体。在里约前方的中国之家中，为配合全力报道奥运，在商业化合作方面，腾讯体育发布了里约奥运具有针对性的商业化资源。腾讯体育立足于“随身资讯、共建内容、社圈互动”三个方面对内容进行布阵，并提出了奥运营销的“心价值”。腾讯还和 14 家媒体构成报道联盟，以及联合 15 家国内媒体组成捷报联盟，并联合 6 家国外媒体组成国际媒体联盟。24 小时传播奥运会全时、全景，为受众奉献精美的奥运大餐。

2016 年 7 月 29 日，中国奥林匹克委员会唯一的互联网服务合作伙伴腾讯宣布，已获得 2016 年里约奥运会赛事在中国大陆地区网络播映权益，里约奥运会期间，腾讯在其全平台播映了本届奥运全程 17 天的精彩赛事。综上，腾讯网以最烧钱的方式，获得了与央视比肩、其他三个门户网站所无法比拟的独家权益与最强资源，为用户极力打造里约奥运会传播的第一互联网媒体平台。

三、“移动＋社交＋技术”奥运打造全民参与体验

腾讯将“移动奥运”“社交奥运”“技术奥运”作为自己的主打方向，在常规赛事传播之外，在奥运期间推出了一系列围绕奥运冠军和知名运动员的互动节目和泛娱乐化节目。腾讯在大型体育赛事传播中更强调将传统 PC 平台做到极致之后用移动媒体和社交关系的优势分发出去。腾讯体育公布了以移动互联网技术做支撑、以“社交奥运”为核心的里约奥运会报道模式，“社交＋技术”的驱动极大程度推动了大众在奥运会中的参与度，这也为 2016 奥运年的媒体传播奠定了基调。如腾讯体育在里约奥运开赛之前推出的“跑向里约”活动，是里约奥运全方位报道的“第一枪”，也预示着腾讯里约奥运传播的全面开启。“跑向里约”可以说是推动用户参与奥运的最好体现。它由腾讯体育和微信运动联合推出，活动以 H5 为载体，还针对性地推出如摇一摇竞猜、奥运冠军加油 PK、火炬传递等可随时参与的用户交互方式，让用户在“跑向里约”的过程中结识更多志同道合的伙伴，全方位满足用户对奥运会的参与愿望。而在技术层面，腾讯体育也在报道中运用 VR 虚拟现实技术等创新报道方式，进一步增强用户的观赛体验，真正体现腾讯奥运

传播的“高关注+强社交+新视点+移动化”特点。

四、“直播+视频+移动矩阵”的全渠道观赛体验

当前，各种直播平台风起云涌，可谓百团大战。腾讯在里约奥运期间同样抓住了直播这个生态，利用自身的直播平台，第一时间呈现更丰富多元的奥运资讯内容。腾讯体育运营总经理赵国臣说：“如果说过去你看到的奥运是1%，我们这次将会呈现另外99%的奥运”。可见，本届奥运腾讯主打直播+视频，在直播和视频平台推出了好看好玩、独具特色的体育专题节目和自制剧，360°还原最真实的冠军，在传统资讯传播模式的基础上，不断加入新鲜有趣的互联网新元素，让更多年轻的观众能够以自己喜欢的方式享受奥运。腾讯在视频客户端上也有布局，拥有腾讯视频、企鹅直播等APP。腾讯还凭借其专业的视频节目制作能力，在奥运期间结合脱口秀、游戏综艺、真人秀等泛娱乐化元素，打造多档独具特色的体育视频节目。访谈节目《第一时间》在赛后邀请冠军们讲述夺冠历程；综艺真人秀《金牌驾到》由阿雅与奥运冠军打造欢快的奥运大Party；《冠军直通车》脱口秀节目中，冠军们在通往演播室的路上，与主持人进行游戏和互动；充满温情的《里约家味道》则请到运动员的家人，在里约为归来的奥运健儿做上一顿家乡菜；《下一个我》纪录片节目中孙杨、苏炳添、李永波、刘国梁等在内的15位征战奥运的中国军团一哥一姐、名将们讲述成长故事与精神传承。

为配合全力报道奥运，腾讯通过PC端+移动端全产品矩阵，全面传递奥运信息。依托腾讯“互联网+”的发展理念，以及在奥运方面的全情投入，腾讯体育真正让用户参与其中，回归到奥运初心。并通过腾讯体育APP、腾讯新闻客户端、腾讯视频客户端、微信、手机QQ、腾讯网等移动+PC全平台，以及微信运动组成的社交矩阵，向中国互联网用户及时全面传递奥运信息，聚合奥运民众参与度。调集腾讯全平台资源，尤其是微信、手机QQ、腾讯新闻等应用的移动+社交优势，是腾讯奥运战略的核心思路。整体来看，腾讯是最舍得烧钱的，高举高打，不计回报。此外，在用户的覆盖能力上，腾讯至少有5个用户过亿的移动应用，可以成为其奥运报道的入口；7亿的微信、5.5亿的QQ、2.9亿的腾讯视频、2.4亿的QQ浏览器、1.7亿的腾讯新闻；还有1.7亿的应用宝、1.6亿的QQ音乐、1.4

亿的腾讯手机管家和 1 亿的 QQ 邮箱。腾讯丰富的网络媒体渠道优势明显：腾讯的社交媒体如微信、QQ 加上腾讯视频、企鹅直播等 APP 的布局，使其拥有庞大的用户积累。渠道覆盖加上内容传播，腾讯的社交媒体在内容传播和互动方面优势明显，腾讯的图文、视频的内容形态覆盖在腾讯新闻客户端、腾讯体育客户端、个性化资讯平台（天天快报）、社交平台（微信、QQ）等移动端和 PC 端。渠道上明显的优势成了腾讯争夺里约奥运新媒体版权的重要优势，也为用户提供了最愉悦、全渠道的奥运观赛体验。

第二节　新浪里约奥运会传播策略

一、新浪里约奥运战略："新动里约"

北京时间 2016 年 12 月 8 日，"新动里约——新浪奥运战略发布会"在北京鸟巢文化中心盛大举行，新浪高级副总裁、新浪体育事业部总经理魏江雷指出，里约奥运会新浪将在延续传统体育传播优势的基础上进行创新突破，此次新浪奥运的主题是"新动里约"，这里的"新"有三层含义：新浪、创新、心动。"新"与"心"谐音，2016 年，新浪体育打造了一届全新的、好玩的、真正让人心动的，并且能够让人行动，真正参与进来的奥运会。

二、核心竞争力：微博驱动"众包式"社交奥运

从新浪在里约发布的奥运战略来看，新浪网主要采取传统门户赛事传播的方式，但在特色上，新浪更强调社会化力量，尤其是本地化力量参与。首先，微博与巴西奥组委在奥运内容传播上达成战略合作，巴西奥组委在新浪开设官方微博，发布官方动态、赛事图片和短视频；其次，微博与里约体育局签署了战略合作协议，成为里约奥运推广中文社交的合作伙伴；最后，微博联动华人社团、学生群

体等自媒体机构组建百人规模的赛事微拍团，在比赛现场第一时间、第一视角为网友带来新鲜、独家、独特的奥运信息。以微博为主阵地的新浪更注重众包式的奥运传播，不会仅仅聚焦于赛事本身和中国体育代表团，而是做“泛奥运传播”，呈现奥运资讯的同时还会引入粉丝与明星、粉丝与粉丝的互动，这样就在内容上和其他媒体形成区隔。其他门户网站更多还是依托专业媒体的力量，微博则更强调自媒体传播。众包式传播可以让网友通过微博更全面地了解奥运会，或许其他媒体的注意力更聚焦于中国奥运团队，微博则可以提供整个奥运会更为全面的信息。通过与巴西和里约官方合作，微博更强调报道整个奥运会，关注国内外奥运明星、整个奥运比赛以及巴西风土人情、足球等巴西特色项目，关注面更广。至少在内容上，微博尽量避开了与传统媒体的“红海”竞争，这或许会起到出其不意的效果。

可见，新浪的奥运传播在传统方式上融入了更多互联网的特色，即官方组织引导下的众包式传播模式。新浪微博既承担巴西奥委会这样的权威官方角色，又有现场 PGC 观众团队，这一直是微博的优势，每逢大事件，微博、Twitter 这两大公共信息发布平台都会在信息传播中起到不可替代的作用，时效性、互动性、个性化视角，都比传统媒体表现更好。在视频直播方面，微博已把直播当作内容战略的重要组成部分，在里约奥运会开始尝试奥运众包直播，新浪基于众包模式的优势是长尾内容，在内容丰富性、时效性、多维度和互动性上优势明显，但在深度和精度上与腾讯、乐视体育比会有差距。如果说微信更擅长于熟人之间的社交，那么微博的优势无疑是公共社交。微博是公共信息发布平台，公共话题讨论平台，明星与粉丝的连接平台，在里约奥运会期间这些特点都能体现出优势，不只是在资讯获取上可以多元化、实时化，更重要的是可在资讯之外有更多的讨论和互动玩法。

微博作为里约奥运会传播的主要阵地，通过众包式传播实现与其他门户的差异化竞争。除了在报道上更注重众包力量之外，新浪更是形成了“看”“聊”“玩”于一体的奥运互动战略，让用户参与其中。“看”，是指微博重点引导微博名人、体育明星，并依托 31 万媒体机构、15 万体育认证用户，打造媒体 + UGC + 运动员微博为核心的信息流，将最优质、最及时的奥运内容汇聚于此，尤其是图片，视频等一手实时内容，并首次引入视频直播，实现全民看奥运。同时，微博和巴西本地的媒体网站、华人社团、学生群体共同组建了“奥运微拍团”，通过图片、视频等方式全方位地直播奥运。“聊”，主要通过官方话题、微博雷达等功能引导大家聊奥运，并将这些数据与传统媒体传播有机结合。聊微博在过去两年时间与中国国家电视台体育频道深度合作，通过赛事直播 + 社交互动的方式，我们称之为“台网联动”，取得了非常好的效果。以此为基础，新浪会进一步加强赛事直播实时交流的诉求，加上奥运冠军微访谈等方式，让网友深度参与其中，实现电视观众和微博用户的全民聊奥运。“玩”，主要借助微博红包和微博互动这两款产品，如冠军运动员向粉丝发放微博红包，加强体育明星与用户的互动，吸引用户参与；为里约奥运加油的“冲刺里约”微博线上跑步活动，实现全民参与奥运。奥运冠军红包，明星参与，都会对网友互动有更大地带动效应。新浪微博在里约奥运会的众包式传播，创新奥运传播传统方式，增加了奥运传播的社交属性，成为里约奥运新浪网的核心竞争力和主要用力点。

三、汇聚强大体育明星阵容，多元互动提升黏度

奥运会不仅是体育界的一场“大考”，更是传媒报道、互联网技术、品牌营销方式的革新，对互联网行业和体育媒体来说，也是一场四年一度的“大考”。新浪体育从门户网站起家，不仅传统的传播优势明显，本届奥运会更以高端资源、创新模式、多元化的互动传播手段，以及独一无二的全平台支持，最大化覆盖公众，在互联网媒体推广方面独占鳌头。基于 19 年的积累，新浪体育云集了征战奥运多年的王牌记者团队和各路明星、冠军、专家 30 余人，通过新浪前方赛场内外多角度、全方位的报道，同时后方集合超过 200 人的大团队，全面打通微博、PC 端、新闻客户端、体育客户端、手机新浪网，集合旗下所有互动平台，为用户打造专业性与娱乐性并重的奥运栏目，以全民参与，共同畅玩奥运的磅礴声势开启里约奥运的互动战役。

在里约奥运会上，新浪集中优势资源，云集各路明星、世界冠军、专家，通过线上线下的互动，以全民参与奥运之势开启里约奥运传播的新征程。中国羽毛球奥运冠军林丹、金牌教练郎平分别担任新浪体育的奥运形象大使。新浪体育还与排管中心、举摔柔中心和自剑中心达成战略合作共识，成为中国女排、举重、

摔跤、柔道、击剑、自行车、马术、铁人三项、现代五项9支国家队的独家互联网赞助商。新浪还邀请了王丽萍、叶钊颖、孙英杰等20多位前奥运冠军、世界冠军、王牌达人担任奥运解说嘉宾。另外，还有张斌、汪大昭、苏群等近百名各界专家以最专业、最全面地视角点评奥运战况。此外，脱口秀海选活动的冠军与明星搭档助阵新浪，加上奥运大主播，一起用最犀利的语言，带来最新鲜有趣、最麻辣的奥运视点。

新浪的奥运新闻传播将延续其专业、深度的优势，在赛事传播之外，新浪还通过与巴西体育部门、巴西媒体和当地华人社团的合作，以更加原生态、本地化的视角来报道奥运会，力求“完整、丰富、多元的奥运报道”。2016年5月24日，央视体育频道与微博奥运战略合作发布会在北京召开。微博成为央视奥运报道首席社交媒体战略合作伙伴。双方均投入优势资源，强化奥运期间在产品、内容、大数据和报道等方面的合作。同时，央视体育频道与微博联合组建了奥运前方自媒体直播团队，通过微博和CCTV5客户端，为用户提供更移动、更社交的奥运观赛体验。新浪微博上更是聚集了73.6%的现役国家队运动员、200多位一线体育明星以及1000多位国外运动员，里约奥运会期间，他们都在比赛现场第一时间、第一视角为微博网友带来最新鲜、最及时的报道。另外，新浪和微博还联手打造诸多贴心好用的平台。动动手指，就能看到奥运奖牌榜、赛程赛果、直播大厅、数据统计等。微直播、微访谈，实现超近距离，面对面了解赛事和体育明星。此外，还有不少丰富有趣的体育游戏。新浪将创新性地推出多档自制节目，并结合打赏、H5游戏、竞猜、红包等一些系列围绕奥运、体育、社交的新产品。此外，从2016年1月起，新浪开始举办“奔向里约”百场跑步活动，全民参与，共赴“里约奥运”。其中，“奔向里约”参赛者不仅可以得到王牌教练的指导，更能有机会亲临雅典领略圣火采集，亲历第一条马拉松路线；此外，各类丰富有趣的体育游戏、全民竞猜，新增微博好友对战功能，让你不是一个人在战斗；还有考验奥运知识的答题互动玩起来，更有红包、优惠打赏不断，多终端呈现全民奥运狂欢，心动不容错过，好玩有趣又有益，都到新浪碗里来。

四、“移动+微博+PC”全媒体平台专业解读奥运

新浪里约奥运会的传播，整合旗下微博、手机新浪网、新浪体育APP、新浪新

闻 APP 等移动产品矩阵以及 PC 端资源，向亿万中国互联网用户及时、全面地传递里约奥运信息，更携手阵容强大的明星团队，以独家视角，通过“移动 + 微博 + PC”全媒体平台专业解读奥运。“内容 + 社交”的战略一直是体育盛会最大的亮点，同时也是网友乐于参与的一种模式。作为全球最大的中文社交媒体，微博成为连接中国与世界的桥梁。我们看新浪的布局，最重要的一点就是以“内容 + 社交”联动推进国际化战略布局。新浪更是抓住本届奥运会的难得契机，发挥“内容 + 社交”的联动优势，加速自己的全球化扩张。进而，通过国际化提高全球影响力、扩大用户规模、吸引更多广告主。此外，在赛事传播方面，新浪实现个性赛程定制化，将用户喜欢的赛果、重大赛事、金牌榜等喜榜第一时间推送。同时，新浪还打造 5 大特色内容，《冠军荟》《最强竞技赛》进一步满足了用户对奥运资讯、参与互动的需要，《奇葩事》《奥运大主播》则与用户分享奥运会上的娱乐、人文和情感元素，《冠军访谈》带用户全方位深度认识冠军本人。除此之外，还有 24 小时金牌频道滚动播报赛事，早中晚三档奥运新闻，与用户实时互动。更有娱乐、文化大咖坐镇辩不停，另类视角和用户一起解读奥运。在专题制作方面，每枚金牌一个金牌专题，新浪通过深度挖掘冠军心路历程、成功感言，并结合数据分析、幕后揭秘一应囊括，让用户感受奥运带来的勃勃生气和永不妥协的冠军精神。

第三节　网易里约奥运会传播策略

一、网易里约奥运战略：“身边总有竞技场”

2015 年 10 月 19 日网易就发布了里约奥运战略，在时间上抢得先机。10 月 25 日，网易在西安举办奥运战略发布会，介绍内容报道及营销策略。网易以“身边总有竞技场”为主题报道 2016 年里约奥运会，为网友呈现一场传承体育魅力、催人不懈奋进的体育盛宴。

网易将“身边总有竞技场”作为奥运战略的核心理念，主要是希望能够通过奥运来推动全民运动。网易传媒CEO李黎在奥运战略发布会上曾透露：“在即将到来的2016奥运会中，网易将启动差异化传播策略，派出专业报道团队，充分利用这种关注度，借助泳坛明星效应，吸引年轻用户的关注。让‘游泳’不仅是一项专业运动，更成为一项时尚健身项目，鼓励更多的网友参与其中。”李黎还表示，2016年里约奥运会网易会着重把“运动是一种生活态度”的理念融入“身边总有竞技场”这一主题，通过奥运系列报道、系列主题策划、系列下线活动，以“深度报道”“平台联动”“特别策划”三位一体的奥运传播模式，营造随时随地、不分场合、无关输赢的体育传播氛围，让新闻内容以年轻、时尚、潮流的视角，触达不同圈层网民。对于为何会把“身边总有竞技场”作为里约奥运会的报道主题，网易传媒副总编辑田华从三个维度作出解释：“第一，网易一定会通过独特的资源把现场信息第一时间带到大家身边，让现场就在大家身边；第二，我们一定会通过移动社交交互方式，然后让大家非常简单快速地传递和分享信息；第三，通过把网易新闻客户端、网易云音乐等移动APP整合在一起，让整个赛场能够24小时陪伴在大家身边。”

二、核心竞争力：有态度的跟帖，特别策划吸睛

网易作为四大门户网站之一，一直以“做有态度的新闻”著称，新闻≠复制粘贴，尤其是当前网络新闻同质化日益严重的情势下，网易更是在有趣、尖锐、独家和深度上做文章，试图距离真相更近一步，同样的新闻，不一样的解读方式，可以诙谐幽默，也可以尖锐独到，更可以用数据说话彰显权威，总有一种适合你。鉴于网易门户的理念是“有态度”，因此其奥运战略也是要做有态度的奥运资讯，网易跟帖等杀手级产品也成为里约奥运传播的杀手锏。此外，网易传媒副总编辑田华表示，网易会对2016里约奥运会投入重磅资源，实现全网第一关注。网易还为奥运配备强大的专业服务团队，从而实现网易奥运独家策划，多维视角进行报道，以吸引更多用户关注。

三、签约超级明星团队，游戏基因玩转奥运

网易为2016年里约奥运会配备了顶级传播报道团队，从幕后到台前，从现场到后方，无缝覆盖奥运赛场，重磅投入资源，全力为奥运服务，扩大传播声量，力求实现全网领先的关注度。在里约奥运会期间，网易派驻前方的团队有20多人，并有200多人参与到里约奥运的传播报道中，其中包括新闻采访和录制视频节目的团队成员。网易还签约宁泽涛这一超级体育新星做品牌代言人，并与中国游泳协会达成深度合作，于2016年10月19日正式宣布成为里约奥运会“中国游泳协会独家互联网媒体合作伙伴”。网易和中国游泳协会签署的合作协议为期5年，跨越两个奥运周期。中国在过去奥运会中游泳不算明星比赛项目，不过游泳比赛可观赏性强，菲尔普斯等体育明星让人印象深刻，更重要的是，宁泽涛本身具有极大的关注度，这位泳坛新星因为在亚运会、全球游泳锦标赛中表现突出，再加上其阳光男孩的“小鲜肉”形象，让其更具明星气质，关注度不亚于飞人刘翔，可谓网易奥运战略的王牌。

此外，据网易传媒营销管理中心总经理李淼介绍，在里约奥运会期间，网易全平台的移动端都会有奥运版本和实时的奥运直播，网易会用移动化、创新化的手段去进行奥运传播，同时还会和网易旗下游戏、移动端等资源进行结合。让每个人都感受到奥运就在身边，这在网易奥运营销战略上也将得到体现，正如李淼所言，“我们所有产品，网易平台包括像客户端、游戏都进行了很好的结合”。里约奥运会期间，网易通过与合作伙伴、奥运粉丝、广告主等进行的线下见面会，实现跟用户玩在一起，共同参与和见证奥运的每个精彩瞬间。此外，网易利用多年较强的手机游戏基因，通过开发与奥运相关的手机游戏的方式跟用户进行交互互动，让用户参与奥运，并实现了用户与广告主的沟通。奥运会期间网易独家策划一些游戏化内容，真正实现了与用户一起分享奥运、玩转奥运的诉求，获得很好传播效果。

四、移动矩阵整合传播，深度独家报道制胜

奥运会不仅是体育的盛会，也是媒体的盛宴，作为中国领先的互联网企业，

网易在里约奥运会中充分彰显媒体价值，挖掘独特视角，为用户打造最满意的奥运传播平台，为合作伙伴提供一个更为优质的营销平台，共享奥运盛宴。从2000年悉尼奥运会开始，网易一直以快速、全面、专业、高品质内容赢得了用户的认同，并积累了丰富的赛事传播经验。在2012伦敦奥运期间，网易凭借“移动跨屏”传播战略成功奠定了网易新闻客户端“中国用户覆盖最广、活跃度最高”的移动中文资讯领军者的地位。网易分管体育的副总编辑田华介绍说：“我们70%甚至是80%的精力都要放在移动端上”，“奥运期间，网易新闻客户端、网易云音乐、网易邮箱、网易云阅读等，所有的子品牌都加入到奥运阵营当中。”网易将移动端作为里约奥运传播的主战场，全力打造移动媒体矩阵，并通过全线产品配合实现整合传播。此外，为了更好地服务于里约奥运会，网易在发挥移动矩阵“渠道为王”优势同时，更注重内容的深度与独家，通过深度报道、独家策划全力为用户呈现一场别开生面的奥运盛宴，让奥运新闻内容以年轻、时尚、潮流的视角，触达不同圈层网民，充分展现体育的魅力。

第四节　搜狐里约奥运会传播策略

一、搜狐里约奥运战略：“我的奥运一起玩”

在里约奥运会、中超、足球欧洲杯、世界杯预选赛等大型体育赛事的带动下，2016年有望成为“全民运动年”，“让体育运动生活化”是产业发展的重要方向，结合移动端产品升级和大数据加持，移动互联网平台将有效促进庞大的泛体育目标人群与品牌的沟通互动，为行业带来持续的商业机会。2016年4月7日，以“我的奥运一起玩”为主题，搜狐首次公布奥运战略，主要以移动端为主战场进行全平台传播，凭借“全景式内容、强互动产品和娱乐化体验”，吸引用户一起“玩转里约”。

二、核心竞争力：强互动产品＋入口多元化

搜狐在里约奥运会期间，主要设置奥运抢红包、H5 游戏等强互动产品，吸引更多用户参与其中。红包机制将首次被搜狐引入里约奥运新闻阅读路径中，奥运红包与内容同步派发，借助中国队在里约取得的胜利掀起抢红包热潮。在移动端，用户还可以畅玩射击、赛跑等多个运动 H5 游戏，满足“动动指尖参与奥运”的需求。搜狐还在奥运期间为用户推出全新的大型线上线下整合互动活动，网友可以“约跑冠军”“跑向里约”，与奥运选手展开异地实时 PK。同时，用户还可以在首页定制自己专属的奥运皮肤，上传头像就能生成个性化的开机“奥运封面”等，满足更多用户个性化阅读体验。

移动互联网带来的另一个变化是所有入口的多元化以及去中心化，也就是说用户可以通过任何一个入口看到他想要的内容。在多入口方面，搜狐矩阵的产品非常多元，PC 端、无线端都具有优势。里约奥运会搜狐也是整合了门户旗下的核心资源包括搜狐新闻、搜狐体育、搜狐汽车、搜狐焦点、搜狐娱乐、搜狐视频等以及搜狗输入法、搜狗浏览器、搜狗弹窗、手机搜狐网、搜狐新闻客户端等为奥运传播提供强大的入口，全面提供里约奥运会相关资讯。此外，搜狐的奥运传播还通过门户、网络视频、地方电视台、卫视、IPTV 等形式覆盖全球用户，实现跨平台的无缝传播，传播渠道横跨电脑、手机和电视三大屏幕，其中，移动端则是发力的重点，满足受众通过移动终端获取资讯的第一需求。

三、名嘴专家教授加盟，呈现全景奥运

里约奥运会搜狐拥有中国男篮、女篮等运动队的官方采访权益，能够在第一时间视频专访男篮和女篮将士。搜狐豪华的体育明星和主持人阵容还包括姚明、王治郅、高敏等退役体育明星，众多名嘴大咖为网友提供最权威的赛事点评。搜狐对视觉化呈现重金投入，用户可以 24 小时看到全景式奥运内容。同时独家自制《奥运早新闻》《明说奥运》等视频节目，并在搜狐新闻客户端、手搜网、搜狐网、搜狐视频和视频客户端打通传播，实现各渠道的无缝连接。在报道的专业度及权

益方面，搜狐独家签约多家电视台和纸媒一线记者，前方奥运报道团队超过 50 人，后方 150 位编辑支持协作。观战指南、强国巡礼、聚焦巴西、奥运人物等一系列专题在赛前开始上线，开赛后，搜狐体育还为用户推出每日晨报、人物志、锐体育、数研所等深度解读。里约奥运期间搜狐开启 24 小时全景互动直播、特派数十名奥运前方报道团，直击里约，带来最及时的新闻资讯和第一手的奥运冠军访谈，同时邀请近 20 位体育方面的专家打造奥运教授报道团，带来最资深的报道。搜狐视频还与深圳卫视联手制作《极速前进 3》，致敬奥林匹克精神，刘翔、郭晶晶等体育名人纷纷加盟，展示他们的综艺首秀。除了重磅自制视频节目，搜狐视频千余位 PGC 自媒体出品人的原创作品，为里约奥运带来新视角和新看点，成为用户全天碎片化观赛时间的丰盛“佐餐”，满足人们对体育短视频的庞大消费需求。

四、“人工智能＋大数据”精准预测比赛

搜狐作为中国最大的互联网媒体平台，在此次“我的奥运一起玩”战略下，人工智能也被引入里约奥运传播和网友互动中。里约奥运会期间，搜狐与微软合作，借助人工智能和大数据分析来预测比赛，此外，微软人工智能机器人还参与搜狐奥运互动直播，与网友亲密交流。针对奥运会这一顶级赛事，比赛数据通过搜狐新闻 PUSH 推送、奥运快讯弹窗和搜狗弹窗秒速传递，满足亿万用户及时获取赛程赛果的需求。

第四章 门户网站里约奥运会的传播境况

本研究选取四大综合门户网站腾讯、新浪、网易和搜狐里约奥运会新闻传播为主要研究对象，通过四门户网站 PC 端和移动端（包括新闻客户端、微信公众号、微信朋友圈和新浪微博）里约奥运会新闻传播的内容分析，得出门户网站里约奥运会传播的境况。之所以选取 2016 年里约奥运会为个案进行深入分析，一是作为世界顶级综合体育赛事，受众和媒体关注度极高；二是本届奥运会基本体现了 PC 端、微博、微信和新闻客户端等体育新闻传播发展的最高水平和现况；三是里约奥运会刚刚闭幕，具有较强时效性。

关于研究样本的选取，主要情况如下：

PC 端研究样本的选取：PC 端主要指四门户网站里约奥运会设置的专题奥运传播频道，因四大门户网站 PC 端里约奥运频道发布新闻数量大，内容繁杂，因此在样本选取方面作如下考量：一是选取里约开幕式当日（8 月 6 日）腾讯、新浪、网易和搜狐的全部滚动新闻报道作为研究样本，来观测四网站在各项指标上的传播现况与规律；二是选取 8 月 6 日 ~8 日共三天全部滚动新闻，对三天滚动新闻页面全部新闻内容做报道项目方面的统计分析，之所以没有对各网站每天滚动新闻全部做内容分析，主要原因是每天发布新闻数量过大，一般都在 500 ~ 1000 条左右，工作量巨大，无法完成；三是选取 8 月 9 日 ~22 日共 14 天的四网站在奥运新闻频道主页面推送的头条新闻作为研究文本，因为头条新闻实时更新，因此每天设置两个时间节点，分别是每天上午 11 点和每天晚上 23 点对当时主页上发布的全部头条新闻进行传播主体、传播形式、传播内容、用户体验和传播效果等各项指标的统计分析，之所以选取这两个时间点，主要因为北京时间早上 11 点和晚上 23 点均是当日主要赛事基本结束的时间点，比赛结束后各媒体均在第一时间刷新新闻，因此这两个时间段基本能够将本日最重要赛事新闻均囊括其中，具有一定代表性。

新闻客户端样本选取：主要选取腾讯新闻客户端、新浪体育客户端、网易新闻客户端和搜狐新闻客户端作为研究对象，抽取8月6日、9日、12日、15日、18日和21日共6天四网站客户端主页面所有滚动新闻作为研究文本，从传播主体、传播形式、传播内容、用户体验和传播效果等各项指标进行统计分析，总结其传播现况与特点规律。同时对各新闻客户端8月6日~22日17天的所有滚动新闻做报道项目方面的统计分析，以便查找各门户网站客户端在报道项目方面的差异与特点。

微信样本选取：主要选取腾讯体育、新浪体育、网易体育和搜狐体育微信公众号作为研究对象，因微信每天推送新闻较少，因此选取17天全部推送新闻内容作为研究文本，从传播主体、传播形式、传播内容、用户体验和传播效果等各项指标进行统计分析，总结其传播现况与特点规律。同时对中国女排夺冠的热点事件进行了朋友圈相关新闻的文本分析，因朋友圈功能具有私密性，数据较难获取，本研究选取了10人对其私人朋友圈中的新闻进行手机页面截图，共筛选出964条女排夺冠新闻进行了内容分析，具体文本抽取的时间节点为女排比赛前1小时（60分钟）到夺冠后15小时（900分钟），以此考察微信朋友圈奥运新闻传播特点与规律。

微博样本选取：因2014年国内微博整体发展形势不容乐观，新浪微博上市，将微博作为主要拳头产品，发展势头依然强劲；而其他门户网站基本放弃与新浪微博竞争，目前形成新浪微博一家独大局面，本届奥运会，新浪微博与央视合作，更是彰显了其强劲发展势头，因此本文选取了新浪微博作为研究对象，内容分析抽取天数与上面新闻客户端相同。同时还对微博话题进行了详细观测与内容分析，以进一步深入分析微博话题在奥运赛事传播中现况以及特点规律。

本研究以以上所选媒体报道为分析对象，以每一条新闻为分析单位。借鉴德尔菲法制定内容分析指标，选取有代表性权威专家，发放专家问卷，共发放两轮，根据每轮专家反馈意见对指标进行修改完善，最后确定本论文研究的内容指标体系（表4-1，具体专家问卷见附录D）。将每个分析单元按照指标体系录入Microsoft office excel软件进行统计。本研究共有5名编码员，在进行内容分析以前经过了 2 次培训，运用 Holsti 提出的编码员间信度，通过计算公式 Reliability = 5M/(N1 + N2 + N3 + N4 + N5) 进行计算，结果显示上述编码员间信度均值为 91%，符合样本研究的信度要求。

表 4 -1　门户网站里约奥运会传播内容分析指标体系

一级指标	二级指标	三级指标
传播主体	原创	1. 专职记者 2. 网络写手
	转载	1. 传统媒体 2. 网络媒体 3. 移动媒体
内容呈现	赛事新闻	中国诸强：1. 射箭 2. 马术 3. 现代五项 4. 铁人三项 5. 跆拳道 6. 田径 7. 击剑 8. 七人制橄榄球 9. 网球 10. 羽毛球 11. 乒乓球 12. 足球 13. 篮球 14. 帆船 15. 排球 16. 拳击 17. 高尔夫 18. 射击 19. 水球 20. 皮划艇 21. 体操 22. 游泳 23. 举重 24. 自行车 25. 手球 26. 花样游泳 27. 跳水 28. 摔跤 29. 柔道 30. 曲棍球 31. 赛艇
	非赛事新闻	1. 人物新闻 2. 事件新闻 3. 突发事件 4. 奥运文化 5. 花边新闻 6. 其他
	数据新闻	1. 每日看点 2. 赛程 3. 奖牌榜
传播形式	界面设计	1. 顶栏导航 2. 特色板块 3. 主题背景 4. 底栏设置 5. 开机画面 6. 色彩搭配
	视觉符号	1. 文字 2. 图片 3. 视频 4. GIF 5. 网页链接
用户体验	分享互动	1. 粉丝互动 2. 内容分享 3. 线上线下活动（竞猜、推广、游戏、跑向里约等）
	个性定制	1. 添加关注 2. 新闻推送 3. 新闻订阅 4. 离线缓存 5. 夜间模式 6. 文字模式
传播效果	活跃度	1. 发布新闻条数 2. 推送新闻条数
	中心度	1. 评论量 2. 跟帖量 3. 点赞量 4. 转发量

第一节　门户网站 PC 端里约奥运会传播境况

一、传播主体多元化，原创新闻占比大

传播主体是指信息的传播者，在传统媒介环境下，传播主体指媒体机构的专业传播者，对事实信息进行筛选、过滤、制作与传播，主要承担编码的作用。在今天移动互联网环境下，在人人都有麦克风的时代，无论是传媒机构还是个体，无论是精英领袖还是平民草根，都可以成为传播主体。门户网站 PC 端传播主体，主要是根据媒体初次发布信息的源头，将传播主体分为原创新闻与转载新闻，转载新闻又划分为转载自传统媒体、网络媒体与移动媒体三个三级指标。通过分析得出结论如下（图 4－1～4－8）。

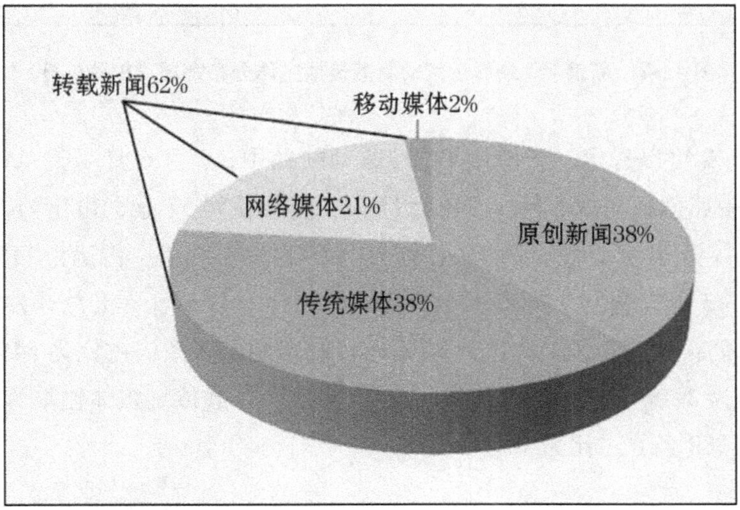

图 4－1　腾讯 PC 端奥运滚动新闻传播主体分布情况（8 月 6 日）

从图 4 - 1 可以看出，腾讯网 PC 端滚动新闻中，8 月 6 日一天总计发布新闻 632 条，其中原创新闻 240 条，占比为 38%，转载新闻 392 条，占比为 62%。其中来自传统纸媒为 215 条、通讯社为 24 条，总计 239 条，转载传统媒体比重为 38%；来自网络媒体共 137 条，占比为 21%，来自移动媒体为 16 条，占比为 2%。其中移动媒体包括微信公众号，个人微博等自媒体。

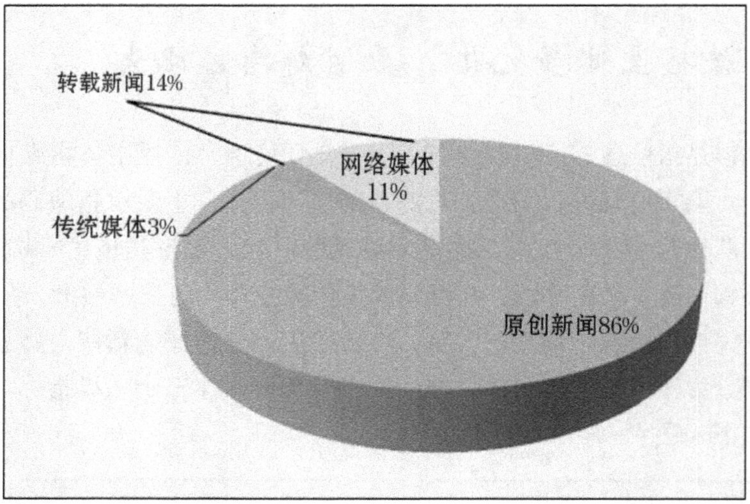

图 4 - 2　新浪 PC 端奥运滚动新闻传播主体分布情况（8 月 6 日）

从图 4 - 2 可以看出，新浪网 PC 端滚动新闻中，8 月 6 日一天总计发布新闻 418 条，其中原创新闻 361 条，占比为 86%，转载新闻 57 条，占比为 14%。其中来自传统纸媒为 11 条，比重为 3%；来自网络媒体共 46 条，占比为 11%。

从图 4 - 3 可以看出，网易 PC 端滚动新闻中，8 月 6 日一天总计发布新闻 600 条，其中原创新闻 278 条，占比为 46%，转载新闻 322 条，占比为 54%。其中来自传统纸媒为 29 条、通讯社为 5 条，总计 34 条，转载传统媒体比重为 6%；来自网络媒体共 288 条，占比为 48%。

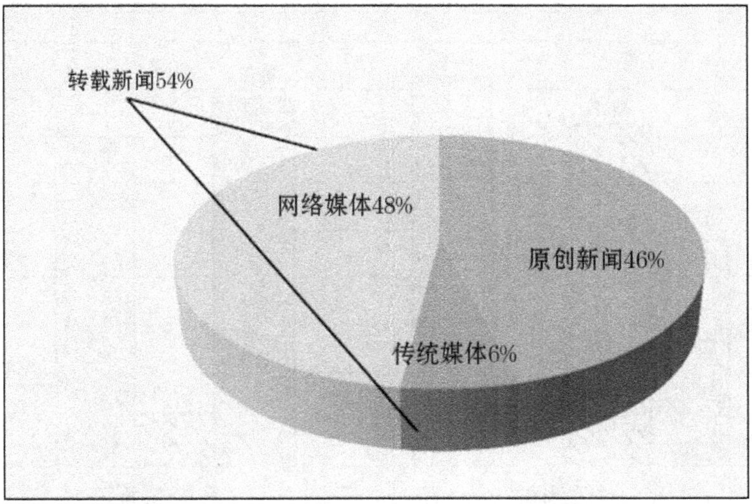

图 4－3　网易 PC 端奥运滚动新闻传播主体分布情况（8 月 6 日）

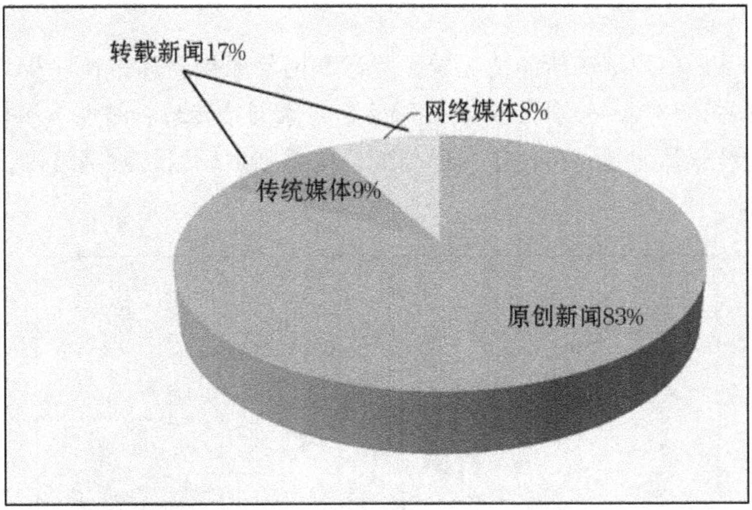

图 4－4　搜狐 PC 端奥运滚动新闻传播主体分布情况（8 月 6 日）

从图 4－4 可以看出，网易 PC 端滚动新闻中，8 月 6 日一天总计发布新闻 498 条，其中原创新闻 412 条，占比为 83%，转载新闻 86 条，占比为 17%。其中来自传统纸媒为 25 条、通讯社为 21 条，总计 46 条，转载传统媒体比重为 9%；来自网络媒体共 40 条，占比为 8%。

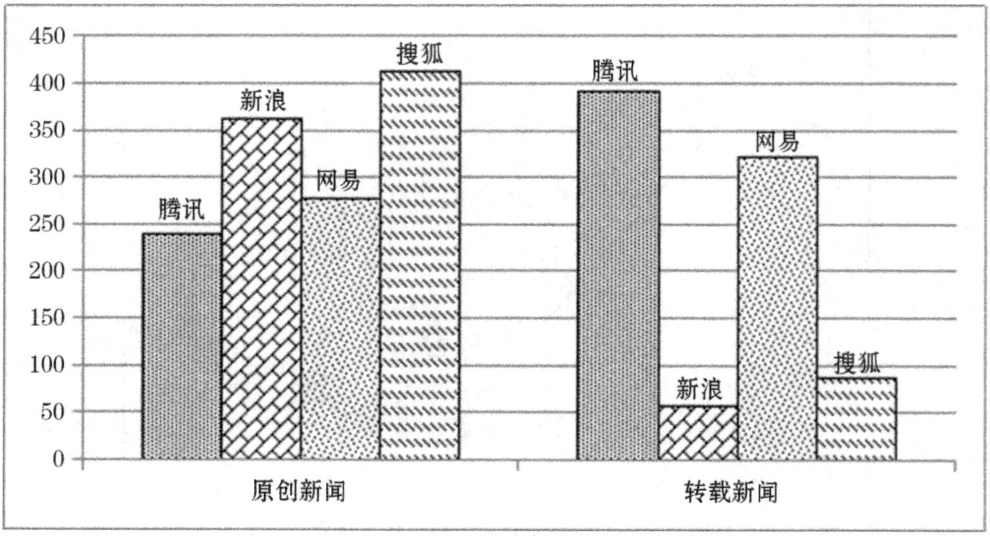

图 4－5　四大门户 PC 端奥运滚动新闻传播主体分布情况（8 月 6 日）

综上，从四门户滚动新闻情况看，腾讯和网易原创新闻占比略少，新浪和搜狐原创新闻占比较大，分别为 86% 和 83%，各家网站转载新闻也不尽相同，腾讯主要转载传统媒体尤其是传统纸媒的新闻，网易则主要以转载网络媒体新闻为主（图 4－5）。

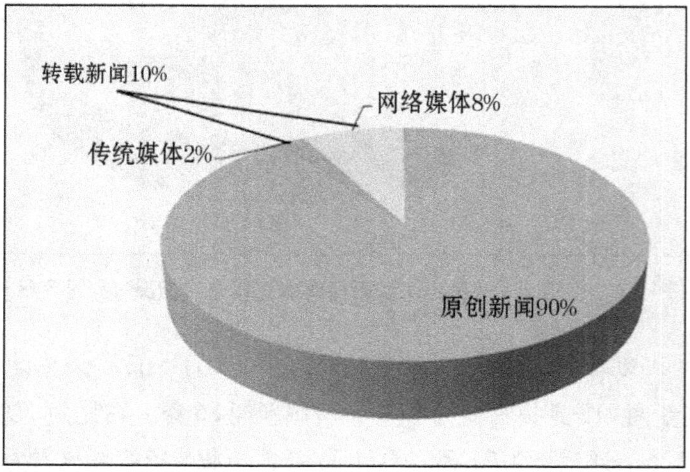

图 4－6　腾讯 PC 端奥运主页头条新闻传播主体分布情况（8 月 9 日～22 日）

从图 4 -6 可以看出，腾讯 PC 端奥运频道主页新闻中，8 月 9 日 ~22 日共 14 天总计发布新闻 791 条，其中原创新闻 708 条，占比为 90%，转载新闻 83 条，占比为 10%。其中来自传统媒体为 16 条，比重为 2%；来自网络媒体共 66 条，占比为 8%。

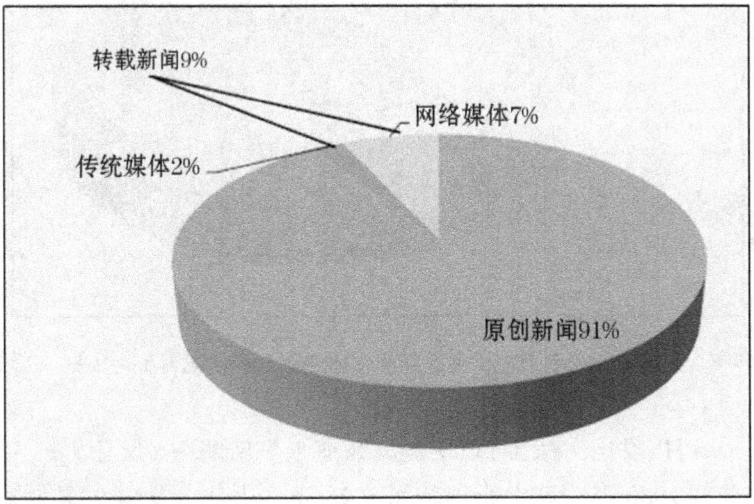

图 4 -7　新浪 PC 端奥运主页头条新闻传播主体分布情况（8 月 9 日 ~22 日）

从图 4 -7 可以看出，新浪 PC 端奥运频道主页新闻中，8 月 9 日 ~22 日共 14 天总计发布新闻 1603 条，其中原创新闻 1482 条，占比为 91%，转载新闻 121 条，占比为 9%。其中来自传统媒体为 19 条，比重为 2%；来自网络媒体共 102 条，占比为 7%。

从图 4 -8 可以看出，网易 PC 端奥运频道主页新闻中，8 月 9 日 ~22 日共 14 天总计发布新闻 542 条，其中原创新闻 512 条，占比为 94%，转载新闻 30 条，占比为 6%。其中来自传统媒体为 3 条，比重为 1%；来自网络媒体共 27 条，占比为 5%。

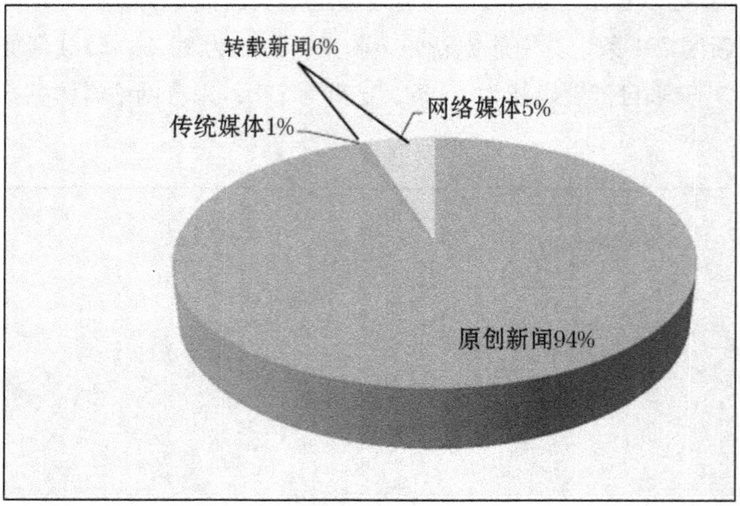

图 4-8　网易 PC 端奥运主页头条新闻传播主体分布情况（8 月 9 日 ~22 日）

从图 4-9 可以看出，搜狐 PC 端奥运频道主页新闻中，8 月 9 日 ~22 日共 14 天总计发布新闻 1080 条，其中原创新闻 1023 条，占比为 95%，转载新闻 57 条，占比为 5%。其中来自传统媒体为 34 条，比重为 3%；来自网络媒体共 23 条，占比为 2%。

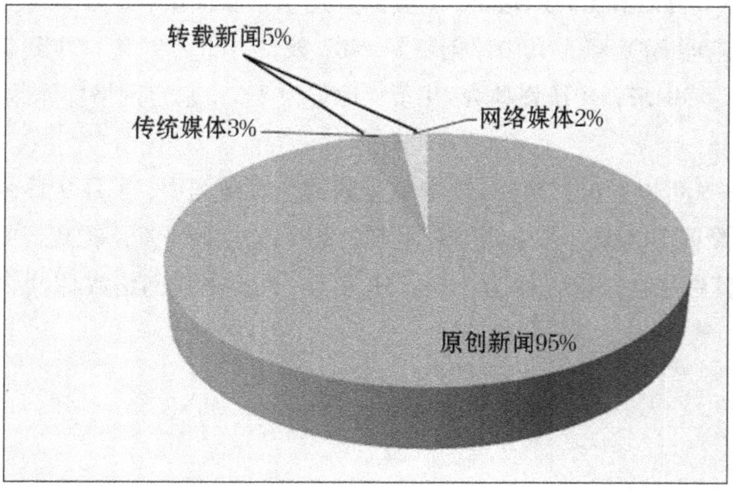

图 4-9　搜狐 PC 端奥运主页头条新闻传播主体分布情况（8 月 9 日 ~22 日）

综上，从四门户 PC 端奥运主页头条新闻主体分布情况看，四门户网站原创新闻占比均在 90% 以上，新浪和搜狐原创新闻数量较大，各家网站转载新闻也不尽相同，但基本以转载网络媒体新闻为主，传统媒体为辅（图 4 –10）。

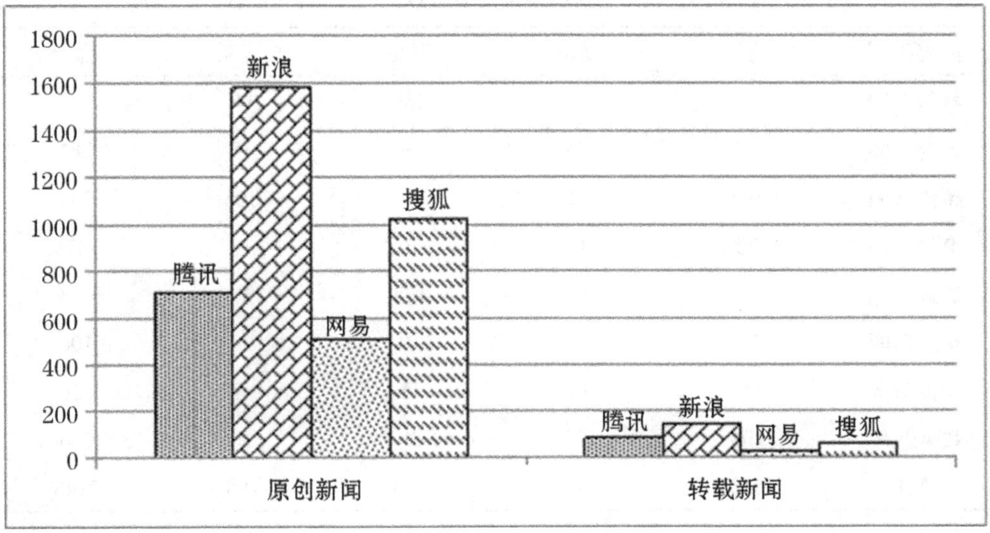

图 4 –10　四大门户 PC 端奥运主页头条新闻传播主体分布情况（8 月 9 日 ~22 日）

二、内容呈现丰富化，赛事新闻为主

传播内容主要分为赛事新闻、非赛事新闻、数据新闻 3 个二级指标。赛事新闻主要考察各门户网站报道项目数量、国家和男女性别等分配比例。非赛事新闻包括人物新闻、事件新闻、突发事件、奥运文化、花边新闻、数据新闻和其他新闻等三级指标。

从表 4 –2 和图 4 –11 数据可以看出，8 月 6 日因是里约奥运会开幕式，全球几十亿受众将眼球主要聚焦在奥运开幕式盛大的节日仪式，当日安排的比赛不是很多，因此以报道奥运会为主要议题的事件新闻占比最大，如搜狐为 306 条，腾讯是 193 条，网易是 179 条，新浪为 73 条，总计达到 751 条。其次，事件新闻和人物新闻占比较大，即便在奥运会开幕式当日，新浪和网易赛事新闻数量也远超事件新闻，分别为166条和189条，占比最大。四门户8月6日赛事新闻报道总数为472条，位居第二。可见各门户对赛事新闻的重视。

表4-2 四大门户网站PC端奥运主页头条新闻传播内容（8月6日）

内容类别	腾讯	新浪	网易	搜狐	合计
赛事新闻	31	166	189	86	472
人物新闻	78	119	69	15	281
事件新闻	193	73	179	306	751
突发事件	26	0	5	16	47
奥运文化	76	14	128	37	255
花边新闻	28	30	19	29	106
其他新闻	96	13	11	0	120
数据新闻	104	3	0	9	116
总计	632	418	600	498	2148

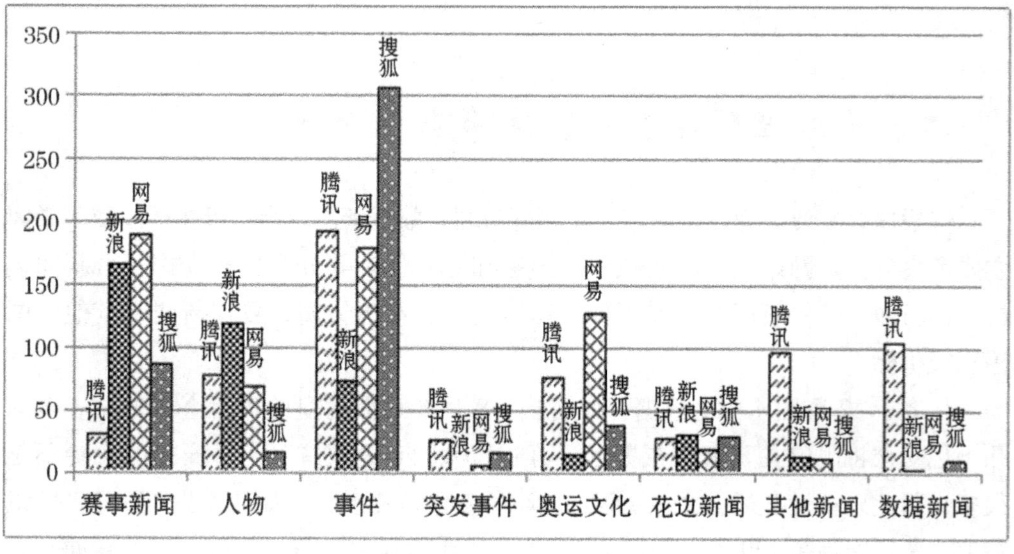

图4-11 四大门户网站PC端奥运主页头条新闻传播内容（8月6日）

从表 4－3 和图 4－12 数据分析得出，四门户网站 PC 端奥运主页 8 月 9 日～22 日共 14 天头条新闻传播主要以赛事新闻为主，总计 2279 条，远超位居第二位的人物新闻 930 条和事件新闻 529 条。其中，搜狐主打赛事新闻，总计 797 条，人物新闻和事件新闻仅 90 条和 97 条。在非赛事新闻中，数据新闻和花边新闻也占一定比重，四门户总计花边新闻为 175 条，新浪最多，数据新闻为 119 条，腾讯最多。整体内容丰富多元，既体现了内容呈现的专业性，同时也尽显娱乐化特色。

表 4－3　四大门户 PC 端奥运主页头条新闻传播内容（8 月 9 日～22 日）

内容类别	腾讯	新浪	网易	搜狐	合计
赛事新闻	278	873	328	797	2276
人物新闻	209	528	103	90	930
事件新闻	198	193	41	97	529
突发事件	2	19	9	6	36
奥运文化	6	15	13	3	37
花边新闻	23	81	32	39	175
其他新闻	0	1	16	13	30
数据新闻	75	9	0	35	119
总 计	791	1719	542	1080	4132

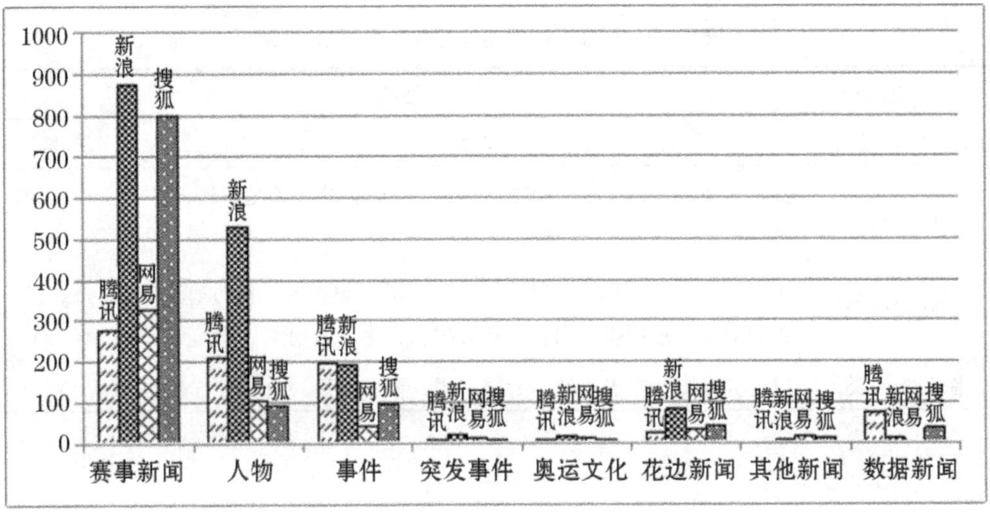

图 4－12　四大门户 PC 端奥运主页头条新闻传播内容（8 月 9 日～22 日）

此外，门户网站 PC 端的传播内容主要通过奥运主题页面的板块构成情况来呈现。综合分析四门户所有的板块设置可以发现，里约奥运传播主要分为七大板块类别：新闻板块、视频板块，图片板块、数据板块、互动板块、娱乐板块和其他板块，每个板块类别又下设不同内容的子板块。表 4 –4 ~ 表 4 –8 是四门户网站奥运主页板块构成情况。

表 4 –4　新浪 PC 端奥运专题主页板块构成

网站名称 / 板块分类	新浪	
	名称	数量
新闻板块类	中国金牌、里约最前线、中国军团、奥运王中王、热点赛事、赛事新闻	6
视频板块类	GIF 集锦、最新资讯、前方动态、视频、冠军荟	5
图片板块类	图集	1
数据板块类	奖牌榜、中国明星、名人堂	3
互动板块类	热点调查、新浪前方	2
其他板块类	赛事中心、大咖盘点、经典回顾	3
合计		20

表 4 –5　搜狐 PC 端奥运专题主页板块构成

网站名称 / 板块分类	搜狐	
	名称	数量
新闻板块类	独家策划、头条新闻、奥运项目、中国军团、诸强新闻、各界评论	6
视频板块类	精彩视频、奥运视频、奥运锐体育、奥运早新闻、前方直击、独家对话、教授报道团、奥运人物志、热点策划	9
图片板块类	体育大视野、直击里约、中国军团、精彩图片、前方	5

续表

网站名称 / 板块分类	搜狐	
	名称	数量
数据板块类	金牌榜、资料库、奖牌榜、中国奖牌榜、往届回顾、奥运项目、中国金牌英雄、中国奖牌地图	8
互动板块类	网友调查	1
其他板块类	每日看点、赛事中心、直播中心、赛事日历、自媒体	5
合计		34

表 4－6　新浪 PC 端奥运专题主页板块构成

网站名称 / 板块分类	网易	
	名称	数量
新闻板块类	快讯、奥运首页、24 小时直播、里约开场哨、零角度、人物志、名家说奥运	7
视频板块类	冠军之家、奥运公开课、中国军团、世界诸强	4
图片板块类	图片新闻	1
数据板块类	奖牌榜、中国明星、世界明星、数读、奥运项目、奥运场馆、奥运历史、中国荣耀	8
互动板块类	投票调查	1
其他板块类	宁泽涛官网、中国游泳队、中国跳水队	3
合计		24

表 4 –7　腾讯 PC 端奥运专题主页板块构成

网站名称 / 板块分类	腾讯	
	名称	数量
新闻板块类	24 小时直播间、头条、不信极限早报、劲霸奥运时刻、总教头、游泳队、红色鼓励、里约议事厅、诸强征战、奥运项目、边界、里曰、大人物、里约客	14
视频板块类	第一时间、下一个我、冠军直通车、金牌驾到、里约家味道、冠军星探、奥运传奇、专业看奥运、冠军时刻、国家荣耀、奥运英雄、巅峰记录、温情时刻、奥运时尚、奥运项目、全景直播团、第一现场、全景直播里约奥运、中国军团、此刻是金	20
图片板块类	精彩图片、捷报论坛	2
数据板块类	奥运奖牌榜、中国金牌、重点赛事、奥运场馆	4
娱乐板块类	约吧！冠军、奥运精彩	2
互动板块类	奥运社区、跑向里约	2
其他板块类	精彩赛事、奥运自媒体联盟、合作火爆	3
合计		47

表 4 –8　四大门户网站 PC 端奥运专题主页板块构成

网站名称 / 板块分类	新浪	搜狐	网易	腾讯	合计
新闻板块类	6	6	7	14	33
视频板块类	5	9	4	20	38
图片板块类	1	5	1	2	9
数据板块类	3	8	8	4	23
娱乐板块类	0	0	0	3	3
互动板块类	2	1	1	1	5
其他板块类	3	5	3	3	14
总计	20	34	24	47	125

从以上数据统计得出，腾讯设置的板块最多，为 47 个，搜狐 34 个位居第二，网易和新浪分别为 24 个和 20 个板块。腾讯比较重视视频内容和新闻内容传播，分别设置了 20 个和 14 个板块，搜狐主打视频和数据板块，网易以数据和新闻板块为主，新浪新闻和视频板块为主，可见各门户网站均把主要精力放在视频、新闻和数据板块，视频板块总数最多，为 38 个板块。

图 4－13　奥运会上印象最深刻三件事网络调查

从图 4－13 可以看出，据企鹅智库最新数据，网民对里约奥运期间印象最深刻三件事调查，“洪荒少女傅园慧表情包”位居第 1 名，占 74.4%；孙杨自由泳夺金第 2 名，占 41.5%；“秦凯求婚何姿”排在第 3 名，占 31.7%。可见，本届奥运会大众关注点和奥运理念均发生了显著改变，不再将关注焦点仅仅放在金牌和赛事本身，而是更关注娱乐和情怀性的新闻资讯，“唯金牌论”和“金牌至上”的理念在媒体内容传播和受众关注方面，都在逐渐淡化，而具有人文关怀和娱乐元素的奥运新闻却越来越受到大众的追捧与青睐。

在传播内容分析中，还重点对四门户网站的报道项目新闻进行了深入统计与分析。如以下表 4－9 到表 4－16，图 4－14 到图 4－21，分别对四门户 PC 端 8 月 6

日 ~8 日共 3 天的全部滚动新闻和 9 日 ~22 日 14 天奥运首页的全部头条新闻进行了内容分析，从报道项目涉及国家、性别和项目类别三个层面进行比较研究，并将报道项目分为 1. 射箭 2. 马术 3. 现代五项 4. 铁人三项 5. 跆拳道 6. 田径 7. 击剑 8. 七人制橄榄球 9. 网球 10. 羽毛球 11. 乒乓球 12. 足球 13. 篮球 14. 帆船 15. 排球 16. 拳击 17. 高尔夫 18. 射击 19. 水球 20. 皮划艇 21. 体操 22. 游泳 23. 举重 24. 自行车 25. 手球 26. 花样游泳 27. 跳水 28 摔跤 29. 柔道 30. 曲棍球 31. 赛艇共 31 个项目。

由图 4 - 14 可以得出，腾讯 8 月 6 日 ~8 日 3 天奥运滚动新闻中项目总新闻数为 1780 条，中国项目总数为 1144 条，外国项目总数为 636 条。新浪 3 天奥运滚动新闻中项目总新闻数为 1909 条，中国项目总数为 1180 条，外国项目总数为 729 条；网易 3 天奥运滚动新闻中项目总新闻数为 1848 条，中国项目总数为 1244 条，外国项目总数为 604 条；搜狐 3 天奥运滚动新闻中项目总新闻数为 1293 条，中国项目总数为 733 条，外国项目总数为 560 条。

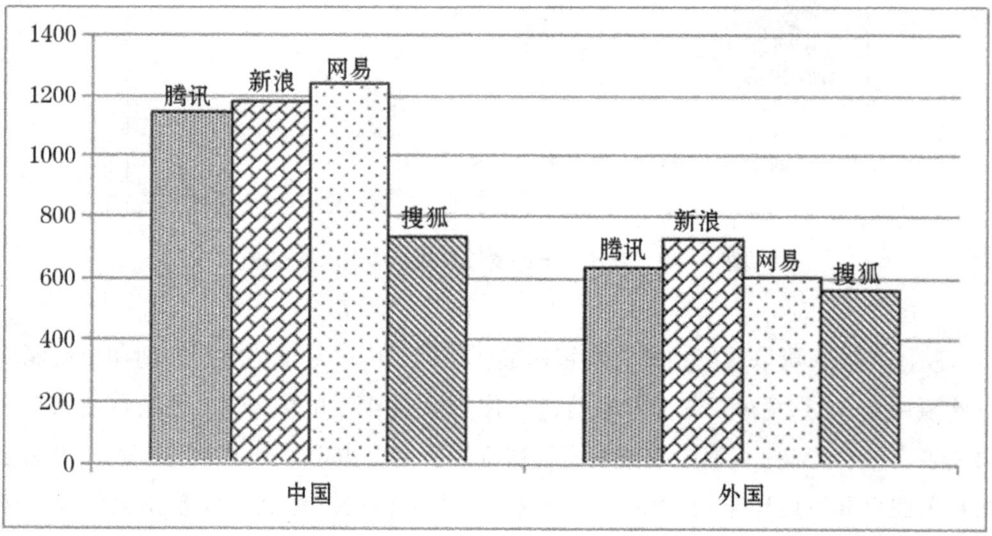

图 4 - 14　四大门户网站 PC 端滚动新闻中外项目报道数量（8 月 6 日 ~8 日）

从图 4 - 14 可以看出，四门户网站 3 天滚动新闻中关于外国项目的报道数量相差无几，关于中国项目报道网易、腾讯和新浪数量相当，但搜狐数量相对较少，但整体上各网站对中国项目报道均远远超过对外国项目报道，可见主要关注点还是国内优势项目和知名运动员身上。国外项目报道也主要关注是美国、英国、日韩、俄罗斯和巴西等国家，多数项目也是与中国选手争夺奖牌的项目上。

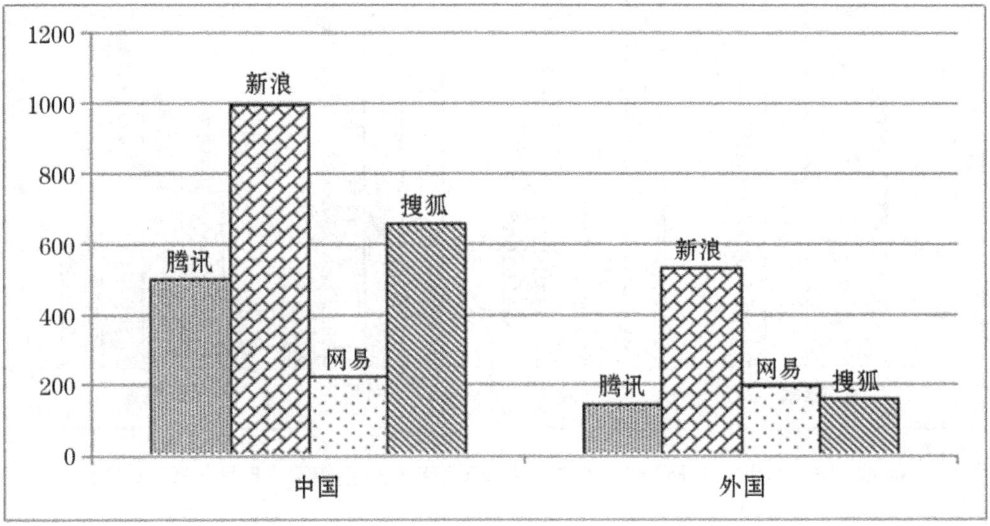

图 4－15　四大门户网站 PC 端奥运首页头条新闻中外项目报道数量（8 月 9 日 ~22 日）

由图 4－15 可以得出，腾讯 8 月 9 日 ~22 日 14 天奥运首页头条新闻项目总新闻数为 648 条，中国项目总数为 504 条，外国项目总数为 144 条。新浪 14 天奥运首页头条新闻项目总新闻数为 1532 条，中国项目总数为 998 条，外国项目总数为 534 条；网易 14 天奥运首页头条新闻项目总新闻数为 425 条，中国项目总数为 226 条，外国项目总数为 199 条；搜狐 14 天奥运首页头条新闻项目总新闻数为 819 条，中国项目总数为 660 条，外国项目总数为 159 条。从数据可以看出，新浪、搜狐、腾讯中国项目数量明显高于外国项目数量，网易中外项目数量基本持平，而在项目报道总量上，新浪最高，网易最低。

由图 4－16 可以得出，四门户网站 PC 端 6 日 ~8 日 3 天全部奥运滚动新闻中，腾讯男子项目总数为 863 条，中国男子项目总数为 515 条，外国男子项目总数为 348 条；女子项目总数为 917 条，中国女子项目总数为 629 条，外国女子项目总数为 288 条。新浪男子项目总数为 1142 条，中国男子项目总数为 673 条，外国男子项目总数为 469；女子项目总数为 767 条，中国女子项目总数为 507 条，外国女子

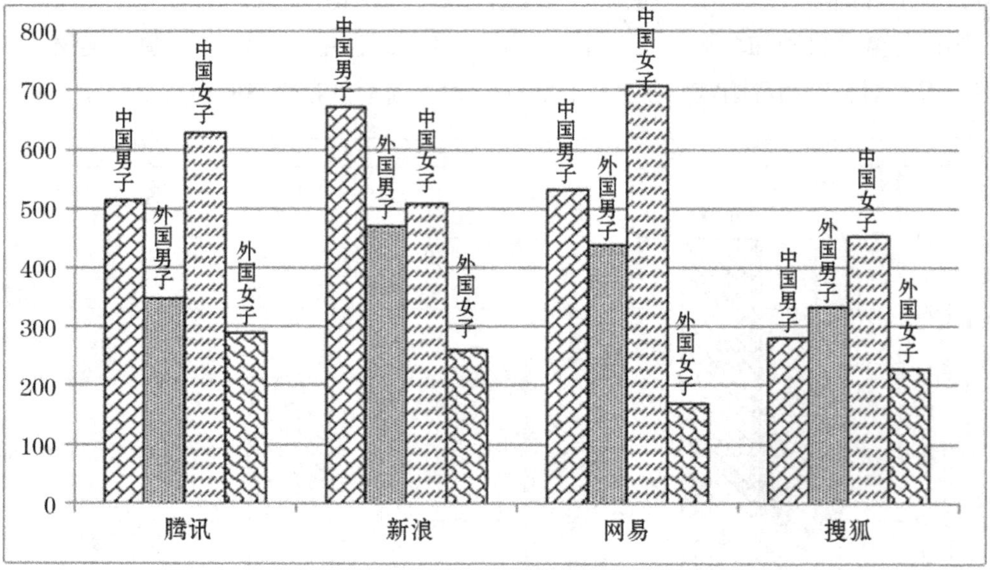

图 4－16　四大门户 PC 端滚动新闻中外项目新闻性别情况（8 月 6 日 ~8 日）

项目总数为 260 条。网易男子项目总数为 970 条，中国男子项目总数为 533 条，外国男子项目总数为 437；女子项目总数为 878 条，中国女子项目总数为 708 条，外国女子项目总数为 170 条。搜狐男子项目总数为 611 条，中国男子项目总数为 279 条，外国男子项目总数为 332；女子项目总数为 682 条，中国女子项目总数为 454 条，外国女子项目总数为 228 条。从数据表明，腾讯、网易和搜狐均是中国女子项目位居榜首，只有新浪是中国男子项目居榜首；此外，除搜狐 PC 端外国男子项目报道数量多于中国男子项目数外，其他网站均是中国男子数量多于外国男子，中国女子项目优于外国。体现了国内门户网站在奥运新闻传播中对中国项目的极大关注度，但也可以看到关注视角也慢慢扩大到国外其他国家运动员和运动项目，体育内容多样化和视角的宽泛化倾向。

如图 4－17 对四大门户网站 PC 端奥运首页头条新闻中外项目性别情况的调查统计得出，腾讯 8 月 9 日 ~22 日 14 天奥运首页头条新闻男子项目总数为 361 条，中国男子项目总数为 246 条，外国男子项目总数为 115 条；女子项目总数为 289 条，中国女子项目总数为 261 条，外国女子项目总数为 28 条。新浪 8 月 9 日 ~22 日 14 天奥运首页头条新闻男子项目总数为 953 条，中国男子项目总数为 513 条，

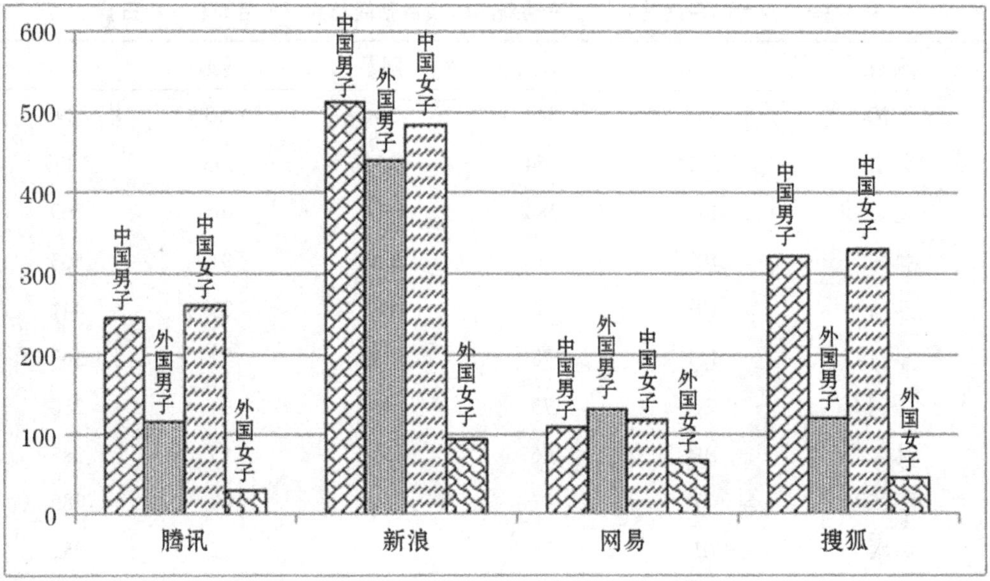

图 4－17　四大门户 PC 端奥运首页头条新闻中外项目性别情况（8 月 9 日 ~22 日）

外国男子项目总数为 440 条；女子项目总数为 579 条，中国女子项目总数为 485 条，外国女子项目总数为 94 条。网易 8 月 9 日 ~22 日 14 天奥运首页头条新闻男子项目总数为 241 条，中国男子项目总数为 109 条，外国男子项目总数为 132 条；女子项目总数为 184 条，中国女子项目总数为 117 条，外国女子项目总数为 67 条。搜狐 8 月 9 日 ~22 日 14 天奥运首页头条新闻男子项目总数为 443 条，中国男子项目总数为 323 条，外国男子项目总数为 120 条；女子项目总数为 376 条，中国女子项目总数为 331 条，外国女子项目总数为 45 条。由数据可以看出，中外男子项目新闻数量差距略少，中外女子项目数量差距较大，网易中外、男女之间性别差异均较小，可见，各网站在对各国项目和男女项目关注点上还是存在着一定的差异性。

表 4 – 9　四大门户网站 PC 端滚动新闻中项目新闻总量（8 月 6 日 ~8 日）

项目	腾讯	新浪	网易	搜狐	合计
游泳	353	344	381	213	1291
射击	287	154	356	206	1003
篮球	145	384	174	166	869
排球	107	248	117	91	563
足球	103	147	112	79	441
举重	111	78	97	77	363
击剑	86	73	95	34	288
体操	104	66	63	55	288
乒乓球	77	73	87	48	285
跳水	61	74	75	72	282
射箭	76	55	93	40	264
网球	69	68	36	76	249
柔道	54	24	39	15	132
曲棍球	20	20	24	22	86
拳击	21	33	9	6	69
赛艇	26	16	16	4	62
自行车	20	6	18	12	56
田径	14	13	13	14	54
手球	10	2	8	12	32
马术	11	6	8	6	31
七人制橄榄球	5	1	7	15	28
羽毛球	7	5	3	4	19
帆船	2	0	3	12	17
水球	3	0	4	10	17
跆拳道	2	2	8	1	13

续表

项目	腾讯	新浪	网易	搜狐	合计
高尔夫	2	10	0	1	13
摔跤	0	6	0	2	8
皮划艇	1	1	2	0	4
花样游泳	3	0	0	0	3
现代五项	0	0	0	0	0
铁人三项	0	0	0	0	0
总计	1780	1909	1848	1293	6830

表 4－10　四大门户网站 PC 端滚动新闻中的中国项目新闻总量（8 月 6 日 ~8 日）

项目	腾讯	新浪	网易	搜狐	合计
游泳	231	263	288	135	917
射击	222	141	302	178	843
排球	75	176	77	41	369
篮球	74	108	92	55	329
举重	93	68	75	62	298
跳水	60	74	73	72	279
击剑	70	73	88	26	257
乒乓球	52	56	53	17	178
足球	39	56	43	36	174
体操	67	32	37	29	165
射箭	39	32	54	15	140
网球	26	32	12	18	88
拳击	16	24	6	5	51
赛艇	19	13	12	3	47
柔道	22	2	10	6	40

续表

项目	腾讯	新浪	网易	搜狐	合计
田径	7	2	6	10	25
马术	9	6	2	3	20
羽毛球	7	5	3	4	19
曲棍球	7	6	3	3	19
帆船	2	0	2	12	16
高尔夫	2	6	0	0	8
跆拳道	2	1	3	0	6
自行车	1	1	2	0	4
水球	1	0	1	1	3
摔跤	0	2	0	1	3
皮划艇	1	1	0	0	2
七人制橄榄球	0	0	0	1	1
现代五项	0	0	0	0	0
铁人三项	0	0	0	0	0
手球	0	0	0	0	0
花样游泳	0	0	0	0	0
总计	1144	1180	1244	733	4301

表 4－11　四大门户网站 PC 端滚动新闻中的外国项目新闻总量（8 月 6 日～8 日）

项目	腾讯	新浪	网易	搜狐	合计
篮球	71	276	82	111	540
游泳	122	81	93	78	374
足球	64	91	69	43	267
排球	32	72	40	50	194
网球	43	36	24	58	161

续表

项目	腾讯	新浪	网易	搜狐	合计
射击	65	13	54	28	160
射箭	37	23	39	25	124
体操	37	34	26	26	123
乒乓球	25	17	34	31	107
柔道	32	22	29	9	92
曲棍球	13	14	21	19	67
举重	18	10	22	15	65
自行车	19	5	16	12	52
手球	10	2	8	12	32
击剑	16	0	7	8	31
田径	7	11	7	4	29
七人制橄榄球	5	1	7	14	27
拳击	5	9	3	1	18
赛艇	7	3	4	1	15
水球	2	0	3	9	14
马术	2	0	6	3	11
跆拳道	0	1	5	1	7
高尔夫	0	4	0	1	5
摔跤	0	4	0	1	5
花样游泳	3	0	0	0	3
跳水	1	0	2	0	3
皮划艇	0	0	2	0	2
帆船	0	0	1	0	1
现代五项	0	0	0	0	0
铁人三项	0	0	0	0	0
羽毛球	0	0	0	0	0
总计	636	729	604	560	2529

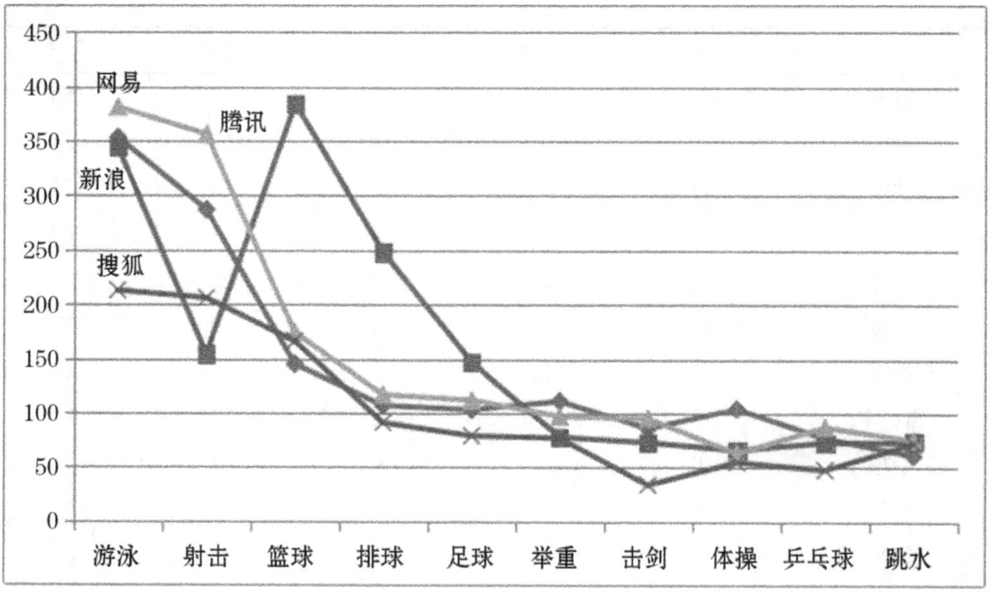

图 4－18　四大门户网站 PC 端滚动新闻中项目新闻总量前 10 名情况（8 月 6 日~8 日）

由表 4－9，表 4－10 和表 4－11，图 4－18 可以看出，各门户网站对中外项目关注度存在着显著差异性，但无论国内国外，男子女子项目，均是以各国优势项目为关注与报道重点。如中国项目主要关注排名为游泳、射击、排球、篮球、举重和跳水等，外国项目主要关注排名为篮球、游泳、足球、排球、网球和射击等。各门户网站对各项目关注度差别，与网站签约的运动队和各项目运动员有十分密切关系。如网易签约中国游泳队，因此在项目报道数量上，游泳是高居榜首，新浪与中国男篮、女排签约，因此在项目报道上篮球和排球项目报道数量便遥遥领先。其他网站情况也是如此。

表 4-12 四大门户网站 PC 端奥运首页头条新闻中项目新闻总量（8 月 9 日～22 日）

项目	腾讯	新浪	网易	搜狐	合计
篮球	61	274	49	101	485
乒乓球	89	223	50	75	437
羽毛球	86	151	75	102	414
游泳	72	218	28	77	395
田径	57	151	55	99	362
排球	46	164	21	70	301
跳水	52	74	28	50	204
举重	49	43	15	38	145
足球	51	44	21	26	142
体操	22	57	22	30	131
射击	12	34	10	24	80
跆拳道	11	21	7	17	56
网球	8	15	5	10	38
自行车	7	7	1	19	34
高尔夫	3	7	5	16	31
帆船	7	11	2	9	29
拳击	2	11	6	9	28
花样游泳	2	0	8	8	18
击剑	1	5	3	8	17
柔道	4	3	3	5	15
摔跤	1	4	2	4	11
七人制橄榄球	2	2	0	5	9
赛艇	2	3	3	1	9
马术	0	2	4	2	8
射箭	0	1	0	5	6

续表

项目	腾讯	新浪	网易	搜狐	合计
皮划艇	0	2	2	2	6
水球	0	1	0	4	5
曲棍球	1	1	0	2	4
现代五项	0	2	0	0	2
铁人三项	0	0	0	1	1
手球	0	1	0	0	1
总计	648	1532	425	819	3424

表 4－13　四大门户网站 PC 端奥运首页头条新闻中的中国项目新闻总量（8 月 9 日 ~22 日）

项目	腾讯	新浪	网易	搜狐	合计
羽毛球	80	131	49	101	361
乒乓球	84	176	34	63	357
游泳	60	136	18	58	272
排球	46	143	13	67	269
跳水	52	68	19	49	188
篮球	33	95	7	49	184
田径	29	59	21	64	173
举重	47	38	12	37	134
体操	21	43	14	30	108
射击	10	27	6	22	65
跆拳道	11	20	4	17	52
足球	6	18	7	14	45
自行车	6	6	0	18	30
高尔夫	3	6	3	16	28
帆船	4	10	2	9	25

续表

项目	腾讯	新浪	网易	搜狐	合计
拳击	1	8	3	8	20
柔道	4	3	3	5	15
花样游泳	2	0	4	8	14
击剑	1	3	2	4	10
摔跤	1	1	1	4	7
射箭	0	1	0	5	6
赛艇	2	2	1	1	6
马术	0	1	2	2	5
皮划艇	0	1	1	2	4
曲棍球	1	1	0	2	4
网球	0	0	0	3	3
水球	0	0	0	2	2
现代五项	0	1	0	0	1
铁人三项	0	0	0	0	0
七人制橄榄球	0	0	0	0	0
手球	0	0	0	0	0
总计	504	998	226	660	2388

表 4－14　四大门户网站 PC 端奥运首页头条新闻中的外国项目新闻总量（8 月 9 日 ~22 日）

项目	腾讯	新浪	网易	搜狐	合计
篮球	28	179	42	52	301
田径	28	92	34	35	189
游泳	12	82	10	19	123
足球	45	26	14	12	97
乒乓球	5	47	16	12	80

续表

项目	腾讯	新浪	网易	搜狐	合计
羽毛球	6	20	26	1	53
网球	8	15	5	7	35
排球	0	21	8	3	32
体操	1	14	8	0	23
跳水	0	6	9	1	16
射击	2	7	4	2	15
举重	2	5	3	1	11
七人制橄榄球	2	2	0	5	9
拳击	1	3	3	1	8
击剑	0	2	1	4	7
跆拳道	0	1	3	0	4
帆船	3	1	0	0	4
自行车	1	1	1	1	4
花样游泳	0	0	4	0	4
摔跤	0	3	1	0	4
马术	0	1	2	0	3
高尔夫	0	1	2	0	3
水球	0	1	0	2	3
赛艇	0	1	2	0	3
皮划艇	0	1	1	0	2
现代五项	0	1	0	0	1
铁人三项	0	0	0	1	1
手球	0	1	0	0	1
射箭	0	0	0	0	0
柔道	0	0	0	0	0

续表

项目	腾讯	新浪	网易	搜狐	合计
曲棍球	0	0	0	0	0
总计	144	534	199	159	1036

由表4－12，表4－13和表4－14可以看出，四大门户网站PC端奥运首页头条新闻中项目新闻总量排名前5名分别是篮球、乒乓球、羽毛球、游泳和田径；四门户网站PC端8月9日~22日奥运首页头条新闻中项目新闻报道数量，四门户网站中国项目总量排在前5位分别是羽毛球、乒乓球、游泳、排球和跳水；外国项目总量排在前5名分别是篮球、田径、游泳、足球与乒乓球。各网站对奥运会一些冷门项目或者中国非优势项目关注度较低，比如手球、铁人三项、现代五项、曲棍球、水球、皮划艇和射箭等项目，一些网站均没有进行报道，在外国项目中这种情况体现得尤为明显，比如射箭、柔道和曲棍球三个项目，四门户网站报道数量均为“0”。中国项目中，对铁人三项、七人制橄榄球和手球报道新闻数量四门户网站也均为“0”，关于网球、水球、现代五项等项目报道，其中三个网站为“0”，体现了网络媒体对这些冷门项目关注度较低，不利于这些项目在我国的普及与发展。

如图4－19可以看出，四大门户网站PC端奥运首页头条新闻中排名前10名项目主要有篮球、乒乓球、羽毛球、游泳、田径、排球、跳水、举重、足球和体操，但四网站报道重点各有侧重，如新浪各项目将报道差异性最为明显，以篮球、游泳和排球为主，搜狐以篮球、羽毛球和田径为主，腾讯各项目报道比较均衡，折线起伏不大，网易以羽毛球和田径为主。

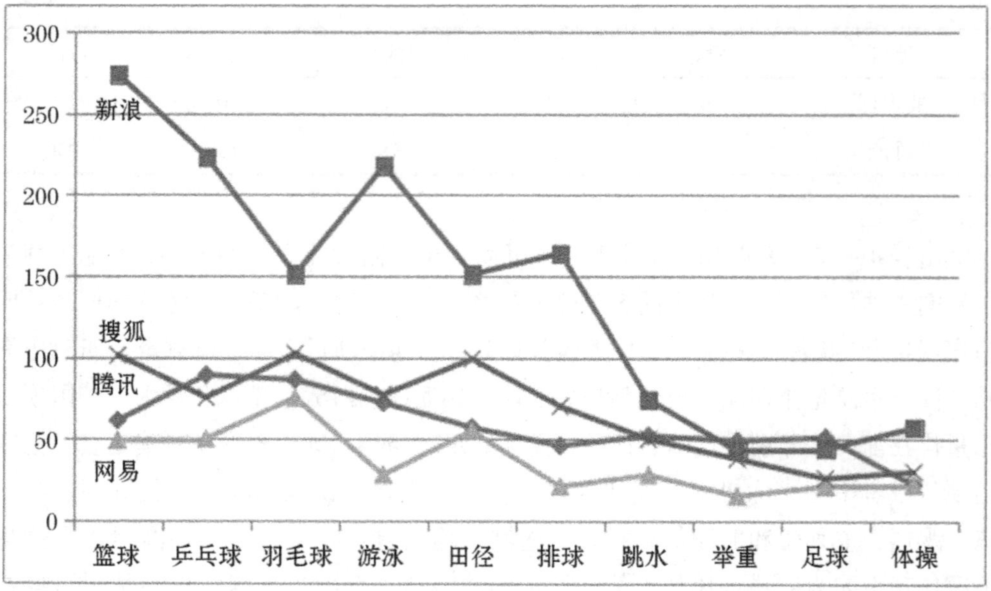

图 4－19　四大门户网站 PC 端奥运首页头条新闻中的项目新闻前 10 名分布情况（8 月 9 日～22 日）

由表 4－15 和图 4－20 可以得出，四大门户 PC 端奥运滚动新闻中的项目新闻，主要涉及国家整体排名为美国、澳大利亚、韩国、巴西、日本、意大利、法国、西班牙、英国、塞尔维亚。四网站总计报道国家数为 84 个国家，具有一定的覆盖面，但各网站关注点也各不相同。如上图所示，四网站对美国和澳大利亚关注都比较高，尤其是美国，数量远远领先于其他国家的报道数，此外，新浪关注国家主要有巴西、意大利和西班牙，搜狐关注国家主要是韩国、巴西和日本，腾讯关注国家主要是韩国、意大利和英国，网易关注的国家主要是韩国、巴西和日本。因滚动新闻中只统计 8 月 6 日～8 日的全部项目新闻，此排名和数量也会受到这 3 天奥运会的赛程中比赛项目的影响。

表 4－15　四大门户网站 PC 端奥运滚动新闻中涉及的国家情况（8 月 6 日~8 日）

国家及地区	腾讯	新浪	网易	搜狐	合计
美国	112	128	101	116	457
澳大利亚	64	78	58	54	254
韩国	56	20	54	30	160
巴西	22	45	53	34	154
日本	29	24	41	35	129
意大利	32	47	12	20	111
法国	30	39	18	20	107
西班牙	21	57	13	15	106
英国	35	18	16	21	90
塞尔维亚	24	18	15	17	74
荷兰	16	19	18	16	69
德国	25	10	8	15	58
阿根廷	14	13	14	15	56
俄罗斯	17	8	18	11	54
南非	2	36	11	1	50
加拿大	2	22	14	7	45
越南	11	8	18	8	45
瑞士	8	19	3	4	34
克罗地亚	8	5	7	8	28
泰国	6	6	8	5	25
匈牙利	10	2	8	5	25
立陶宛	4	13	4	3	24
比利时	8	3	8	2	21
朝鲜	4	12	2	3	21
伊拉克	4	6	3	8	21

续表

国家及地区	腾讯	新浪	网易	搜狐	合计
瑞典	9	3	2	6	20
乌兹别克斯坦	4	10	3	3	20
科索沃	6	7	2	3	18
尼日利亚	6	—	9	2	17
新西兰	4	1	4	6	15
墨西哥	6	4	2	2	14
土耳其	1	10	1	2	14
牙买加	3	3	5	2	13
中华台北	—	3	—	9	12
阿尔及利亚	—	8	1	1	10
斐济	1	1	4	3	9
卢森堡	—	2	5	2	9
葡萄牙	2	3	3	1	9
波兰	—	1	—	7	8
伊朗	1	—	5	2	8
印度	3	2	1	2	8
哥伦比亚	3	—	2	2	7
肯尼亚	2	2	—	3	7
菲律宾	1	2	1	2	6
尼泊尔	—	1	3	2	6
汤加	—	1	4	1	6
委内瑞拉	1	—	4	1	6
丹麦	—	1	1	3	5
希腊	1	—	3	1	5
塞内加尔	—	—	1	3	4

续表

国家及地区	腾讯	新浪	网易	搜狐	合计
新加坡	1	—	1	2	4
埃及	2	—	—	1	3
爱尔兰	—	1	2	—	3
古巴	—	—	—	3	3
乌克兰	—	2	—	1	3
奥地利	—	1	1	—	2
格鲁吉亚	—	—	—	2	2
哈萨克斯坦	1	—	1	—	2
洪都拉斯	—	2	—	—	2
捷克	—	1	—	1	2
蒙古	1	1	—	—	2
纳米比亚	1	—	1	—	2
难民奥林匹克运动员代表队	2	—	—	—	2
挪威	—	—	1	1	2
突尼斯	1	—	—	1	2
印度尼西亚	—	—	2	—	2
巴基斯坦	1	—	—	—	1
白俄罗斯	—	—	1	—	1
波多黎各	—	—	—	1	1
刚果共和国	—	—	1	—	1
哥斯达黎加	1	—	—	—	1
海地	1	—	—	—	1
黑山	—	—	1	—	1
津巴布韦	—	—	1	—	1
喀麦隆	—	—	—	1	1

续表

罗马尼亚	—	—	—	1	1
萨摩亚	1	—	—	—	1
塞舌尔	1	—	—	—	1
沙特阿拉伯	1	—	—	—	1
斯里兰卡	1	—	—	—	1
斯洛伐克	—	—	—	1	1
以色列	1	—	—	—	1
智利	1	—	—	—	1
合计	636	729	604	560	2529

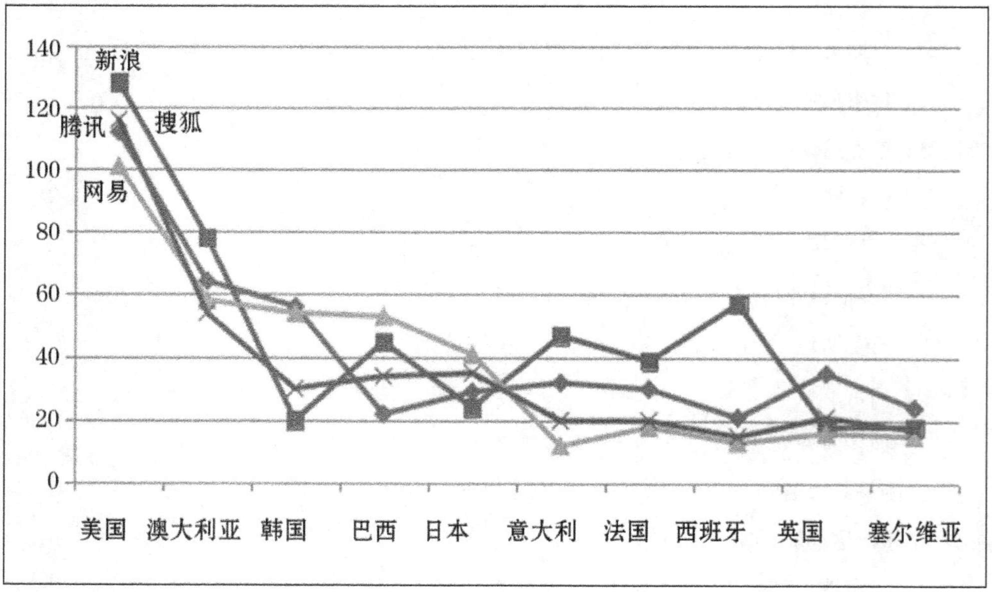

图 4－20　四大门户 PC 端奥运滚动新闻中涉及国家前 10 名分布情况（8 月 6 日 ~8 日）

由表 4－16 数据显示，四大门户网站 PC 端奥运首页头条新闻中的国家分布排名前 10 名，分别是美国、牙买加、巴西、日本、西班牙、澳大利亚、英国、德国、俄罗斯、阿根廷等。总计涉及的国家共 60 个，因头条新闻属于精选推荐新闻，与奥运滚动新闻相比，数量要少很多，因此涉及国家项目也会相对少些，而且大概有 40 个国家四门户网站报道数量总和仅在 10 条以下，美国以总计 291 条位居第一，巴西因是东道主国家，也受到了门户网站前所未有的关注和报道。

表 4 –16　四大门户网站 PC 端奥运首页头条新闻中的国家分布（8 月 9 日 ~22 日）

国家及地区	腾讯	新浪	网易	搜狐	合计
美国	38	168	30	55	291
牙买加	19	31	11	20	81
巴西	13	27	26	10	76
日本	6	42	12	14	74
西班牙	9	34	8	14	65
澳大利亚	—	29	4	4	37
英国	4	20	6	4	34
德国	10	17	5	1	33
俄罗斯	1	18	12	2	33
阿根廷	5	19	8	—	32
马来西亚	3	20	9	—	32
塞尔维亚	2	22	3	3	30
法国	1	20	4	4	29
韩国	8	8	11	1	28
朝鲜	1	3	6	3	13
意大利	1	3	6	1	11
南非	1	4	3	2	10
荷兰	—	3	5	1	9
新加坡	2	3	1	3	9
斐济	2	1	—	5	8
哈萨克斯坦	—	3	3	2	8

续表

国家及地区	腾讯	新浪	网易	搜狐	合计
尼日利亚	3	1	2	1	7
波多黎各	2	2	1	1	6
委内瑞拉	2	1	3	—	6
埃塞俄比亚	1	4	—	—	5
立陶宛	—	3	2	—	5
丹麦	—	3	1	—	4
加拿大	—	1	2	1	4
肯尼亚	2	—	—	2	4
葡萄牙	4	—	—	—	4
希腊	—	1	3	—	4
波兰	—	2	1	—	3
乌克兰	—	2	1	—	3
爱尔兰	—	2	—	—	2
芬兰	—	1	1	—	2
哥伦比亚	2	—	—	—	2
洪都拉斯	—	—	2	—	2
捷克	—	2	—	—	2
科威特	—	1	—	1	2
克罗地亚	—	1	1	—	2
瑞典	—	—	1	1	2
匈牙利	—	2	—	—	2
印度尼西亚	—	—	2	—	2
越南	—	1	1	—	2
阿拉伯联合酋长国	—	—	—	1	1
埃及	—	1	—	—	1

续表

国家及地区	腾讯	新浪	网易	搜狐	合计
爱沙尼亚	—	1	—	—	1
巴哈马	—	—	—	1	1
白俄罗斯	—	1	—	—	1
几内亚	—	1	—	—	1
蒙古	—	1	—	—	1
纳米比亚	—	—	—	1	1
瑞士	1	—	—	—	1
圣卢西亚	—	1	—	—	1
泰国	—	—	1	—	1
坦桑尼亚	—	1	—	—	1
乌兹别克斯坦	—	—	1	—	1
亚美尼亚	—	1	—	—	1
伊朗	1	—	—	—	1
印度	—	1	—	—	1
合计	144	534	199	159	1036

由图 4 –21 可以看出，四大门户 PC 端奥运滚动新闻中 8 月 9 日 ~22 日 14 天的项目新闻，主要涉及国家整体排名前 10 名的分布情况，各网站关注点各不相同，四网站对美国关注都比较高，数量远远领先于其他国家的报道数，此外，各网站对其他国家关注均比较均衡。

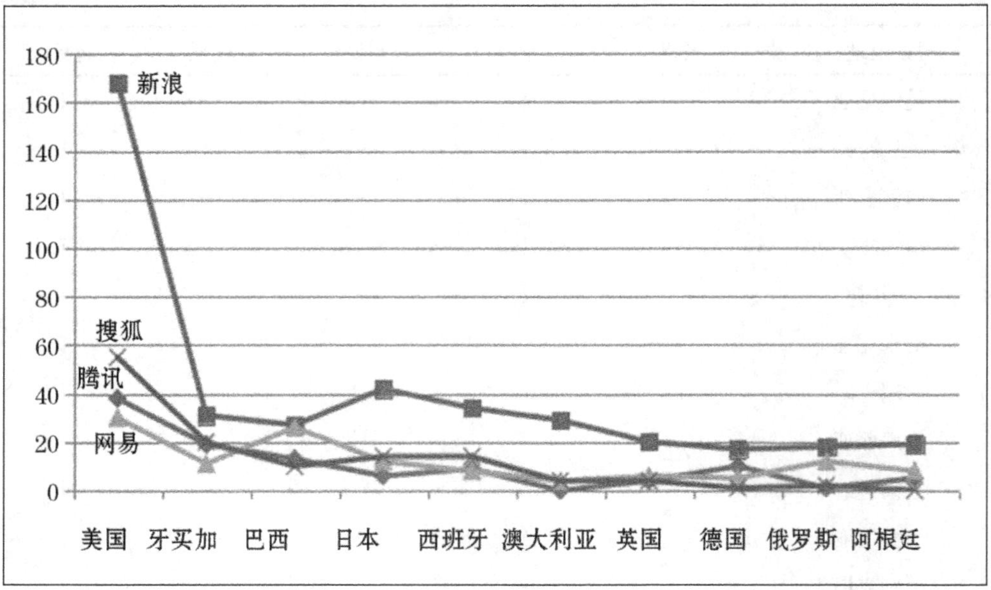

图 4-21　四大门户 PC 端奥运首页头条新闻中的国家分布情况（8 月 9 日 ~22 日）

三、传播形式立体化，界面设计打破常规

传播形式主要通过界面设计和视觉符号两个二级指标来体现，界面设计包括门户网站 PC 界面的站头与导航设计、板块设计、主题背景、底栏设置、开机画面和色彩搭配等元素来体现，视觉符号即传播奥运资讯所使用的文字、图片、视频、GIF 和网页链接等符号形式。

（一）界面设计：打破常规，视觉冲击力强

1. 站头与导航设计：动感时尚，主题凸显，视觉冲击力强

站头与导航栏是各网站的灵魂，打开网站主页面，首先吸引受众眼球的就是站头与导航部分。综观四网站的站头，背景颜色均以蓝白为主色调，但在整体设计上却各有特色。腾讯网左上角是奥运五环和腾讯网的 Logo 标识，下面是用三种不同颜色写的“不一样的视角，不一样的奥运”的宣传语，中间是大面积留白，

以淡蓝色作为背景，右面中间是24h直播间、“点亮火炬为国加油”活动，依次为社区、预约、竞猜和登陆。在站头上面是深蓝背景白色字体的导航条，主要分为新闻、视频和玩转奥运三个主要板块。整体效果简洁时尚，重点突出，很有视觉冲击力（图4－22）。

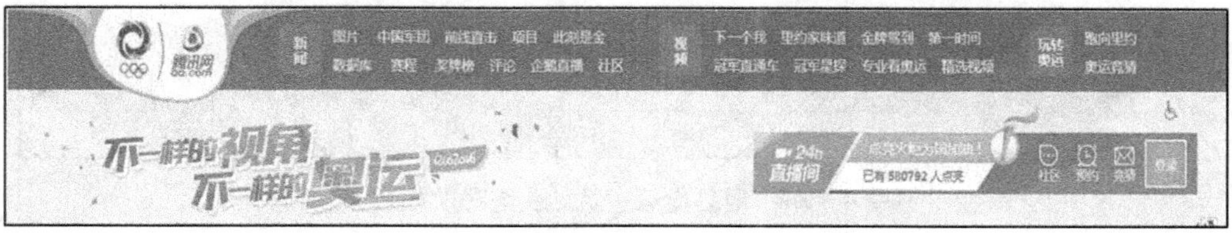

图4－22　腾讯奥运主页站头与导航栏截图

新浪网里约奥运站头在蓝白背景色的基础上加入了绿色和黄色，左右以奥运场馆造型出现的两个场景交相辉映，中间以白色艺术字凸显“2016里约奥运会”主题，左上部分是联想ZUK的手机广告图片。新浪导航条在站头下面，以通栏的形式体现完整感，主要分为新闻、视频、项目和资料库四个板块，右侧还有关于手机和微博的链接，体现新浪网对手机移动端和新浪微博的重视（图4－23）。

图4－23　新浪奥运主页站头与导航栏截图

网易与其他三个门户网站相比，色彩比较艳丽，动感十足。在蓝白背景色外，主要加入绿、红和黄等颜色，左上角是网易Logo标识，下面是日期，左上角是简单的导航条，主要分为新闻、赛事中心、图片、视频、项目、独家、策划和网易体育等栏目，右上角为天气温度和时间。导航条下面是每天各项重要比赛的时间和赛事链接，点击进去可以浏览更详细赛事新闻，左下角是网易奥运战略核心“身边总有竞技场”，并附有OPPO R9的手机广告。右侧是以红、黄、蓝、深绿、浅绿、浅蓝等颜色纵横交错，形成立体的各种比赛场景，并有游泳和射击等运动

员在现场比赛的场景（图 4－24）

图 4－24　网易奥运主页站头与导航栏截图

搜狐网以耶稣山和山上的耶稣十字像以及耶稣山下的里约热内卢最著名的科帕卡巴纳海滩为背景，偏右侧中间是主奥运场馆标志，左上方是搜狐的 Logo 标识，中间为醒目的“2016 里约奥运会搜狐里约奥运报道专题”的大字，并在字右侧以红黄彩带环绕。静而观之，层峦叠嶂，远山、白云、海滩、耶稣像、高楼、奥运场馆、飞机等构成一幅诗情画意的美丽画卷。在站头下方，以蓝黄叠加的立体化形式出现的导航条也格外引人注目，其中包括首页、视频、赛程、图片和策划等主要板块，导航条的最右侧是手机看奥运的板块，点击可直接进入搜狐手机终端界面（图 4－25）。

图 4－25　搜狐奥运主页站头与导航栏截图

2. 版式设计：立体思维，独特布局创品牌意识

腾讯、新浪、网易、搜狐在此次里约奥运会网站首页的设计中，不再是以往的“三栏到底”的传统分栏方式，腾讯把焦点图和头条新闻放在左上角最醒目位置，新浪把头条新闻和焦点图片分为两栏横跨页面放置在导航下面，搜狐把“头条新闻”置于页面中最强势的位置——左侧栏，焦点图放在中间栏，把图片视图窗口扩大化。网易将焦点图放在左上角位置，而把头条新闻放在上面中间栏位置，

左侧栏是 24 小时直播间。总之，各门户网站通过板块的独特设计和布局给受众一种视觉上轻松愉悦的阅读体验，同时各家网站通过自制板块节目的突出显示，树立独创品牌意识（图 4－26～图 4－29）。

图 4－26　腾讯 PC 端奥运主页板块基本构成结构图

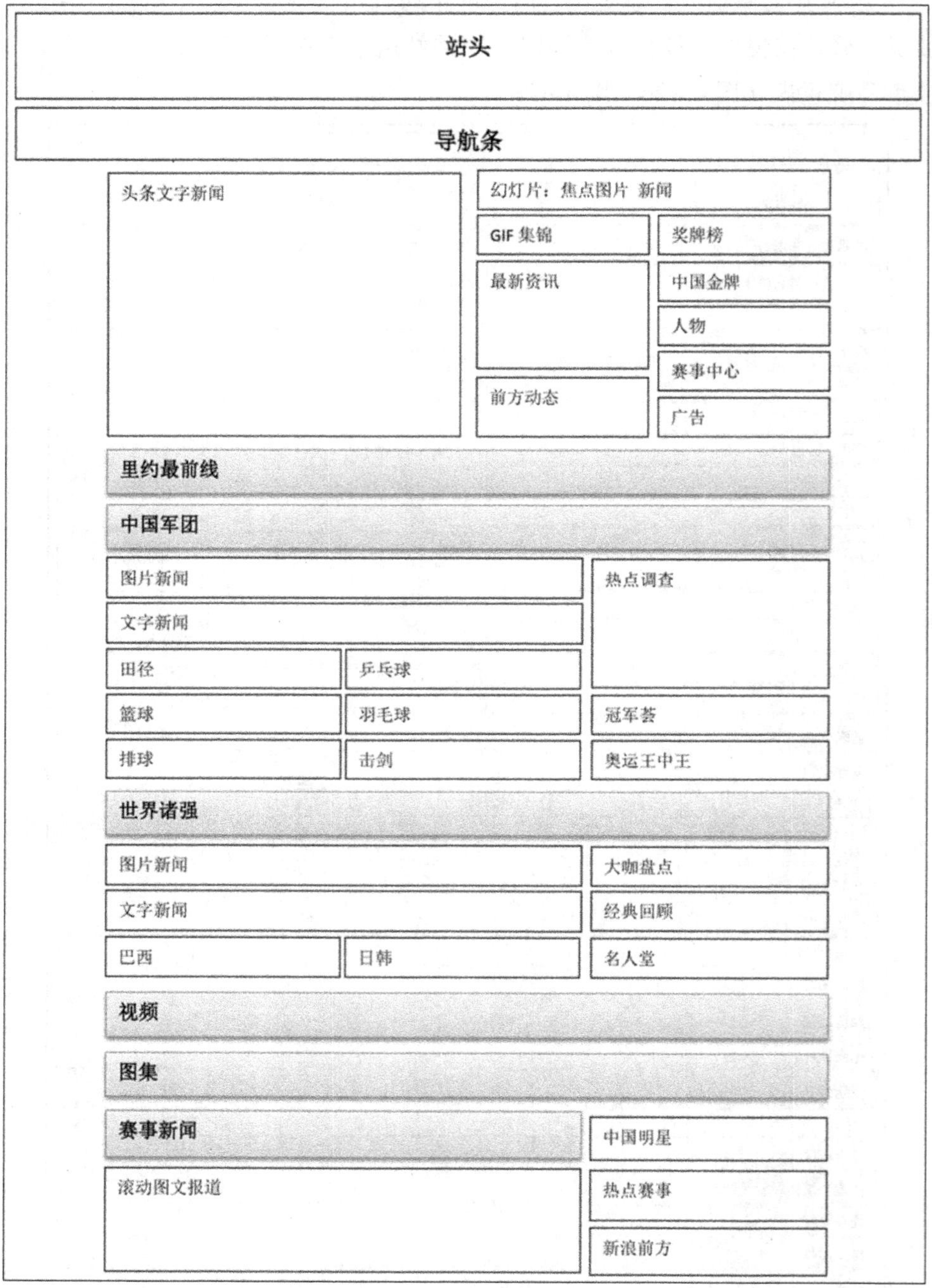

图 4 –27　新浪 PC 端奥运主页板块基本构成结构图

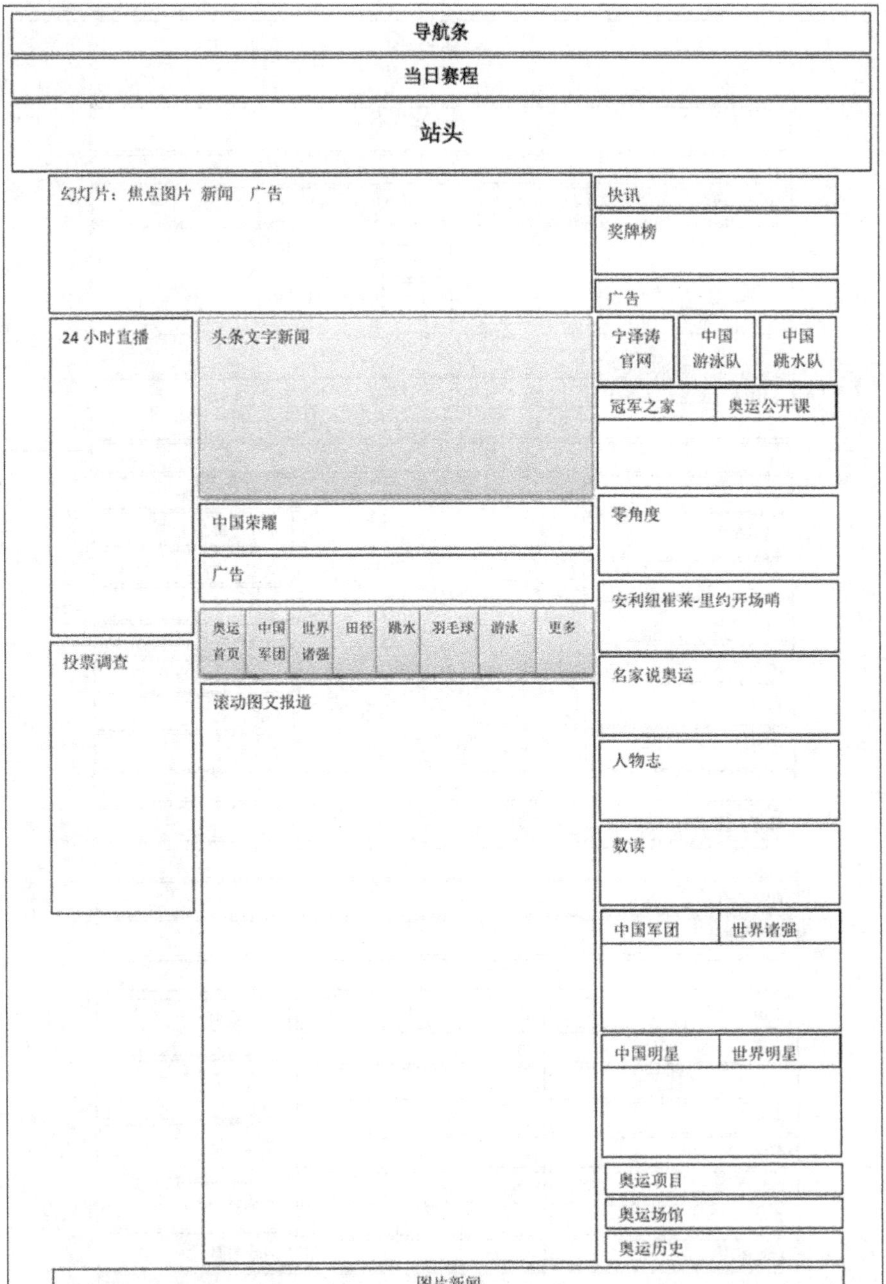

图4－28　网易PC端奥运主页板块基本构成结构图

图 4－29　搜狐 PC 端奥运主页板块基本构成结构图

由上面四网站奥运主页板块的基本构成结构图可以看出，搜狐板块设计比较规整，但严肃有余，缺少创新，内容也不够丰富；网易打破传统三栏式版式结构，富于变化，将一栏、两栏和三栏穿插其间，在站头下面首先是两栏结构，左栏为焦点图，右栏为快讯、奖牌榜等；中间部分采取三栏结构，左栏主要是24小时直播和投票调查，中栏以头条新闻和项目为主，右侧栏以网易独家策划栏目为主，页面最下方是一栏结构形式，主要以图片为主。网易版式结构虽然较为创新，但是内容却比较单一。新浪版式构成与网易较为相似，一栏横贯式结构较为多见，形式多变，但内容也是较为单一，不够丰富。在版式结构与内容构成上最富有创新和丰富性的当属腾讯，从结构图可以看出，腾讯自制原创节目最为多样化，原创节目、奥运专题节目、奥运社区、跑向里约、奥运自媒体联盟、全景直播看奥运等节目，从全新视角凸显了腾讯奥运的互动性、参与性、社交性与原创性特点。

（二）视觉符号：图文为主，多种符号形式混合运用

视觉符号是指信息在编码过程中所运用的各种表意方式，如文字、图片、GIF动画、视频、网页链接等视觉语言。通过对四门户网站的调查分析，可以得出里约奥运会门户网站视觉符号以图文为主，多种符号形式混合运用的特点。

由图4－30可以看出，四大门户网站8月6日一天奥运滚动新闻传播中，主要传播形式以图片文字为主，此外，腾讯和新浪网视频新闻也占据一定比重，新浪GIF动画运用也是最丰富的。整体情况看，搜狐传播形式比较单一，主要以传统文图形式为主，腾讯和新浪形式较为丰富，有多重混合形式，“文字＋图片＋视频”“文字＋图片＋GIF”“文字＋视频＋网页链接”等。多元的视觉符号吸引更多用户的眼球，获得较好的传播效果。

由图4－31可以看出，四大门户网站奥运首页头条新闻传播中，网易图片量最多，腾讯视频量最多，新浪的GIF、网页链接和文字量也居于第1位。以新浪网为例，鉴于里约奥运会报道的重要性和多元性，新浪网以图片、文字、视频等多种形式进行展示。在视频报道方面，自制了多档节目，邀请优秀运动员代表来到新浪前方和后方的演播室，与网友分享他们的奥运故事。奥运会赛前两档，《冠军荟》共201期，汇总了中国夏奥会历史上全部201枚金牌的夺冠过程；《TOP秀》共20期，回顾历届奥运会传奇明星的表现。在奥运会期间，共有四档自制的视频

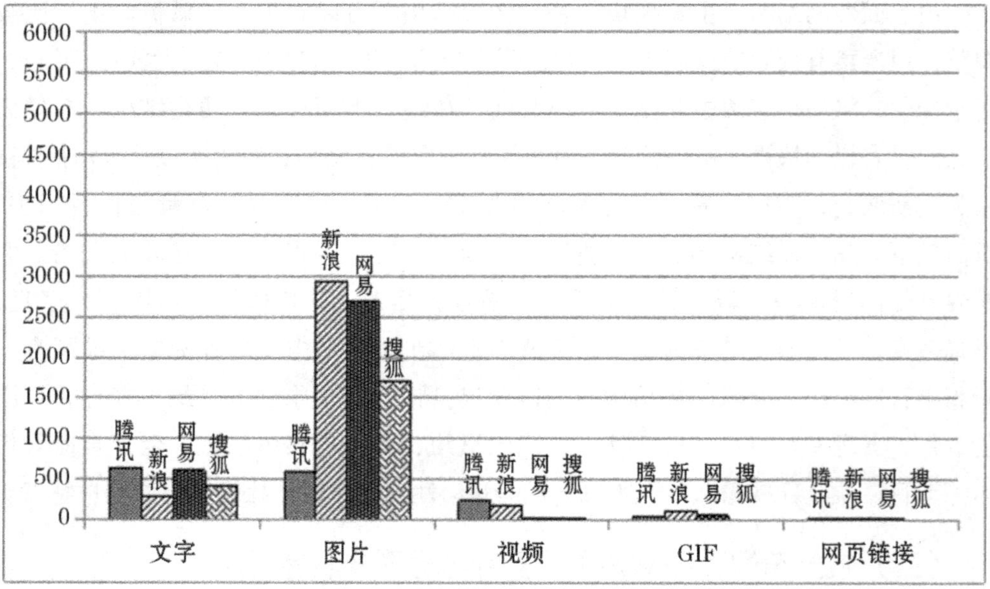

图 4－30　四大门户网站 PC 端奥运滚动新闻的传播形式（8 月 6 日）

节目，《奥运王中王》邀请郎平、林丹、菲尔普斯、格林等明星进行拍摄录制，发布独家视频内容，并与网友互动；《金牌访谈》完成 17 期，邀请到 40 位嘉宾参加访谈，包括本届奥运冠军、获得佳绩的运动员以及过往的奥运冠军、世界冠军，一共出了 140 条视频；《里约大冒险》20 期，介绍奥运期间的里约风土人情，桑巴文化；《奥运早晚报》每天早晚各一期，总结当前时间段奥运发生的大事件。特别值得一提的是，8 月 15 日，历史上真正的“奥运王中王”迈克尔·菲尔普斯参加了新浪体育《冠军访谈》节目录制，与大家分享自己传奇职业生涯的故事。这是飞鱼在夺冠后参加的唯一一个美国之外的媒体专访，在采访过程中，菲尔普斯动情之处潸然泪下，让所有人为之动容。新浪体育通过直播平台同步直播了演播室实况，采访视频上线当天总浏览人数突破 1500 万。奥运期间视频总播放量超过 2 亿，总 UV 超过 1 亿。新浪体育 200 余位编辑、记者全员投入，8 月 6 日开幕至 22 日闭幕，24 小时不停歇，一共发布 9332 条文字新闻，2688 组高清图、4 万多张图片，724 条视频。截止到 21 日，新浪网奥运频道移动端日均 UV4435 万，PV4. 1 亿，PC 端 UV4648 万，PV1. 4 亿，评论总数达 2，461，224 条。截至 8 月 22 日，新浪网整体奥运报道情况，包括 PC 端、手机 WAP 端、新浪体育 APP 和新浪新闻 APP，日均总 UV 达到 6724 万，日均 PV 高达 6.5 亿，日均互动评论量（包括点赞、评论等）达到 3531 万。

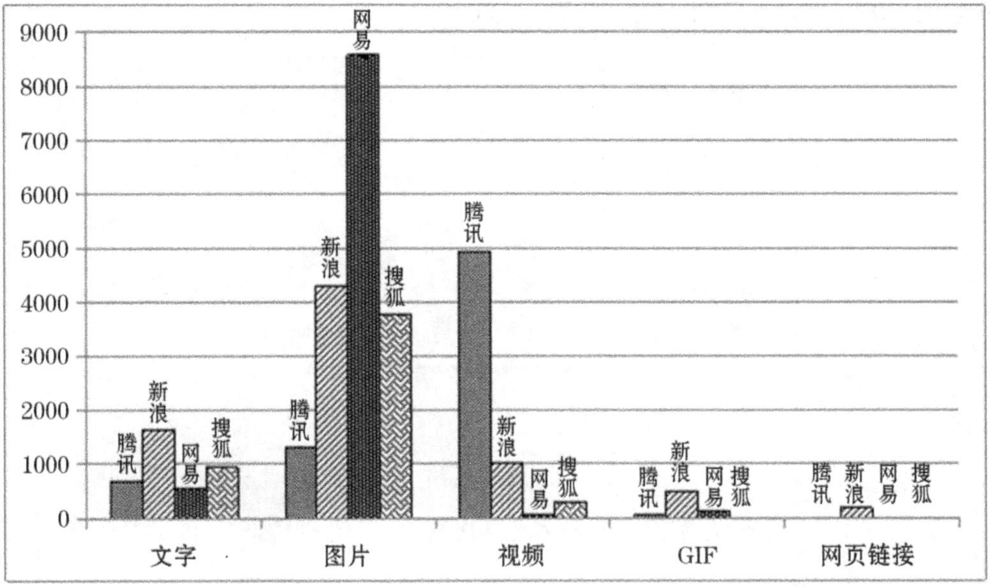

图 4－31　四大门户网站 PC 端奥运主页头条新闻的传播形式（8 月 9 日～22 日）

四、分享互动嵌入社交元素，用户体验效果佳

用户体验主要包括分享互动和个性定制两个方面。分享互动主要通过粉丝互动、线上线下活动来体现；个性定制主要通过添加关注、新闻推送、订阅、离线缓存、夜间模式和字体设置等来体现。

四门户网站在每篇新闻报道中设置了分享到微博、微信、人人网等应用功能。新浪在首页顶端设置新浪微博的搜索，搜索框内已预载内容：大家正在热搜 × ×。点击搜索框，便可看到更多的微博热搜话题，点击后便可进入新浪微博界面，这项功能实际是将新浪微博的搜索功能移植到新浪网的首页。将门户与微博打通，扩展门户的边界，以门户网站作为微博的一个入口，以微博的高人气拉动门户网站的流量和用户浏览时间，在网站架构这一更高层面上嵌入社交元素，这是腾讯和新浪在社交化上做出的新改变。此外，腾讯网还设置了奥运竞猜、奥运社区、奥运自媒体联盟和跑向里约等与用户互动的栏目（图 4－32～图 4－35），通过与粉丝用户的线上线下互动，吸引更多人关注和参与奥运。

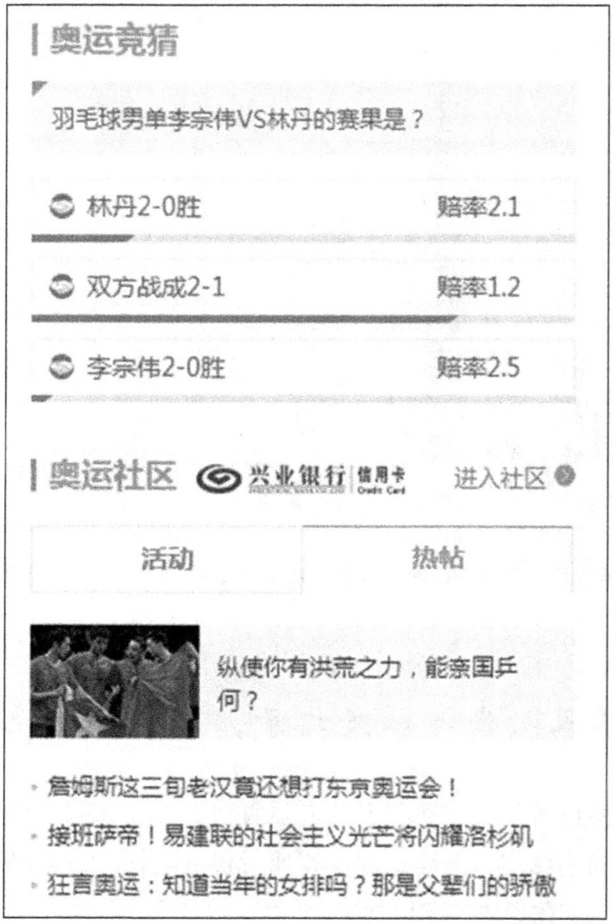

图 4－32　腾讯 PC 端奥运首页奥运竞猜栏目截图

图 4－33　腾讯 PC 端奥运首页奥运社区栏目截图

图 4－34　腾讯 PC 端奥运首页奥运自媒体联盟栏目截图

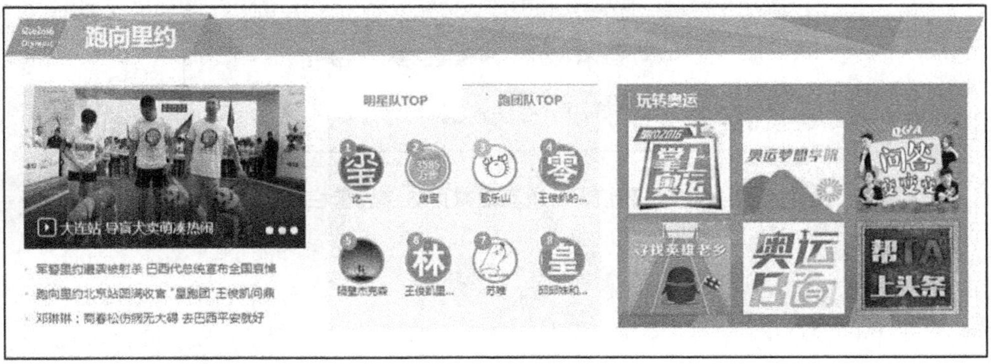

图 4－35　腾讯 PC 端奥运首页跑向里约栏目截图

新浪网在奥运首页设置了热点调查、新浪前方等互动栏目（图 4－36，4－37），通过对奥运风云人物评选、奥运赛事结果等的热点调查，以及前方记者与粉丝的互动等环节，进一步加强与用户的互动沟通，使用户以全新体验来参与和观赏奥运盛会。

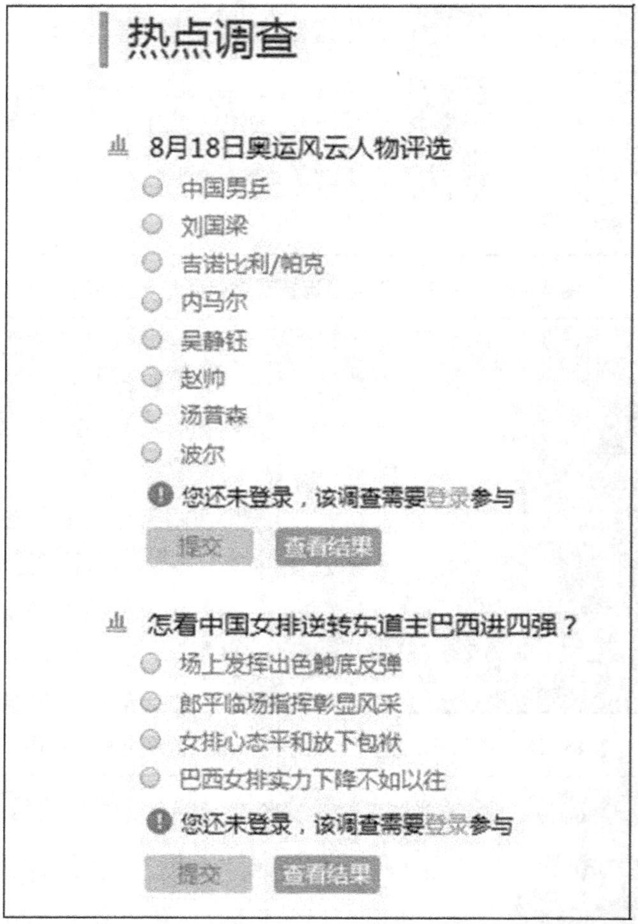

图 4－36　新浪 PC 端奥运首页热点调查栏目截图

图 4－37　新浪 PC 端奥运首页新浪前方栏目截图

网易还通过设置各类与奥运项目相关游戏来吸引新生代网民的参与关注。进入移动交互时代的奥运会，年轻用户赛事竞猜和竞技游戏需求大爆发。网易新闻奥运期间互动游戏总 PV 达 2.83 亿，“动者为王” 养成游戏用户参与量达 1217 万。刷爆朋友圈的《画一个小人》H5 小游戏短时间内便实现了 1600 万的 PV 量。

此外，与上届伦敦奥运会相比，门户网站在里约奥运会运用了更多新技术，尤其直播、VR 等移动互联网创新技术的应用，被移动资讯类产品大胆采纳，增强了用户的阅读和互动体验。奥运期间，腾讯切合奥运热度，利用 VR 技术，制造“与马龙过招”“易思玲告诉你射击有多难”等多款奥运专属 H5，通过朋友圈传播，让用户切身感受运动员比赛过程的紧张气氛。腾讯首次将“全民直播”运用到大型体验赛事的呈现上，张梦雪夺得首金后，通过企鹅直播与腾讯网友互动，受网友追捧。傅园慧参加企鹅直播时，超过 1800 万网友围观与互动。奥运期间，网易新闻奥运相关直播总时长达 1143 小时，用户人均每天观看奥运直播和视频时间高达 45 分钟，用户黏性在全行业处于领先。网易新闻采取前后方直播并进的方式，在赛事直播之外，引入更多不同视角的直播节目，更吸引人眼球。里约奥运会，网易新闻分别布局了前方直播访谈节目《冠军之家》及“16 × 24 直击里约”不间断直播间，除赛事直播外，旗下多个频道联合，并且邀请各领域名家坐镇，从不同角度解读里约奥运。同时，自媒体也成了本届奥运会移动资讯平台热点事件传播的重要一环，网易新闻吸引了 100 家核心自媒体、总计 5000 个网易号加入到奥运报道大军，更有 431 篇网易号文章阅读量突破“100 万 +”，个性化的视角为网友呈现出热点背后奥运百态。网易新闻坚持以产品技术创新引领报道，将 VR、H5、个性化推荐技术创新应用于奥运整体内容策略中，以达到触达不同圈层用户的效果。如“一首歌一个奥运人”H5、“空降里约贫民窟”VR 报道，再加上基于用户兴趣点的奥运新闻订阅，网易新闻以轻松多元化的阅读体验，获得用户的广泛认可。

搜狐以全媒体矩阵出击里约，搜狐新闻客户端、搜狐视频、手机搜狐网、搜狐网协调发力，凭借全景式直播、人工智能互动、VR 技术等多种创新报道方式来直播里约奥运会。数据调研机构 CTR 央视市场研究中心的数据显示，搜狐独家节目《奥运早新闻》，点击率颇高，而《全景里约》《明说奥运》《独家对话》的点击率也排名靠前。

五、传播效果四网站差异化显著

传播效果主要通过每天新闻发布数量、新闻评论量、跟帖量等指标来体现。通过对四网站 PC 端里约奥运首页 8 月 9 日 ~22 日共 14 天头条新闻的统计，得出新浪发布新闻条数为 1719，搜狐总计 1080 条，腾讯总计 791 条，网易总计 542 条（表 4 –17，图 4 –38）。各网站每天发布新闻数量也有较为显著差异，如腾讯 11 日发布 102 条，22 日闭幕日仅 30 条；新浪 17 日 147 条，开幕日仅 89 条；网易每天发布新闻条数比较均衡，在 40 条左右；搜狐 13 日发布总计 103 条，闭幕日 22 日为 63 条。

表 4 –17　四大门户网站 PC 端奥运主页头条新闻每天发布数量（8 月 9 日 ~22 日）

日期	腾讯	新浪	网易	搜狐	合计
8 月 9 日	40	89	35	70	234
8 月 10 日	31	136	33	72	272
8 月 11 日	102	131	49	98	380
8 月 12 日	80	113	40	70	303
8 月 13 日	80	133	40	103	356
8 月 14 日	72	121	37	69	299
8 月 15 日	71	118	30	86	305
8 月 16 日	55	108	45	69	277
8 月 17 日	60	143	41	66	310
8 月 18 日	42	138	41	67	288
8 月 19 日	41	128	42	86	297
8 月 20 日	41	138	37	77	293
8 月 21 日	46	122	39	84	291
8 月 22 日	30	101	33	63	227
总计	791	1719	542	1080	4132

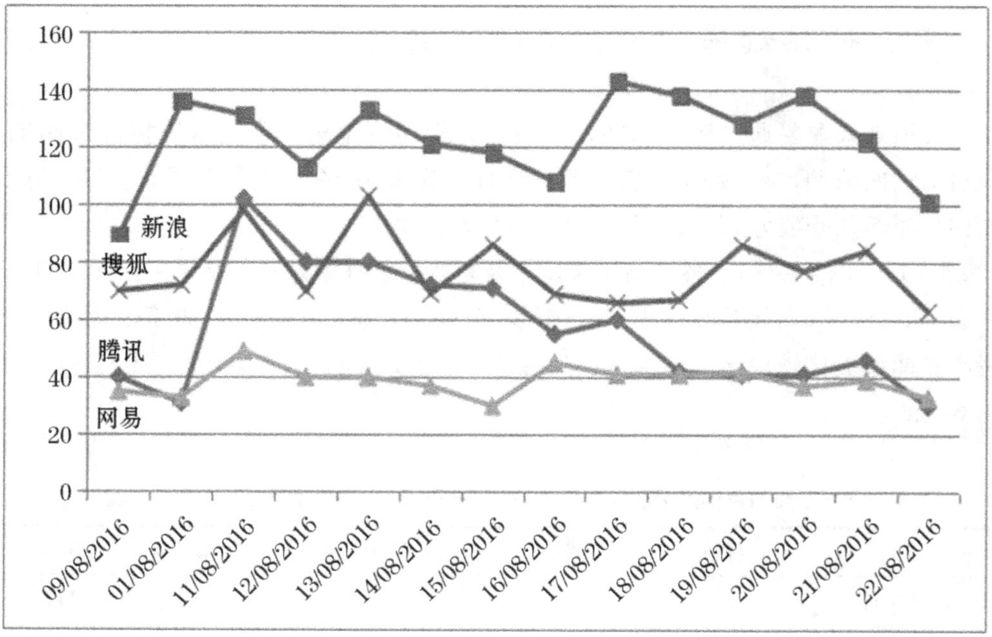

图 4－38　四大门户网站 PC 端奥运首页头条新闻每天发布数量（8 月 9 日 ~22 日）

通过对四大门户网站奥运新闻的评论量（或跟帖量）的统计分析得出，在滚动新闻界面，网易新闻的跟帖量最高，平均每条为 3307 条，新浪位居第二，平均每条为 171 条。而在奥运首页头条新闻评论量（跟帖量）统计分析中，腾讯每条新闻平均评论量为 856 条，网易跟帖量为 705 条，新浪评论量为 529 条，搜狐最低，评论量仅仅为 64 条。由此可见，一个门户网站不同信息发布平台，受众关注度差异性较大（表 4－18，表 4－19）。

表 4－18　四大门户网站 PC 端奥运滚动新闻评论/跟帖量（8 月 6 日）

	腾讯	新浪	网易	搜狐	合计
评论/跟帖总量	8627	71301	1984143	4610	2068681
条平均评论/跟帖量	14	171	3307	9	3500

表 4－19　四大门户网站 PC 端奥运首页头条新闻评论/跟帖量（8 月 9 日～22 日）

	腾讯	新浪	网易	搜狐	合计
评论/跟帖总量	676988	909572	380471	69045	2036076
条平均评论/跟帖量	856	529	702	64	2151

第二节　门户网站 APP 端里约奥运会传播境况

从网络媒体兴起至今，门户网站的奥运赛事传播，在本届奥运会之前，一直以 PC 端作为主体，移动端只是其功能的延伸与补充。随着移动互联网技术的发展，微博、微信和新闻客户端等新传播方式以狂飙之势崛起，其发展势头已经超过了 PC 端，且在网络媒体传播营销中占据主导地位。微博、微信和新闻客户端作为一种全新传播方式，它不是一种独立的媒体形式，而是门户网站功能与技术的延伸。新闻客户端又叫移动新闻客户端或新闻类 APP，是近年来随着智能手机、平板电脑的兴起而出现的适用于移动媒体终端的新闻资讯平台。按照内容提供商的不同，门户网站的新闻客户端类型主要包括综合门户网站的新闻客户端（如新浪、网易、腾讯和搜狐推出新闻客户端）和垂直门户网站的新闻客户端。目前门户网站客户端发展势头较好，用户满意度、体验度和活跃度均排在前列。2016 年里约奥运会再次掀起移动化传播的浪潮，DCCI 互联网数据中心的数据显示，里约奥运会作为全世界的体育盛事，吸引了全世界的目光，76.1% 的网民在“移动端”关注本届里约奥运会，61.0% 的网民使用了电视，52.2% 的网民使用了 PC 端。以腾讯、新浪、网易、搜狐四大门户网站为代表的新闻客户端应用，占据移动端口的半壁江山，并以奥运会为契机，进行大赛期间传播策略的升级与调整。“移动智能设备已大幅赶超电视及 PC 端，成网民获取奥运资讯的首要终端。”数据显示，整个移动端各类 APP 资讯争夺中，更新速度、内容丰富占优的新闻资讯类 APP，成为关注奥运最核心的入口，77.9% 的移动网民通过各类新闻客户端关注奥运，使用频次每天达到了 6.6 次。下面主要以四大门户网站的新闻客户端里约奥运会传播为个案，深入分析其传播现况与特点。

一、传播主体以原创新闻为主，移动自媒体比重增加

传播主体是指信息的传播者，对信息进行选择、采写、编制加工，主要承担编码者的工作。在今天移动媒体时代，传播主体不仅是信息编码者，也承担着释码和解码的角色，即传受界限的模糊，传播主体不仅只限于专业传播者，也包括平民草根等非专职记者。门户网站 APP 端的传播主体，与 PC 端属于同一传播主体，只是移动端口传播主体更具有草根化的特点。对门户网站新闻客户端传播主体研究，同样也是根据媒体初次发布信息的源头，将传播主体分为原创新闻与转载新闻，转载新闻又划分为转载自传统媒体、网络媒体与移动媒体三个三级指标。本研究选取 8 月 6 日、8 月 9 日、8 月 12 日、8 月 15 日、8 月 18 日和 8 月 21 日共 6 天腾讯新闻、新浪体育、网易新闻和搜狐新闻客户端滚动新闻关于里约奥运会全部新闻报道作为研究对象，通过分析得出结论如下（图 4－39～图 4－43）。

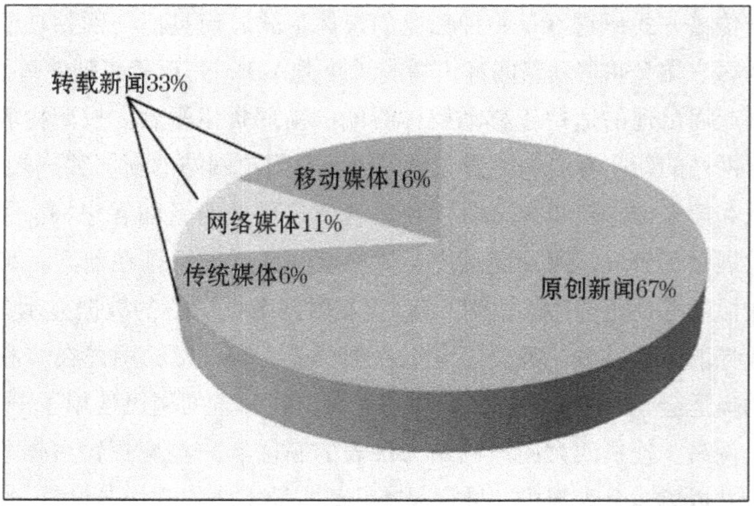

图 4－39　腾讯新闻客户端传播主体分布情况

从图 4－39 可以看出，腾讯新闻客户端奥运滚动新闻中，6 天总计发布新闻 1313 条，其中原创新闻 873 条，占比为 67%，转载新闻 440 条，占比为 33%。来

自传统纸媒为71条、通讯社为10条，总计81条，转载传统媒体比重为6%；来自网络媒体共145条，占比为11%；来自移动媒体为214条，占比为16%。其中移动媒体包括微信公众号、个人微博、微信朋友圈等自媒体。

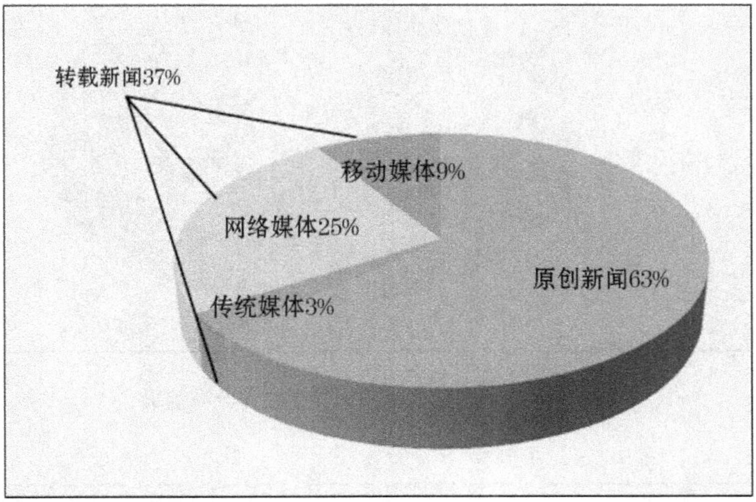

图4-40　新浪体育新闻客户端传播主体分布情况

由图4-40可以看出，新浪体育新闻客户端奥运滚动新闻中，6天总计发布新闻1823条，其中原创新闻1134条，占比为63%，转载新闻689条，占比为37%。来自传统纸媒为58条、通讯社为2条，总计60条，转载传统媒体比重为3%；来自网络媒体共463条，占比为25%；来自移动媒体为166条，占比为9%。

由图4-41可以看出，网易新闻客户端奥运滚动新闻中，6天总计发布新闻1277条，其中原创新闻1000条，占比为78%，转载新闻277条，占比为22%。来自传统纸媒为95条、广电媒体1条，通讯社1条，总计97条，转载传统媒体比重为8%；来自网络媒体共163条，占比为11%；来自移动媒体为34条，占比为3%。

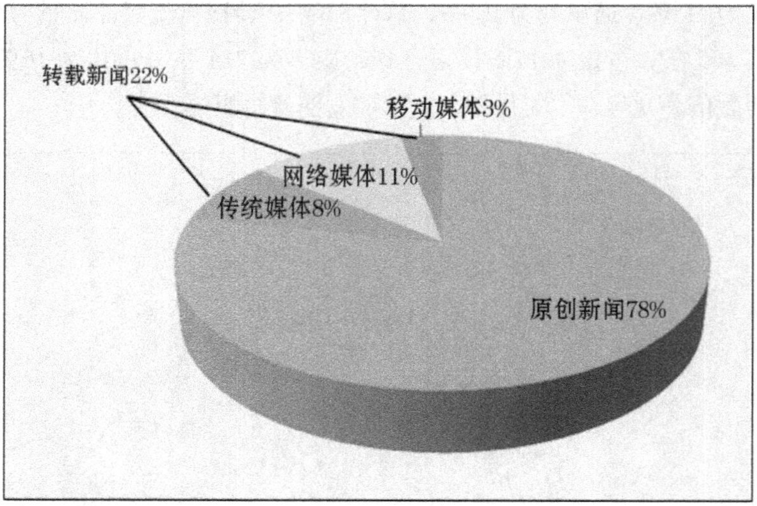

图 4 -41　网易新闻客户端传播主体分布情况

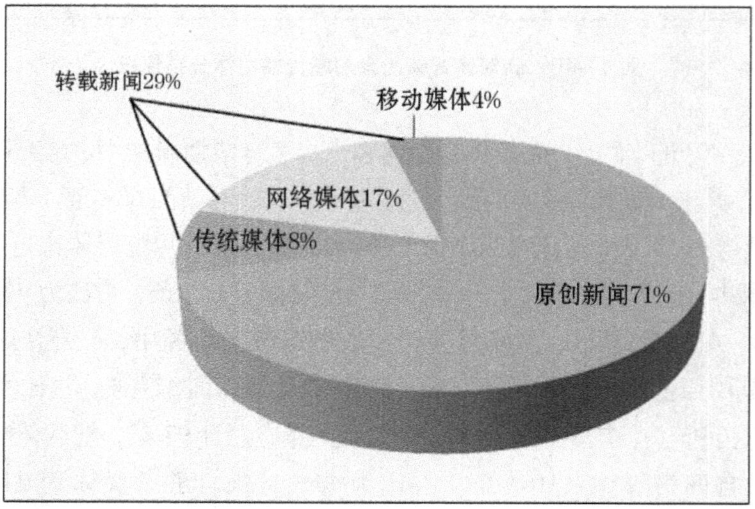

图 4 -42　搜狐新闻客户端传播主体分布情况

由图 4 -42 可以看出，搜狐新闻客户端奥运滚动新闻中，6 天总计发布新闻 523 条，其中原创新闻 372 条，占比为 71%，转载新闻 151 条，占比为 29%。来自传统纸媒为 28 条、广电 1 条，通讯社 9 条，总计 38 条，转载传统媒体比重为 8%；

来自网络媒体共 91 条，占比为 17%；来自移动媒体为 20 条，占比为 4%。

综上，从四大门户网站新闻客户端 6 天滚动新闻情况看，腾讯和网易原创新闻占比略少，网易和搜狐原创新闻占比较大，分别为 78% 和 71%，各家网站转载新闻主要以网络媒体为主。腾讯新闻客户端转载新闻中移动媒体占比最大，为 16%。与 PC 端相比，新闻客户端在传播主体上转载新闻更多来自于网络媒体与移动媒体（图 4－43）。

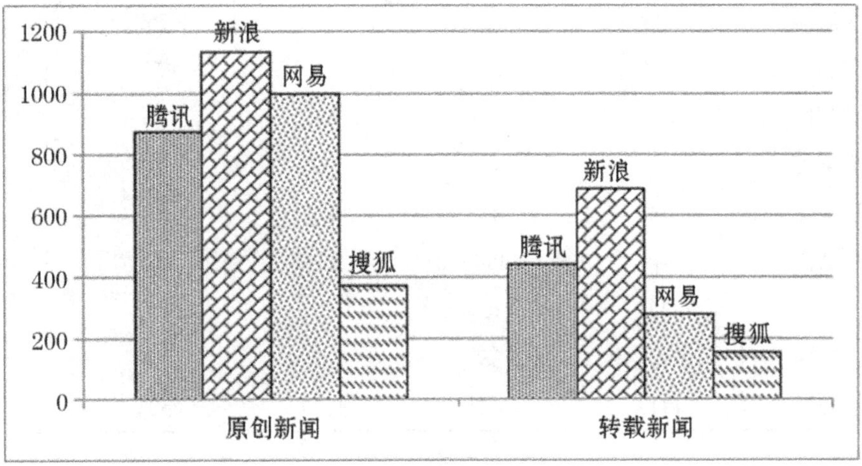

图 4－43 四大门户网站新闻客户端传播主体分布情况

二、内容呈现更加精准化，花边新闻吸引眼球

传播内容主要分为赛事新闻、非赛事新闻、数据新闻 3 个二级指标。赛事新闻主要考察各门户网站报道项目数量、国家和男女性别等分配比例。非赛事新闻包括人物新闻、事件新闻、突发事件、奥运文化、花边新闻、数据新闻和其他新闻等三级指标。

由表 4－20，图 4－44 可知，四大门户网站新闻客户端选取 6 天全部新闻传播内容，其中赛事新闻最多，共计 2244 条，其次为事件新闻 870 条，人物新闻和花边新闻分别为 644 条和 607 条，因本届奥运会各类突发事件时有发生，因此突发事件新闻也占到 121 条。可见，新闻客户端在内容传播方面主要信息来源均为各门户网站 PC 端精选的内容，经过符合手机小屏幕的改版编辑处理后，再发布到新闻客户端平台上。因此新闻客户端上的奥运信息内容更加的精准和吸引受众眼球，同 PC 端相比，新闻客户端上传播内容花边新闻占比更大，体现较强的娱乐化特点。

表 4－20　四大门户网站新闻客户端传播内容一览表

内容类别	腾讯	新浪	网易	搜狐	合计
赛事新闻	614	918	443	269	2244
人物新闻	194	253	144	53	644
事件新闻	219	319	254	78	870
突发事件	32	41	33	15	121
奥运文化	74	47	111	44	276
花边新闻	144	194	225	44	607
其他新闻	32	13	67	9	121
数据新闻	4	38	0	11	53
总计	1313	1823	1277	523	4936

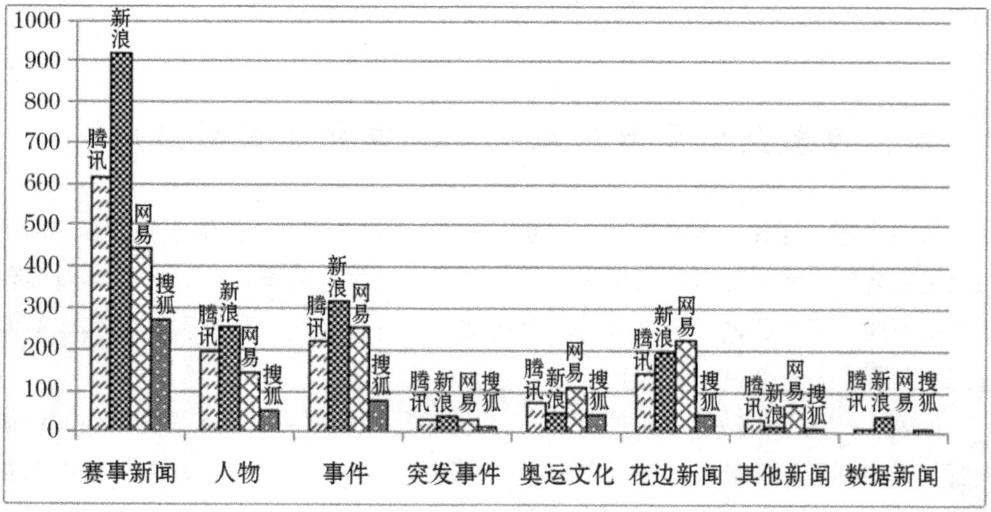

图 4－44　四大门户网站新闻客户端传播内容对比图

此外，对四大门户网站新闻客户端选取6天全部滚动新闻的奥运项目报道进行了分析统计，从中可以看出各网站新闻客户端在中外报道项目关注重点的差异。

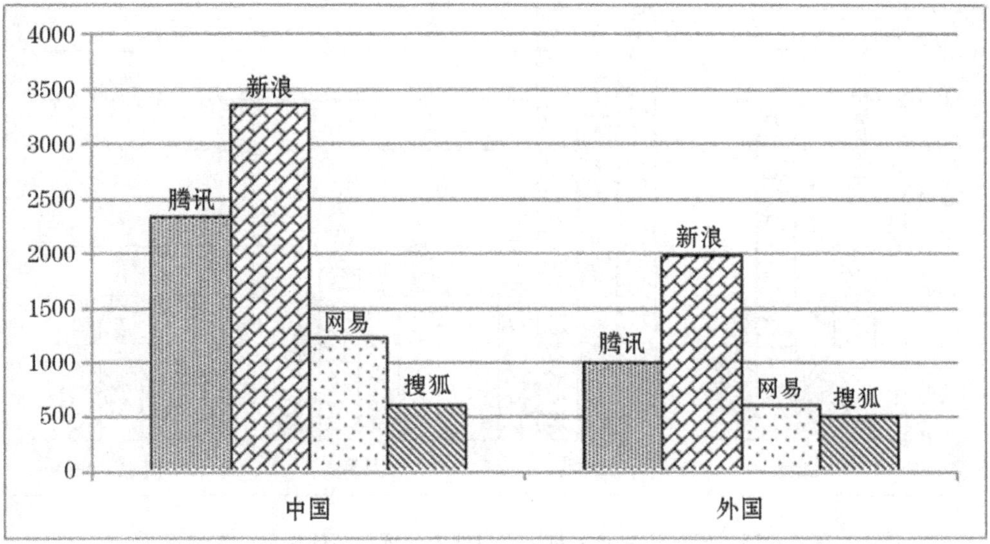

图4-45　四大门户网站新闻客户端中外项目新闻数

由图4-45可以得出，腾讯新闻客户端17天奥运滚动新闻中项目总新闻数为3348条，中国项目总数为2344条，外国项目总数为1004条。新浪体育客户端17天奥运滚动新闻中项目总新闻数为5344条，中国项目总数为3360条，外国项目总数为1984条。网易新闻客户端17天奥运滚动新闻中项目总新闻数为2880条，中国项目总数为1781条，外国项目总数为1099条。搜狐新闻客户端17天奥运滚动新闻中项目总新闻数为1101条，中国项目总数为601条，外国项目总数为491条。从上图可以看出，四门户网站新闻客户端17天滚动新闻中关于中外项目的报道数量新浪均位居第一，腾讯第二，网易第三，搜狐报道数量相对较少。但整体上各网站对中国项目报道均远远超过对外国项目报道，可见主要关注点还是国内优势项目和知名运动员身上。国外项目报道也主要关注是美国、英国、日韩、俄罗斯和巴西等国家，多数项目也是与中国选手争夺奖牌的项目上。

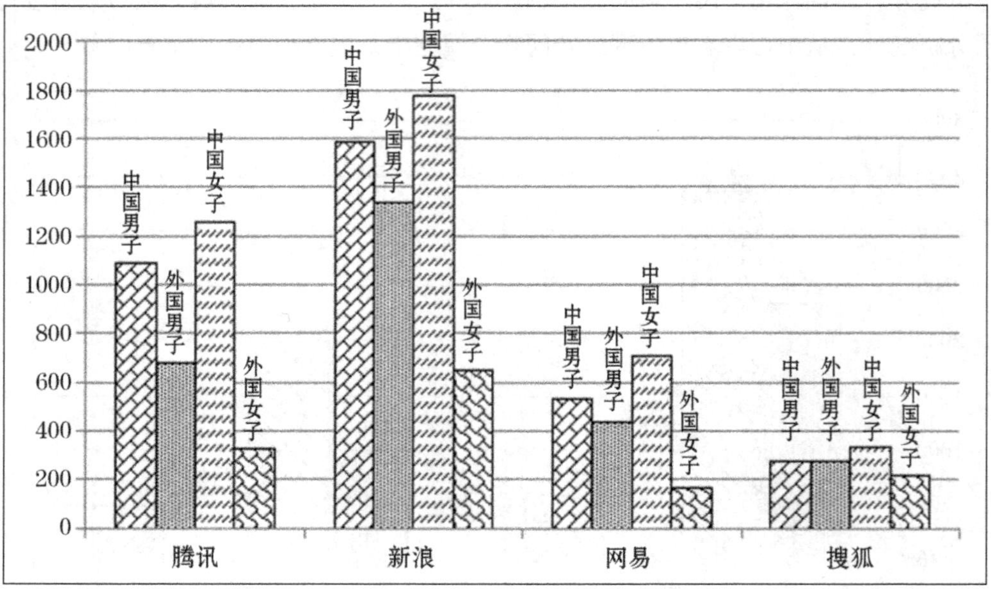

图 4－46　四大门户网站新闻客户端中外项目新闻性别分布情况

由图 4－46 可以得出，四门户网站新闻客户端 17 天全部奥运滚动新闻中，腾讯男子项目总数为 1765 条，中国男子项目总数为 1088 条，外国男子项目总数为 677 条；女子项目总数为 1583 条，中国女子项目总数为 1256 条，外国女子项目总数为 327 条。新浪男子项目总数为 2919 条，中国男子项目总数为 1585 条，外国男子项目总数为 1334；女子项目总数为 2425 条，中国女子项目总数为 1775 条，外国女子项目总数为 650 条。网易男子项目总数为 1610 条，中国男子项目总数为 907 条，外国男子项目总数为 703；女子项目总数为 1270 条，中国女子项目总数为 874 条，外国女子项目总数为 396 条。搜狐男子项目总数为 551 条，中国男子项目总数为 275 条，外国男子项目总数为 276；女子项目总数为 550 条，中国女子项目总数为 335 条，外国女子项目总数为 215 条。从数据表明，腾讯、新浪和网易均是中国女子项目位居榜首，只有搜狐是中国男子项目据榜首。此外，在中外、男女性别报道均衡度方面，四网站新闻客户端中国男子项目和外国男子项目报道数量差距不太明显，腾讯新闻客户端中国男子项目比外国男子项目数量相差稍多，搜狐新闻客户端中外男子项目数量基本持平。而女子项目报道中，中国女子项目与外国女子项目数量相差较为悬殊，尤其是腾讯、新浪和网易，搜狐差距不十分显著。充分体现了国内门户网站在奥运新闻传播中对中国项目的极大关注度，对国外男子项目关注相对较多，而对国外女子项目关注相对缺乏。但也可以看到关注视角也慢慢扩大到国外其他国家运动员和运动项目，体育内容多样化和视角的宽泛化倾向开始显现。

由表4－21可以看出，各门户网站新闻客户端对运动项目整体关注上，排名前10名项目分别是游泳、篮球、田径、排球、乒乓球、射击、体操、跳水、羽毛球和网球。但各网站新闻客户端对各运动项目关注和报道篇幅存在显著差异。如腾讯新闻客户端排名前5名运动项目分别是游泳、田径、羽毛球、乒乓球和排球；新浪体育新闻客户端排名前5名运动项目分别是游泳、篮球、田径、排球和乒乓球；网易新闻客户端排名前5名运动项目分别是游泳、射击、篮球、排球和足球；搜狐新闻客户端排名前5名运动项目分别是游泳、篮球、田径、羽毛球和乒乓球。可见四网站新闻客户端对项目关注基本趋同，都是围绕中国优势项目和大众喜爱的运动项目如篮球、足球等。而对冷门项目各媒体关注度不够，这与PC端情况大同小异。

表4－21 四大门户网站新闻客户端项目新闻总量情况

项目	腾讯	新浪	网易	搜狐	合计
游泳	461	702	381	178	1722
篮球	245	641	174	109	1169
田径	397	536	13	109	1055
排球	270	511	117	75	973
乒乓球	317	469	87	81	954
射击	142	264	356	58	820
体操	218	276	63	58	615
跳水	245	256	75	39	615
羽毛球	332	123	3	90	548
网球	23	410	36	21	490

续表

项目	腾讯	新浪	网易	搜狐	合计
举重	139	186	97	49	471
足球	84	173	112	54	423
击剑	49	100	95	21	265
拳击	65	100	9	23	197
射箭	11	54	93	19	177
自行车	68	58	18	23	167
柔道	22	70	39	24	155
高尔夫	29	115	0	9	153
跆拳道	54	57	8	11	130
帆船	32	57	3	4	96
赛艇	16	28	16	10	70
皮划艇	23	32	2	6	63
摔跤	30	27	0	4	61
曲棍球	5	23	24	5	57
马术	12	27	8	5	52
花样游泳	33	8	0	8	49
水球	12	17	4	5	38
七人制橄榄球	13	10	7	0	30
手球	1	3	8	1	13
现代五项	0	7	0	0	7
铁人三项	0	4	0	2	6
总计	3348	5344	1848	1101	11641

由表 4－22 中可以看出，四门户网站新闻客户端对中国奥运项目整体关注排名前 10 名的依次为游泳、排球、乒乓球、射击、跳水、篮球、田径、体操、举重和羽毛球。腾讯新闻客户端排名前 5 名项目为游泳、羽毛球、排球、乒乓球和跳水；

新浪体育新闻客户端排名前5名项目依次为游泳、排球、乒乓球、网球和田径；网易新闻客户端排名前5名项目依次为射击、游泳、篮球、排球和举重；搜狐新闻客户端排名前5名项目依次为游泳、羽毛球、乒乓球、排球和田径。各客户端有同存异，整体上网易新闻客户端和搜狐新闻客户端对项目报道数量较少，新浪体育新闻客户端和腾讯新闻客户端对项目报道数量较大。此外，各客户端对奥运项目的关注也受到各门户签约的运动员和运动项目的影响与制约。

表4－22　四大门户网站新闻客户端中国项目新闻总量

项目	腾讯	新浪	网易	搜狐	合计
游泳	310	420	288	101	1119
排球	254	418	77	43	792
乒乓球	255	345	53	52	705
射击	119	210	302	33	664
跳水	232	222	73	34	561
篮球	103	232	92	32	459
田径	153	255	6	43	457
体操	145	181	37	39	402
举重	123	165	75	36	399
羽毛球	268	20	3	83	374
网球	4	309	12	6	331
击剑	43	77	88	13	221
拳击	48	84	6	16	154
足球	29	71	43	8	151
跆拳道	51	48	3	10	112
自行车	47	42	2	12	103
射箭	4	27	54	3	88
柔道	15	50	10	7	82

续表

项目	腾讯	新浪	网易	搜狐	合计
高尔夫	21	54	0	3	78
帆船	27	34	2	4	67
赛艇	13	21	12	8	54
花样游泳	26	5	0	8	39
皮划艇	20	12	0	2	34
摔跤	14	14	0	3	31
马术	8	15	2	4	29
水球	9	9	1	3	22
曲棍球	3	13	3	3	22
现代五项	0	4	0	0	4
七人制橄榄球	0	2	0	0	2
铁人三项	0	1	0	0	1
手球	0	0	0	0	0
总计	2344	3360	1244	609	7557

由表4－23中可以看出，四门户网站新闻客户端对外国奥运项目整体关注排名前10名的依次为篮球、游泳、田径、足球、乒乓球、体操、排球、羽毛球、网球和射击。与中国项目报道中差异是举重和跳水两个中国优势项目被排除在10名之内。腾讯新闻客户端排名前5名项目为田径、游泳、篮球、体操和羽毛球；新浪体育新闻客户端排名前5名项目依次为篮球、游泳、田径、乒乓球和羽毛球；网易新闻客户端排名前5名项目依次为游泳、篮球、足球、射击和排球；搜狐新闻客户端排名前5名项目依次为篮球、游泳、田径、足球和排球。可见，对国外运动员和项目关注上，篮球、游泳和田径均名列在前，可见大众对这些项目的喜爱和关注度较高。

表 4-23　四大门户网站新闻客户端外国项目新闻总量

项目	腾讯	新浪	网易	搜狐	合计
篮球	142	409	82	77	710
游泳	151	282	93	77	603
田径	244	281	7	66	598
足球	55	102	69	46	272
乒乓球	62	124	34	29	249
体操	73	95	26	19	213
排球	16	93	40	32	181
羽毛球	64	103	0	7	174
网球	19	101	24	15	159
射击	23	54	54	25	156
射箭	7	27	39	16	89
高尔夫	8	61	0	6	75
柔道	7	20	29	17	73
举重	16	21	22	13	72
自行车	21	16	16	11	64
跳水	13	34	2	5	54
击剑	6	23	7	8	44
拳击	17	16	3	7	43
曲棍球	2	10	21	2	35
摔跤	16	13	0	1	30
帆船	5	23	1	0	29
皮划艇	3	20	2	4	29
七人制橄榄球	13	8	7	0	28
马术	4	12	6	1	23
跆拳道	3	9	5	1	18

续表

项目	腾讯	新浪	网易	搜狐	合计
水球	3	8	3	2	16
赛艇	3	7	4	2	16
手球	1	3	8	1	13
花样游泳	7	3	0	0	10
铁人三项	0	3	0	2	5
现代五项	0	3	0	0	3
总计	1004	1984	604	492	4084

如图 4－47，从四大门户网站新闻客户端项目新闻排名前 10 名情况折线图可以看出，网易新闻客户端对各项目报道数量和关注度较为均衡，游泳项目报道量和关注度最高，是因为网易与中国游泳队签约，中国游泳队作为网易奥运报道的独家合作伙伴，为获得更多独家原创新闻，对游泳项目投入最大力度也是情理之中。其他三个新闻客户端对 10 个项目关注度和报道量差异较大，通过折线图趋势可以看出，新浪差异性最为显著，其次是网易，相较于新浪和网易，腾讯也相对均衡。

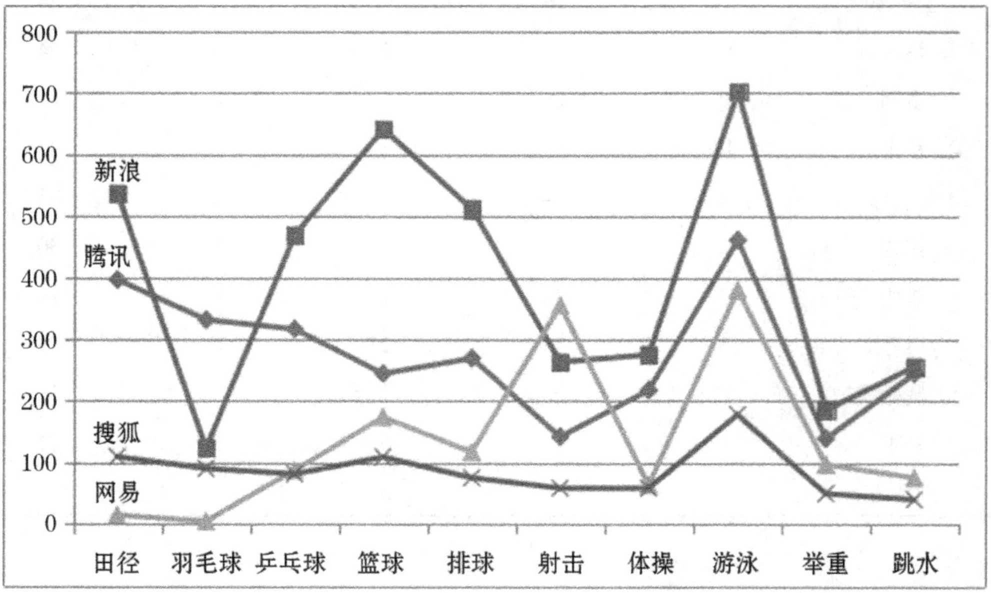

图 4－47　四大门户网站新闻客户端项目新闻前 10 名情况分布

由表 4－24 四门户网站新闻客户端奥运滚动新闻中项目新闻报道涉及国家整体排名前 10 名依次为美国、日本、巴西、牙买加、澳大利亚、西班牙、马来西亚、英国、俄罗斯和韩国，可见各媒体对国家关注度与金牌奖牌榜排名并无必然联系，各媒体对美国关注度和报道量均遥遥领先，对其他国家和项目关注则存在一定差异性。

表 4－24　四大门户网站新闻客户端项目新闻涉及的国家情况

国家及地区	腾讯	新浪	网易	搜狐	合计
美国	263	621	231	117	1232
日本	77	103	111	32	323
巴西	66	149	56	25	296
牙买加	98	120	44	11	273
澳大利亚	46	135	6	32	219
西班牙	31	132	30	18	211
马来西亚	50	87	69	4	210
英国	45	85	31	11	172
俄罗斯	47	38	44	22	151
韩国	28	18	62	24	132
阿根廷	20	63	28	11	122
法国	26	35	43	16	120
德国	18	34	44	16	112
塞尔维亚	13	40	24	8	85
意大利	2	16	24	11	53
荷兰	2	16	27	5	50
加拿大	2	22	16	5	45
朝鲜	7	11	18	8	44
新加坡	13	17	4	3	37

续表

国家及地区	腾讯	新浪	网易	搜狐	合计
匈牙利	3	16	11	6	36
克罗地亚	2	14	14	2	32
尼日利亚	4	16	8	4	32
泰国	2	18	8	4	32
立陶宛	3	16	8	3	30
越南	5	9	10	5	29
瑞典	4	11	7	6	28
南非	13	4	5	4	26
丹麦	2	16	5	2	25
乌兹别克斯坦	12	7	2	3	24
斐济	8	5	9	1	23
科索沃	—	20	1	2	23
肯尼亚	1	6	8	8	23
印度	4	15	4	—	23
新西兰	6	1	11	4	22
菲律宾	1	14	2	—	17
爱尔兰	6	2	3	3	14
哈萨克斯坦	3	3	5	3	14
埃塞俄比亚	4	5	2	2	13
比利时	6	—	4	3	13
波多黎各	4	8	—	1	13
委内瑞拉	—	6	5	2	13
瑞士	1	4	5	1	11
科威特	2	6	2	—	10
阿尔及利亚	—	8	—	1	9

续表

国家及地区	腾讯	新浪	网易	搜狐	合计
巴哈马	5	—	3	1	9
波兰	2	—	4	3	9
伊朗	2	—	6	1	9
乌克兰	5	—	2	1	8
古巴	3	—	4	—	7
捷克	2	3	1	1	7
土耳其	1	—	3	3	7
中华台北	1	—	3	3	7
葡萄牙	3	—	1	2	6
埃及	4	—	—	1	5
哥伦比亚	—	—	4	1	5
亚美尼亚	3	—	—	2	5
白俄罗斯	3	—	—	1	4
墨西哥	1	—	1	2	4
尼泊尔	—	4	—	—	4
保加利亚	1	—	1	1	3
芬兰	—	—	3	—	3
洪都拉斯	—	—	—	3	3
津巴布韦	1	—	—	2	3
摩洛哥	2	—	—	1	3
纳米比亚	—	—	—	3	3
挪威	—	—	3	—	3
沙特阿拉伯	1	2	—	—	3
伊拉克	—	3	—	—	3
印度尼西亚	—	—	3	—	3

续表

国家及地区	腾讯	新浪	网易	搜狐	合计
中国香港	1	—	—	2	3
阿拉伯联合酋长国	2	—	—	—	2
阿塞拜疆	1	—	1	—	2
爱沙尼亚	1	—	—	1	2
喀麦隆	—	—	1	1	2
蒙古	1	—	—	1	2
斯洛伐克	1	—	—	1	2
希腊	—	—	2	—	2
安哥拉	1	—	—	—	1
吉尔吉斯斯坦	1	—	—	—	1
科特迪瓦	1	—	—	—	1
卢森堡	—	—	—	1	1
罗马尼亚	—	—	—	1	1
毛里求斯	1	—	—	—	1
塞内加尔	—	—	1	—	1
斯里兰卡	—	—	—	1	1
斯威士兰	—	—	—	1	1
索马里	1	—	—	—	1
塔吉克斯坦	—	—	—	1	1
汤加	1	—	—	—	1
危地马拉	1	—	—	—	1
约旦	—	—	1	—	1
总计	1004	1984	1099	492	4579

由图 4 -48 可以得出，四大门户网站新闻客户端外国项目排名前 10 名国家分布情况，腾讯、网易和搜狐除美国外，其他九个国家报道量与关注度差异性不大，

新浪也是如此，但新浪对美国关注度和报道量与其他国家相比，差距更是悬殊。

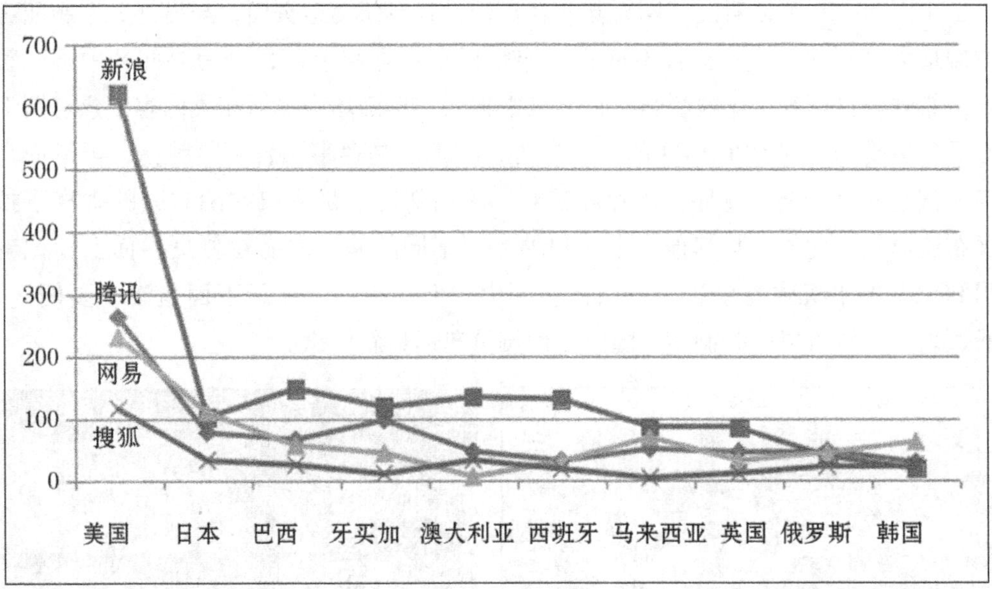

图 4－48　四大门户网站新闻客户端外国项目排名前 10 名国家分布情况

三、传播形式个性化，移动直播最受关注

传播形式主要通过界面设计和视觉符号两个二级指标体系来体现。如果说从传播主体、传播内容上来看，门户网站 PC 端与新闻客户端的差异性不是很明显，因为客户端上所有奥运新闻均首先来自于各门户网站的 PC 页面，因此 PC 端与 APP 端同质化明显也是在所难免。但在页面设计方面，两个端口存在的差异还是较为显著的，因为 PC 端的大屏幕和手机的小屏幕形成鲜明对比，尽管目前智能手机具有大屏化发展的趋势，但与 PC 端屏幕相比还相差甚远，因此尽管在传播内容上客户端是移植或搬运 PC 端的内容，但在形式上必须做出符合手机用户阅读和浏览习惯的界面设计。

由图 4－49 可以看出，搜狐新闻客户端奥运主页面分为顶栏和底栏，顶栏和底栏栏目并不是专属奥运新闻页面，如底栏的视频、狐友等栏目设置是针对所有搜狐新闻的，而不仅仅是里约奥运专题。顶栏下面是焦点图和导航栏，导航栏主要设置奖牌榜、赛程、直播和图片四个栏目，下面滚动新闻采取右图左文字标题的形式。

由图 4－50 可以看出，网易新闻客户端设置专门奥运页面，与另外 3 个新闻客户端最大区别就是主页面没有底栏，导航栏在焦点图上面，分为要闻、中国、独家、策划与订阅 5 个主要栏目，任意点击进入，里面均为奥运相关内容。焦点图下面是奥运赞助伙伴 OPPO R9 的手机广告，再下面是赛事预告和奖牌榜，再下面是四大核心栏目夺金、直播、图片和游戏。滚动新闻也是采取左图右题的垂直下拉瀑布流形式。此外，与其他三个客户端界面不同的是，网易在首页界面上标记着 OPPO R9 的手机弹窗广告，虽然面积不大，但却很显著。最下面是滚动要闻区，通过垂直下拉可以即时刷新，随时随地浏览奥运最新资讯。

图 4－49　搜狐新闻客户端奥运主页面截图

图 4－50　网易新闻客户端奥运主页面截图

由图 4－51 可以看出，新浪体育新闻客户端是唯一一个具有独立体育页卡的客户端，新浪、腾讯和搜狐都必须首先进入新浪新闻、腾讯新闻和搜狐新闻客户端，然后才能进入里约奥运的单独界面，而新浪体育可以直接点击进入。在新浪体育客户端页面底栏中间有显著“里约 2016”标志，点击便可直接进入奥运专题界面。最上面顶栏有明显的“里约奥运会”标记，下面导航栏主要设置了首页、订阅、赛程、中国与图集 5 大栏目，导航条下面是联想 ZUK 的手机广告，下面是金牌榜和焦点图，再下面是赛事预告和滚动要闻，滚动要闻也是左图右题形式，但新浪有一个显著标记，可以马上将其与另外三个客户端区分开来，就是新浪右边标题下面一般还有两行内容摘要。新浪体育底栏还设有新闻、比赛、社区和我的四个栏目。

图 4－51　新浪体育客户端奥运首页截图

图 4－52　腾讯新闻客户端奥运首页截图

由图 4 – 52 可以看出，腾讯新闻客户端没有设置专门奥运页面，与另外 3 个新闻客户端最大区别就是采取与众不同的左题右图形式，便于一眼可以认出，导航栏在焦点图上面，焦点图下面是奥运赞助伙伴、奖牌榜和赛程预告，再下面是奥运直播间“24 小时全景直播里约奥运”。再下面是以横向左右拉动方式设置腾讯奥运原创新闻节目，底栏分为新闻、推荐、直播和我四个部分。

再看图 4 – 53 ~ 图 4 – 56，是四大网站新闻客户端里约奥运滚动要闻区的截图。从 4 张图可以很明显辨识打开主页属于哪个门户新闻客户端，因每个客户端都有较为显著个性化设计和标识，如腾讯的左题右图形式，网易的无底栏形式，新浪标题 + 文摘形式以及底栏中间“联想 ZUK 里约 2016”奥运标识，搜狐的底栏“狐友”和顶栏左上角的搜狐网 Logo 等形式。与 2014 年巴西世界杯和 2015 年足球亚洲杯新闻客户端大型赛事界面设计相比，本届里约奥运会有了很多创新和改观，原来各客户端界面同质化严重混淆的状况正在悄然改变。此外，相较四网站新闻客户端界面设计，腾讯和网易整体效果更好，腾讯大面积留白和图片明艳，富于变化，网易漫画等形式创新，动感时尚，吸引了更多用户关注。新浪体育客户端奥运滚动要闻设计略显呆板，改动不大，同时标题 + 文摘形式虽然增加与其他客户端界面的区分度，但这种形式密密麻麻文字减少了手机屏幕空间性优势，且新浪文图之间缺少变化，还停留在传统的客户端界面设计基础上，亟待改进。搜狐新闻客户端整体感觉中规中矩，特点不够鲜明，缺少变化，也需要更多创新与个性化凸显。

图 4－53　腾讯奥运滚动要闻主页截图

图 4－54　新浪奥运滚动要闻主页截图

图 4-55　搜狐奥运滚动要闻主页截图

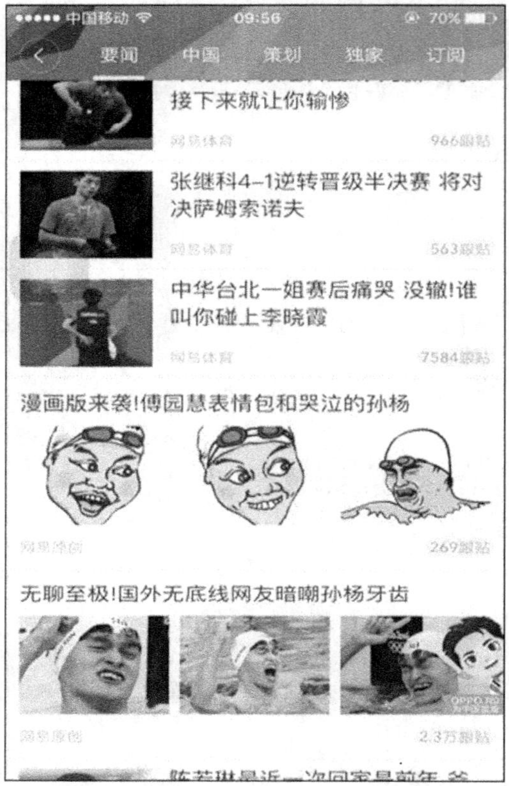

图 4-56　网易奥运滚动要闻主页截图

除界面设计外，对四门户网站新闻客户端选取 6 天奥运滚动要闻全部新闻报道进行了视觉符号的统计分析，得出四网站新闻客户端使用的视觉符号主要还是文图形式，腾讯图片量高居榜首，新浪是视频量位居第一。此外，四个客户端视觉符号使用多采取混合形式，一篇新闻中经常会出现文字 + 图片 + 视频 + GIF 等多种组合形式，来吸引受众眼球（图 4-57）。

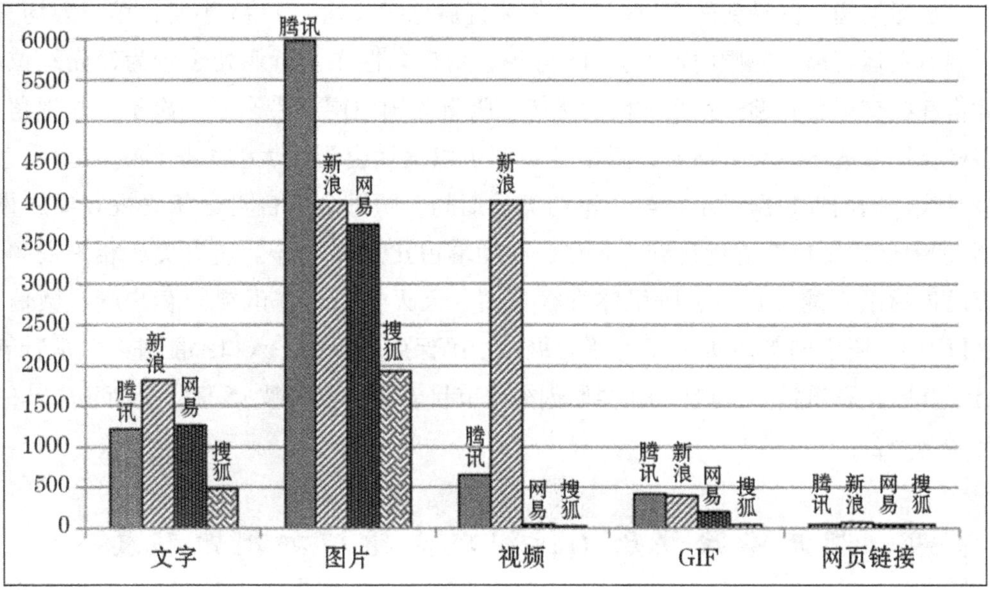

图 4－57　四大门户网站新闻客户端传播形式比较

值得一提的是，在本届里约奥运会上，门户网站 PC 端和客户端还推出了网络视频直播全景看奥运的新形式，如中国女排战胜塞尔维亚夺得冠军荣耀回国，网易新闻客户端和腾讯新闻客户端的企鹅直播平台分别对无数粉丝接机的现场场景进行了全程直播，吸引了众多网民的关注，如网易新闻客户端的“中国女排姑娘们回来啦！跟着我们去接机”直播节目，共有 598.9 万人参与，腾讯新闻的“和我们一起去机场 迎接中国女排 ”的企鹅直播，共有 216 万人参与观赏互动，为两个网站吸引了不少人气。对移动端来说，今年是“直播元年”，移动直播最受网民关注，也是媒体奥运报道中最关键的一环。腾讯首次将“全民直播”运用到大型赛事的呈现上，张梦雪夺得首金后，通过企鹅直播与腾讯网友互动，受网友追捧。傅园慧参加企鹅直播时，超过 1800 万网友围观与互动。网易新闻还采取前后方直播并进的方式，在赛事直播之外，引入更多不同视角的直播节目，更吸引人眼球。里约奥运会，网易新闻分别布局了前方直播访谈节目《冠军之家》及“16×24 直击里约”不间断直播间，除赛事直播外，旗下多个频道联合，并且邀请各领域名家坐镇，从不同角度解读里约奥运。

奥运期间，网易新闻客户端奥运相关直播总时长达到1143小时，用户人均每天观看奥运直播和视频时间高达45分钟，用户黏性在全行业处于较为领先地位。凭借在社交平台和领先技术方面的优势，腾讯为国内网友带来了一次不一样视角、多样化体验的奥运会。同时，腾讯还引领了以奥运会为代表的大事件进入全民直播时代。据调查数据显示，整个里约奥运期间，腾讯全平台奥运相关视频播放量超过81亿，用户覆盖量达到7.5亿，移动端占比达到75%。所有奥运相关视频，都通过腾讯新闻客户端、腾讯体育客户端、天天快报、腾讯视频客户端、微信、手机QQ、腾讯网等移动+PC全平台展示，确保用户从每一入口都能进入并观看节目。其中，腾讯精心打造的10档原创视频节目，播放量突破15亿，全面领先其他互联网平台。

四、用户体验娱乐化，游戏竞猜增加用户黏度

用户体验主要包括分享互动和个性定制两个二级指标。分享互动主要通过粉丝互动、内容分享和线上线下活动来体现，如关于奥运的竞猜、抢红包、推广、游戏和跑向里约等活动；个性定制主要通过添加关注、新闻推送、新闻订阅、离线缓存、夜间模式和字体设置等三级指标来体现。随着互联网媒体的崛起，传播渠道的多样化和信息的碎片化，使受众获取信息的成本大大降低，受众拥有随意获取海量信息的机会选择，独家新闻已不再成为可能。新闻客户端作为一种产品，则更应关注用户诉求，重视"以用户为中心的体验设计"，从而创造更为高效的用户体验。随着客户端传播技术的不断成熟，用户对其的要求不再仅仅满足能看、能用，而是从心理感受方面提出了更高的媒介诉求——重视体验和互动。在内容上则会更加关注情感的需求及分享的渴望，更加重视受众的互动并为之创造各种互动的条件，从而获得更佳的传播实效。里约奥运会作为大型体育赛事的传播，也不再是单纯的信息输出，而是基于优质赛事内容的交互，以及与用户线上线下的娱乐互动。只有给新闻移动端用户提供更好的可以实现自我表达观点和态度的平台，进行吐槽、娱乐、围观，加强与受众的互动，吸引更多受众的参与，才能不断增强受众对传播平台的归属感，使其对客户端应用成为一种习惯，以不断增强用户的黏性。在分享互动体验方面，各门户网站新闻客户端设计了新闻评论和

跟帖。奥运新闻或截屏可以一键分享到微信好友、微信朋友圈、QQ 好友、QQ 空间、新浪微博、易信好友和易信朋友圈，实现多平台无缝连接，也链接体育的一切。与上届伦敦奥运会相比，媒体在里约奥运会运用了更多新技术，尤其直播、VR 等移动互联网创新技术的应用，被移动资讯类产品大胆采纳，增强了用户的阅读和互动体验。奥运期间，腾讯切合奥运热度，利用 VR 技术，制造“与马龙过招”“易思玲告诉你射击有多难”等多款奥运专属 H5，通过朋友圈传播，让用户切身感受运动员比赛过程的紧张气氛。如图 4－58，4－59，网易新闻客户端在每篇新闻文后都设有分享到其他平台的功能，实现了新闻客户端与微信、QQ、微博

图 4－58　网易内容分享与跟帖

图 4－59　网易内容分享领红包

等平台的无缝对接，图 4 - 60 新浪体育客户端设置“社区”栏目，通过网络社区与用户互动，吸引更多用户参与里约奥运。图 4 - 61 是网易新闻客户端设置“夺金”栏目，通过喝彩中国，“牛到里约”主题大促销等活动，用户可在中国奥运夺金时刻，通过全民狂欢齐享好礼，共同见证中国荣耀时刻。

图 4 - 60　新浪奥运社会互动参与

图 4 - 61　网易全民狂欢齐享好礼活动

本届里约奥运会，娱乐化、游戏化成为奥运传播的主题。随着消费文化的兴起，娱乐已经成为人们生活的主要议题。无论是大型体育赛事自身，还是媒体传播都表现出明显的娱乐化倾向。相较于传统媒体，新媒体的受众呈现出年轻化的趋势，因此纯新闻内容、纯专业的传播方式已经很难适应这些年轻用户的需求，必需融入娱乐与游戏等时尚元素。奥运会已经不再是单纯的一场体育赛事，它更像一场全民的狂欢节，互动娱乐、游戏已经成为用户关注的主要内容。里约奥运会期间各门户网站新闻客户端推出各类有奖竞猜、抢红包、赢金币、手机游戏等鼓励受众参与或互动活动。抢红包、竞猜与游戏成为各门户网站新闻客户端展开激烈竞争的主要手段，如网易推出了系列竞猜活动，开发了以奥运会中国优势项目篮球、乒乓球、射箭、田径、举重和游泳等为主题的“动者为王，冲金夺宝”互动游戏，各门户客户端均结合智力问答、金牌兑奖、上视吧直播抢红包等活动，增加受众的参与度。据 8 月 14 日 2：27 对“动者为王，冲金夺宝”互动游戏观测，当前共有 673，006 人在线混战，将受众置身于奥运会各项赛事游戏中，增加用户黏度（图 4 - 62 ~ 图 4 - 67）。

图 4 - 62　腾讯视频直播抢红包

图 4 - 63　新浪签到助威赢金币

图 4－64　网易动者为王冲金夺宝游戏

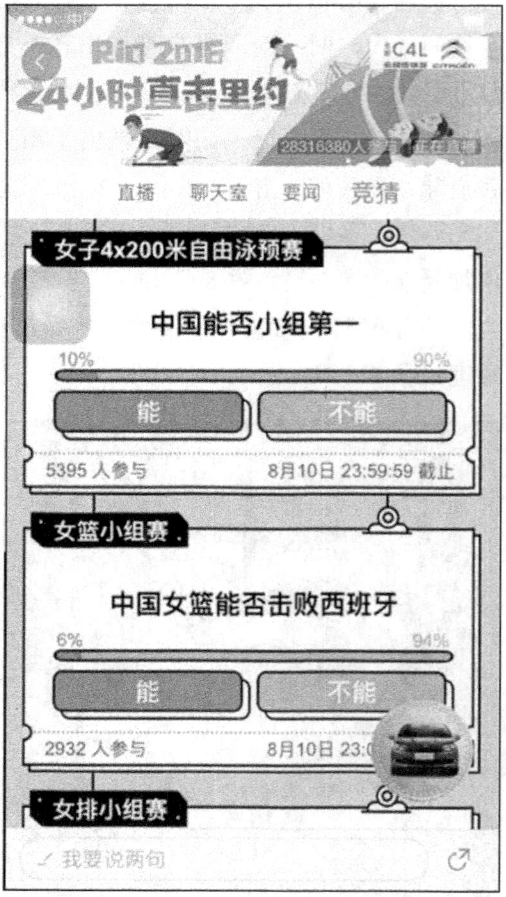

图 4－65　网易奥运有奖竞猜活动

图4－66　腾讯掌上奥运游戏首页

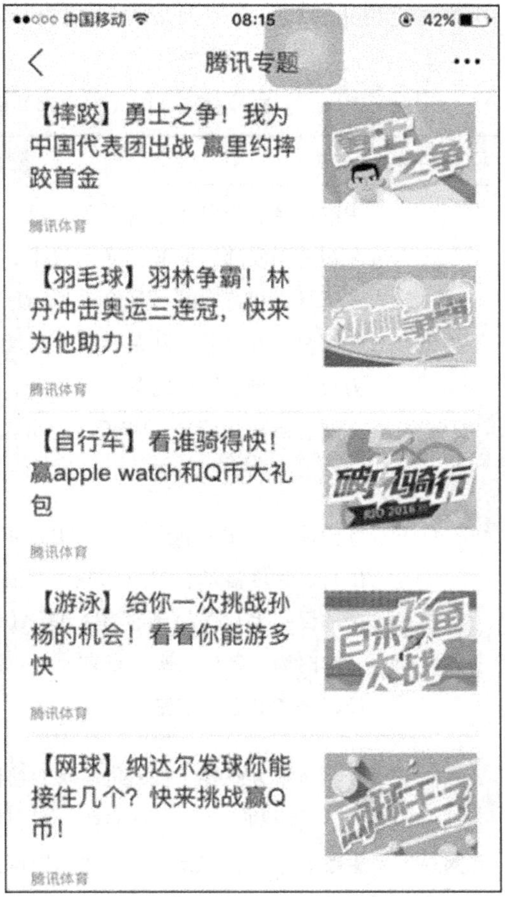

图4－67　腾讯掌上奥运游戏滚动界面

在广告推广方面，里约奥运会各门户网站也是使出浑身解数，与各类品牌赞助商合作，或达成战略合作伙伴，共同报道里约奥运会，本届奥运会各网站奥运营销均获得了很大成功，尤其腾讯网共签约了46家赞助商，其中80%以上的奥运营销盈利来自于新闻客户端这一主要渠道。新浪网共有26家赞助商，网易为25家，搜狐为17家（表4－25，图4－69）。此外，各门户网站新闻客户端通过自制原创节目企业冠名的方式，进行奥运营销与广告推广，如腾讯网的精彩赛事由士力架冠名，原创视频节目“下一个我”由欧莱雅冠名，“第一时间”由青岛啤酒冠名，“冠军直通车”由中国一汽冠名，“金牌驾到”由辉昂冠名，“奥运奖牌榜”

由安利纽崔莱赞助，“中国金牌”由可口可乐独家赞助等（图 4 - 68）。

表 4 - 25　四大门户网站里约奥运品牌赞助商一览表

网站名称	赞助商	总计
腾讯	中酿金品、全民斗战神手游 APP、寺库奢饰品、OLAY、PUMA、安利纽崔莱、安踏、奥迪、皇室战争、彩虹糖、东风本田、东风标致、方太厨具、福特翼搏、哥伦比亚、海飞丝、辉昂、劲霸男装、可口可乐、中国梦·梦之蓝、欧莱雅男士、NIKE、欧诗漫、青岛啤酒、三星、士力架、特步、湾仔码头、王老吉、兴业银行、益达、一汽丰田、中国一汽、伊利、怡宝、VIVO、北京现代、德芙巧克力、东南汽车、Jeep、雪花、自然堂、乐事、中国保险行业协会、苏宁、努比亚	46
新浪	新浪体育 APP、上汽大众、TEVISE、SHAVER、御赐才子、奥库、滴滴出行、百度糯米、驴妈妈旅游、三国群英传手游 APP、同程旅游、环球移民、大数据培训、宜人贷、优个网、淘宝网、梦特娇官方旗舰、新浪时尚、新浪汽车、京东、五粮液、东风雪铁龙、联想 ZUK、蒙牛、扬帆公益基金、安踏	26
网易	梦特娇官方旗舰、宜人贷、博朗维森官方店、战舰 TV 手游 APP、茅台醇、雪洲豹运动鞋、佳兆业金服、珍爱网、寺库奢饰品、VIPabc 英语、去哪儿旅行、万表网、阿迪达斯网络直播、奥运纪念币抢购、51 信用卡管家、携程旅行、指尖游戏 APP、百度糯米、广汽丰田、贵人鸟、五粮液、OMEGA、VIVO X7、纳智捷、加群送股票	25
搜狐	瓜子二手车、东风雪铁龙、视吧直播、荣放 RAV4、OMEGA、蒙牛冠益乳、网易手游、倩女、网易云课堂、网易欢乐购、京东超市、加多宝、OPPO R9、伊利、老板电器、青果直播、安利纽崔莱、奥迪	17

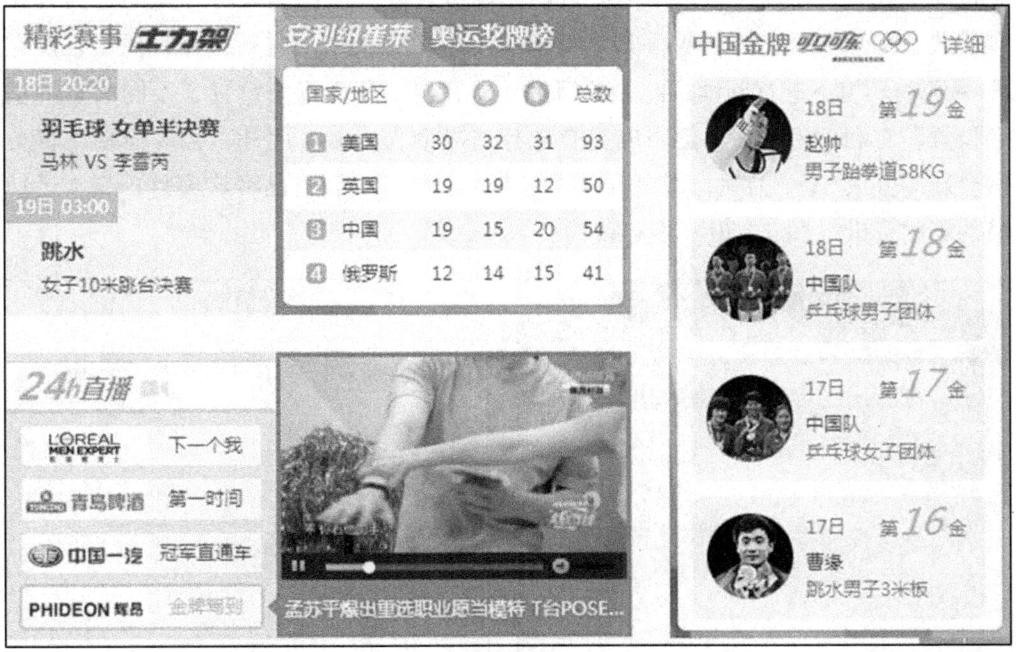

图 4－68 腾讯新闻客户端奥运栏目赞助

图 4－69 腾讯奥运合作伙伴截图

在个性化定制体验方面，各门户网站新闻客户端都有自己的个性定制专栏，需要一定的 ID 体系进行注册、登录才能开启个人定制模式。各新闻客户端还设置了夜间模式，在使用中，用户可以自如的调节软件亮度；更值得一提的是离线缓存模式，用户可以选择在 Wi - Fi 的环境下，对关注的新闻进行缓存，便于在没有 Wi - Fi 的环境下进行阅读；此外各门户新闻客户端还为用户设置了不同版本的主题设置，有利于用户把奥运新闻完全地打造成个人定制。此外，各客户端还将奥运会新闻分成 31 个大项，用户可以根据个人偏好来定制自己喜欢项目、喜欢运动员的新闻资讯（图 4 - 70 ~ 图 4 - 73）。

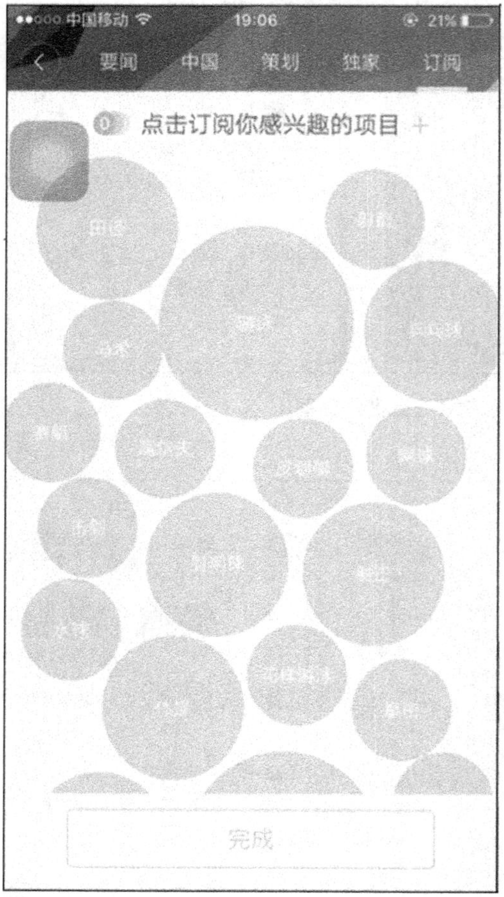

图 4 - 70　网易奥运新闻订阅

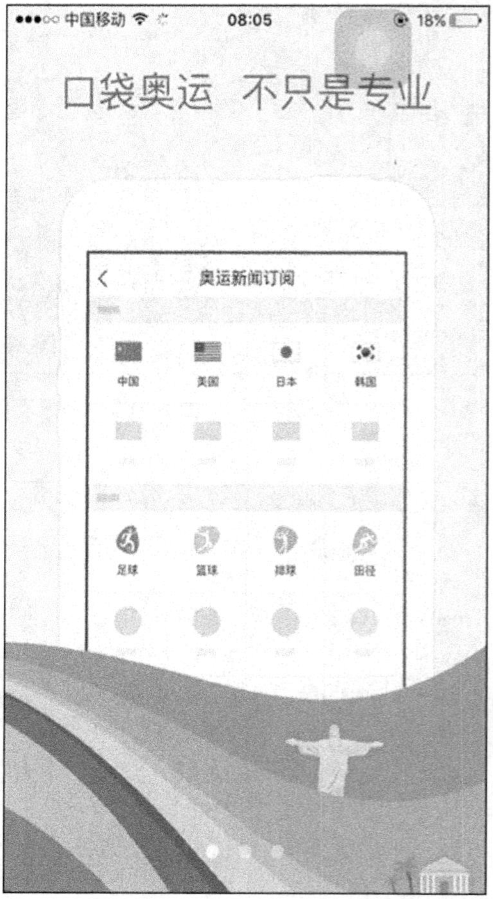

图 4 - 71　搜狐奥运新闻订阅

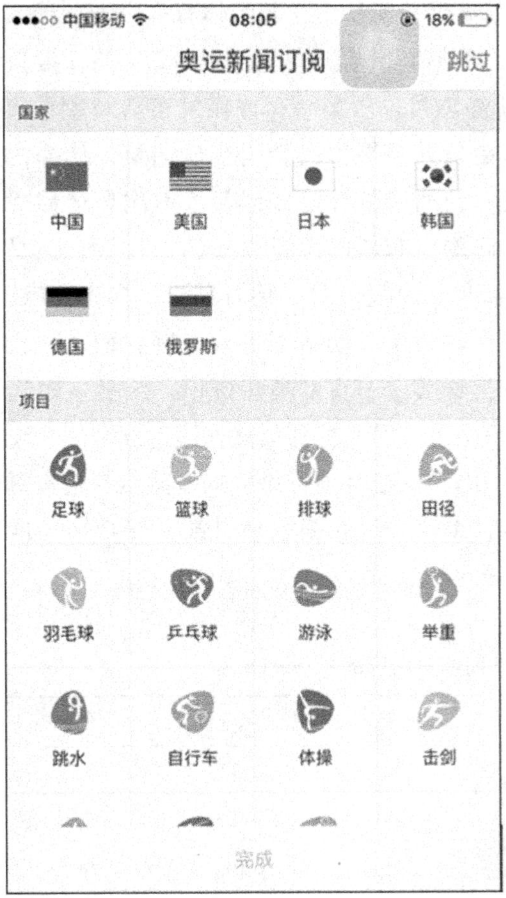

图 4－72　腾讯奥运新闻订阅

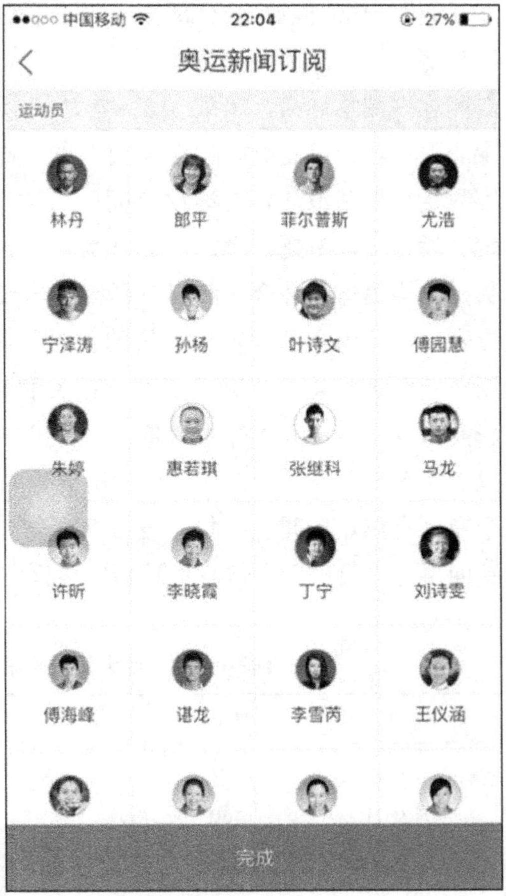

图 4－73　新浪奥运新闻订阅

综上，在里约奥运会传播中，四大门户网站在内容分享、用户参与互动、广告推广和个性定制等方面有了较大创新与调整，奥运期间用户参与度、关注度和浏览量有了较为显著的提升，主要还是基于各网站很好贯彻了“以用户为中心”的理念，因此取得较好传播效果。

五、传播效果差异化较为显著

传播效果主要通过活跃度和中心度两个二级指标来体现。通过对四大门户网站新闻客户端选取6天全部奥运滚动要闻的统计分析得出，新浪体育客户端总计为1823条，腾讯新闻客户端总计为1313条，网易新闻客户端总计为1277条，搜狐新闻客户端总计为523条（表4-26）。新浪总量位居第一，搜狐发布新闻数量较少。但从客户端主页奥运滚动要闻的发布数量并不能代表新闻客户端整体传播内容数量，如新浪体育在滚动要闻区虽然发布新闻条数最多，但新浪本次奥运传播较少设置奥运专题，腾讯虽然在奥运要闻区的发布新闻总量少于新浪体育，但是腾讯围绕奥运会夺金点和赛事赛程、热点事件、突发事件、体育明星、参赛国家、参赛项目等为主题设置了大量的奥运新闻专题，从滚动新闻进入专题界面，就会浏览到更多与某一赛事或事件等相关的各类详实、丰富的奥运资讯，因此从奥运新闻内容丰富性和整体报道量上，腾讯应该更胜一筹。搜狐虽然在滚动新闻区6天只发布523条新闻，但搜狐也围绕赛程和中国为主夺金项目设置众多奥运专题，每个专题有焦点新闻、图集和各方声音等信息组合，深入细致地对某一夺金赛事或新闻事件进行解读，体现奥运新闻传播的深度和全面。

表4-26　四大门户网站新闻客户端传播内容统计

日期	腾讯	新浪	网易	搜狐	合计
8月6日	197	279	195	57	761
8月9日	160	296	228	103	754
8月12日	250	320	221	100	891
8月15日	261	337	216	98	912
8月18日	252	280	207	91	830
8月21日	193	311	210	74	788
总计	1313	1823	1277	523	4936

从图4-74折线图可以看出，四大门户网站新闻客户端6天滚动新闻报道总量分布，新浪体育、网易体育和搜狐体育均是开幕式当日报道数量最低，腾讯是8月9日报道数量最低，此外，搜狐、网易另外5天新闻报道量基本持平。整体情况看，搜狐平均每天滚动新闻报道量在50~100条之间，新浪在300条左右，腾讯和网易大约在200~250条之间。与各门户网站的PC端滚动新闻每天500~1000条的

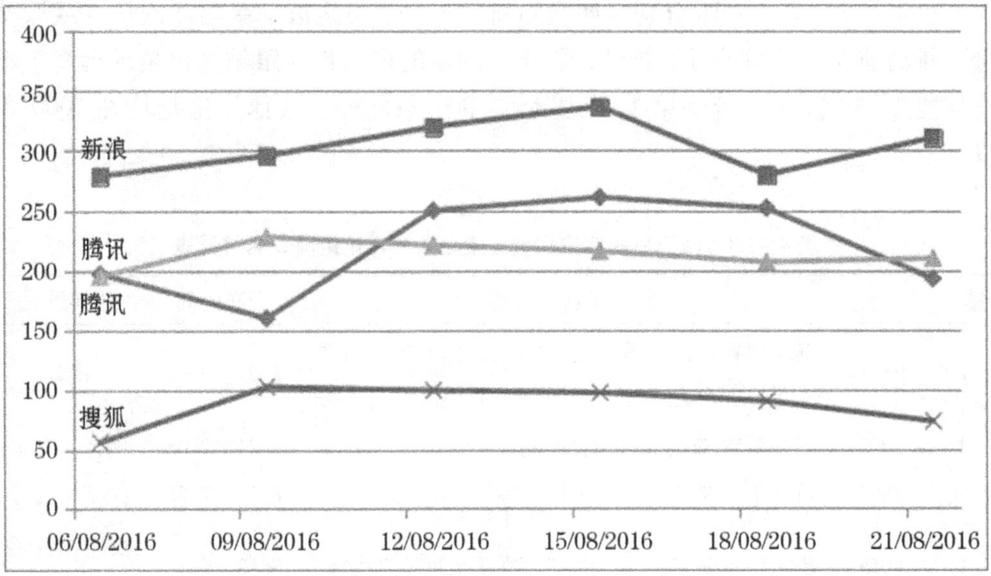

图 4－74　四大门户网站新闻客户端每天传播内容数量分布情况（6 天）

发布量相比，还是相差较多。在 8 月 21 日中国女排战胜塞尔维亚夺得冠军到奥运闭幕，关于女排夺冠滚动新闻网易新闻客户端总计 85 条，腾讯新闻客户端总计 80 条，新浪体育客户端总计为 130 条，搜狐新闻客户端总计为 25 条。

由表 4－27 可以看出，通过选取 6 天奥运滚动新闻进行数据分析，网易跟帖量总计为 9,209,650,281 条，平均每条新闻跟帖量为 7,211,942 条，遥遥领先；腾讯新闻 6 天评论量总计为 1,282,469 条，平均每条新闻评论量为 977 条，位居第二；新浪每条新闻评论量为 245 条，搜狐每条新闻评论量最少，为 115 条。

表 4－27　四大门户网站新闻客户端奥运滚动新闻评论/跟帖量统计表（6 天）

	腾讯	新浪	网易	搜狐	合计
评论/跟帖总量	1,282,469	447,281	9,209,650,281	60,020	9,211,440,051
条平均评论/跟帖量	977	245	7211942	115	7213279

表 4 - 28 ~ 表 4 - 31 分别对四网站新闻客户端奥运滚动新闻评论量（或跟帖量）排名前 5 名新闻进行了统计，腾讯、网易的评论量与跟帖量也是远远高于新浪与搜狐，搜狐评论量除第 1 名达到 10,000 条之外，其他评论量均在 5000 条以下。

表 4 - 28　搜狐新闻客户端奥运滚动新闻评论量前 5 名统计表

排名	评论量	新闻标题（主题）	发布时间	传播形式
1	10000	奥运回顾短片未现一个中国人，白岩松：得罪人了	8. 22/10: 05	视频
2	5295	笑到最后 直击女排颁奖典礼	8. 21/12: 08	图片 + 文字
3	4892	再现争议判罚！世界冠军竖中指：永不战奥运	8. 17/17: 36	文字 + 图片
4	4655	华顿评孙杨 1500 米出局：不在乎他进不进决赛	8. 13/16: 57	文字 + 视频 + 图片
5	3422	王思聪谈泳协让霍顿道歉 称人家不吃这套	8. 08/19: 33	文字 + 图片

表 4 - 29　新浪新闻客户端奥运滚动新闻评论量前 5 名统计表

排名	评论量	新闻标题（主题）	发布时间	传播形式
1	60545	70% 收视份额！女排夺冠超春晚	8. 22/09: 01	文字 + 图片 + 视频
2	47437	中国游泳选手陈欣怡药检阳性	8. 12/15: 55	文字 + 图片
3	43394	郎平：让小惠别太激动小心心脏	8. 21/15: 30	文字 + 图片 + 视频
4	38850	女排夺冠时刻国旗又升错了	8. 21/11: 30	文字 + 图片 + 视频
5	37424	李永波：说青黄不接是不懂羽球	8. 22/14: 01	文字 + 图片 + 视频

表 4-30　网易新闻客户端奥运滚动新闻跟帖量前 5 名统计表

排名	跟帖量	新闻标题（主题）	发布时间	传播形式
1	234488	中国泳协确认陈欣怡 A 瓶药检阳性：积极配合调查	8.12/15:54	文字+图片
2	169142	冬日娜问懵中国第 1 棒：起跑反应全场最慢是求稳	8.20/11:19	文字+图片
3	132456	李宗伟对大马人民说对不起 总理回应：你是英雄	8.21/12:11	文字+图片
4	126086	0-3 到 3-1！中国女排用 8 天复仇夺冠 这脾气谁敢惹?	8.21/15:30	文字+图片
5	122894	里约回顾短片不见中国 白岩松：我们没参加奥运?	8.22/08:38	文字+图片

表 4-31　腾讯新闻客户端奥运滚动新闻评论量前 5 名统计表

排名	评论量	新闻标题（主题）	发布时间	传播形式
1	297122	[此刻是金] 女排逆转 3-1 塞尔维亚三夺奥运金牌	8.21/11:01	文字+图片+视频
2	91000	[此刻是金] 国乒男团 3-1 胜日本 夺奥运 3 连冠	8.18/09:33	文字+图片+视频
3	68000	[此刻是金] 孙杨后程发力夺 200 米自由泳金牌	8.09/09:46	文字+图片+视频
4	61000	[此刻是金] 新王！谌龙 2-0 李宗伟中国羽毛球夺金	8.20/22:11	文字+图片+视频
5	53421	中国接力女队因美国荒唐重赛而无缘决赛 两次申诉均遭驳回	8.19/17:24	文字+图片+视频

图 4－75　搜狐陈欣怡药检事件评论量

图 4－76　新浪陈欣怡药检事件评论量

图 4 – 77　网易陈欣怡药检事件评论量

图 4 – 78　腾讯陈欣怡药检事件跟帖量

再如图 4 – 75 ~ 图 4 – 78，关于中国游泳协会在 2016 年 8 月 12 日发布的“中国女子游泳运动员陈欣怡在 8 月 7 日里约奥组委实施的赛内兴奋剂检查中被查出 A 瓶氢氯噻嗪阳性”这一事件，四大门户网站新闻客户端均在第一时间转载了新华社的通稿，并对标题进行了编辑处理。针对同一突发事件，各新闻客户端的评论量存在明显差异。搜狐新闻客户端的评论量为 2476，新浪体育客户端的评论量为 47437，网易新闻客户端的跟帖量为 23.4 万，腾讯新闻客户端的评论量为 1.4 万，由此可见各网站新闻客户端的传播效果和用户关注度还是存在较为明显的差异。

第三节　门户网站微信里约奥运会传播境况

微信大型体育赛事传播从2014年巴西世界杯开始应用，至今已有两年的历史，本届里约奥运会，选取了腾讯体育、新浪体育、网易体育和搜狐体育四大门户网站微信公众号作为研究文本，对从8月6日~22日的17天奥运会推送的全部新闻进行内容分析，得出门户网站微信里约奥运会的传播境况。

一、传播主体较为单一，原创新闻占比最大

微信里约奥运会的传播主体主要是以四大网站微信公众号作为研究对象，微信公众号是指人们通过微信公众平台所申请的应用账号，凭借该账号，公众号使用者即传播者可在微信平台上实现和特定群体的文字、图片、语音、视频的全方位沟通、互动，此处的特定群体，即为公众号的关注者，或者通俗地称为粉丝。如图4-79~图4-82可以看出，在里约奥运会期间，四网站微信公众号传播里约奥运信息内容，主要来源均是原创新闻，转载新闻较少，如腾讯原创新闻为100%，新浪原创新闻为98%，网易为99%，搜狐为90%，原创新闻占比较大，主要原因是微信公众平台每天推送新闻数量有限，一般为3~5条，因此无特殊情况，多为媒体原创稿件，以确保信息内容的独家性和个性化。

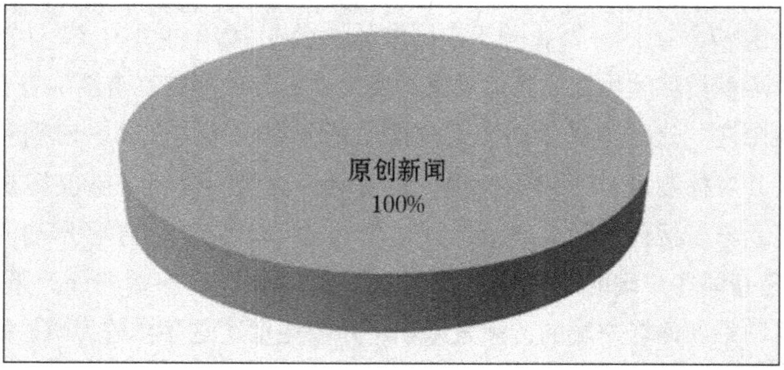

图4-79　腾讯微信公众号奥运传播主体分布

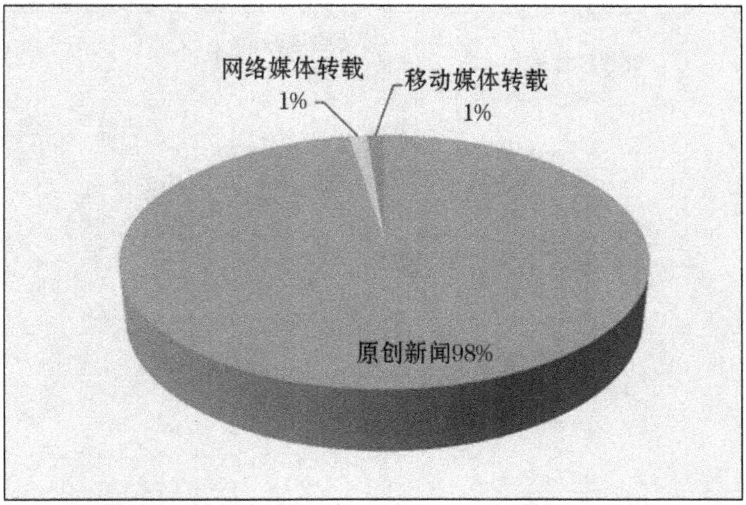

图 4－80　新浪微信公众号奥运传播主体分布

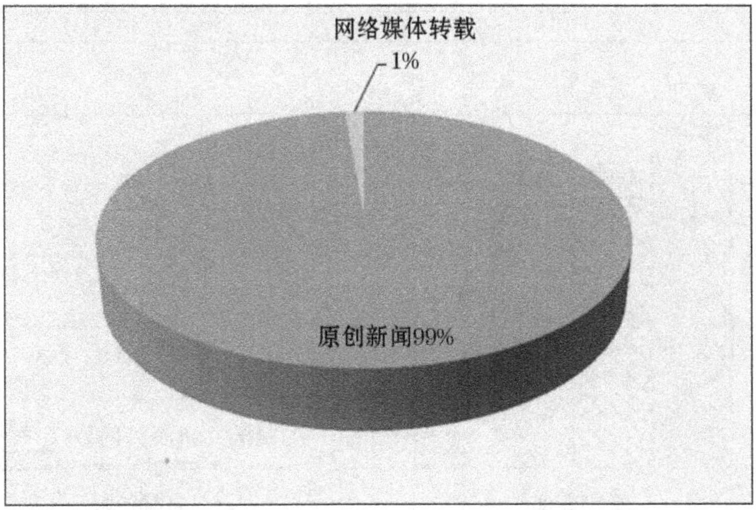

图 4－81　网易微信公众号奥运传播主体分布

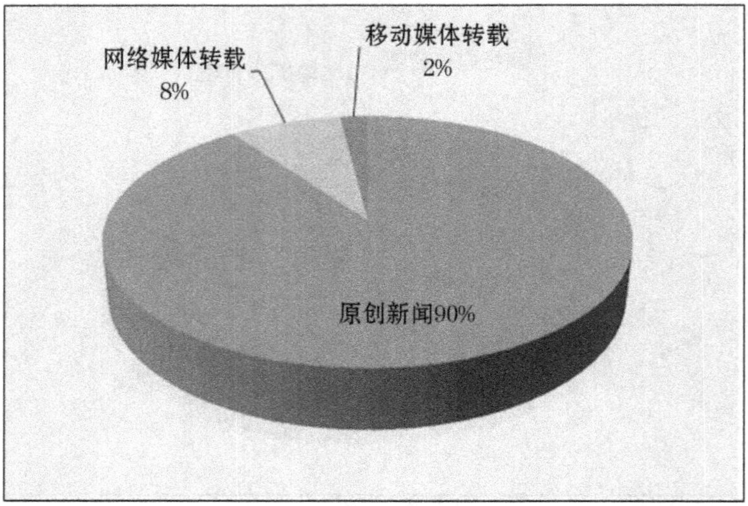

图 4－82　搜狐微信公众号奥运传播主体分布

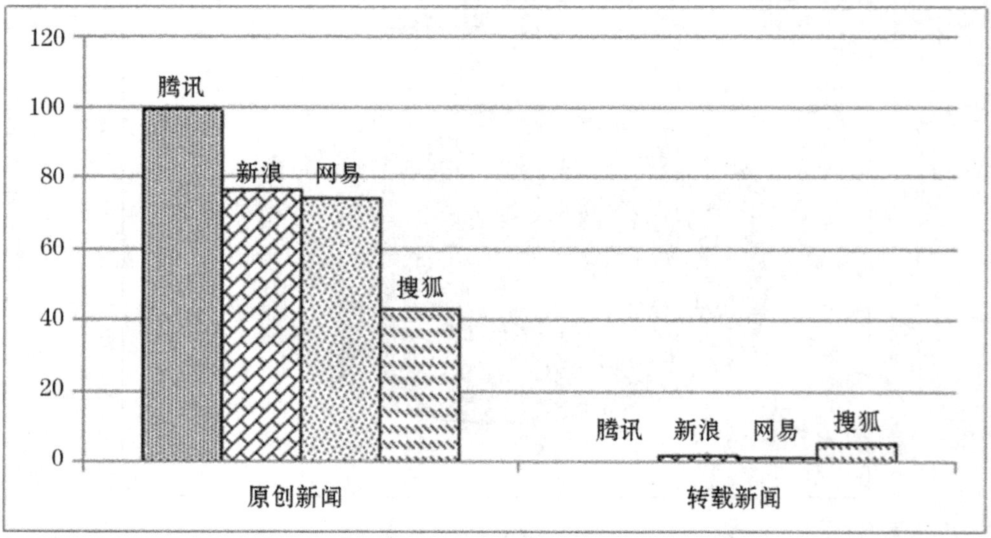

图 4－83　四大门户网站微信公众号奥运传播主体对比

如图 4－67 可以看出，四大门户网站微信公众号奥运传播主体情况腾讯报道量最多，且全部为原创内容，搜狐报道量最低，且转载新闻占比为 10% 左右。可见，与门户网站PC端和新闻客户端相比较，四网站微信公众号传播主体比较单一，多为原创内容，这在一定程度上避免了内容传播的同质化，奥运新闻的把关与舆论监控也相对容易（图4－83）。

二、内容呈现为碎片化微内容，朋友圈传播内容更丰富

与门户网站PC端的大制作、大篇幅、大视野的“巨内容”相比，微信公众号奥运新闻传播的内容则明显表现出感性化、碎片化、视觉化的倾向。尽管微内容短小、感性、碎片，但其产生的影响和社会效应却并不微弱。通过对四家网站微信公众号17天奥运新闻传播内容分析，整体上以数据新闻和花边新闻为主，其次为赛事新闻与人物新闻，这与PC端和新闻客户端以赛事传播内容为主存在明显差异。在传播数量上，腾讯传播内容总量最多，为99条，搜狐最少，为48条。各微信公众号传播内容也各不相同，腾讯以花边和数据新闻为主，新浪以花边新闻、数据新闻、赛事新闻和人物新闻为主，网易以数据新闻、花边新闻和人物新闻为主，搜狐以数据和赛事新闻为主（表4－32，图4－84）。

表4－32 四大门户网站微信公众号奥运传播内容

内容类别	腾讯	新浪	网易	搜狐	合计
赛事新闻	5	16	3	13	37
人物新闻	4	12	17	4	37
事件新闻	6	6	1	4	17
突发事件	0	0	0	1	1
奥运文化	4	4	1	1	10
花边新闻	24	23	22	8	77
其他新闻	39	0	0	0	39
数据新闻	17	17	31	17	82
总 计	99	78	75	48	300

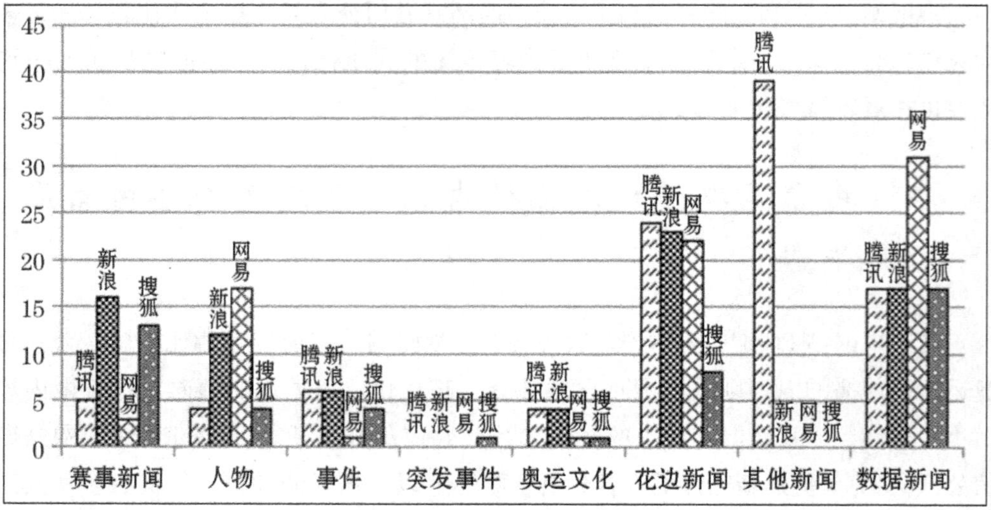

图 4－84　四大门户网站微信公众号奥运传播内容

由图 4－85 可以看出，各网站微信公众号发布的奥运新闻中主要以花边新闻和数据新闻为主，关于奥运项目新闻报道比较少，17 天总计也不到 10 条，其中新浪与搜狐相对多些，涉及项目新闻主要以中国为主。

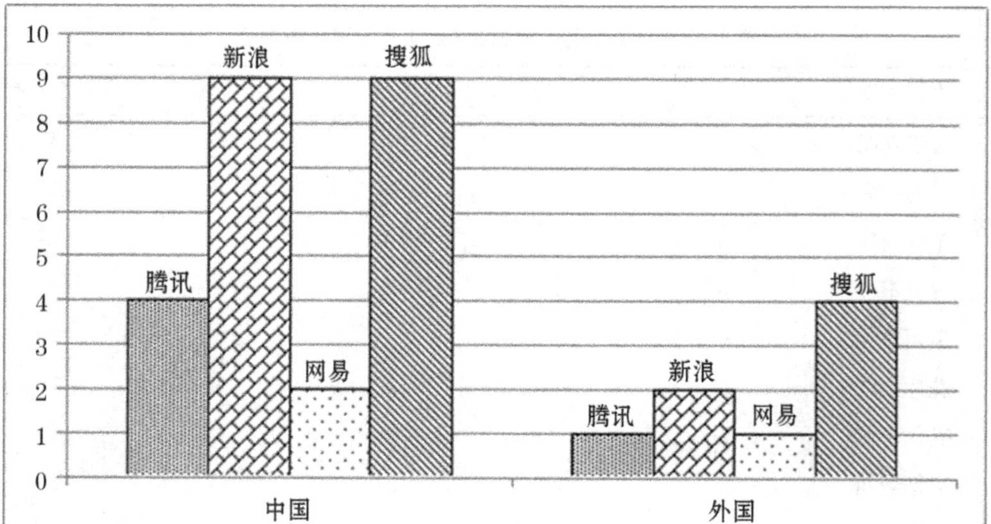

图 4－85　四大门户网站微信公众号中外项目新闻数

由图 4－86 可以看出，关于四网站微信公众号涉及的奥运新闻项目的报道中，新浪、腾讯和搜狐中国男子报道量多于外国男子，中国女子报道量多于外国女子数量，而且新浪、网易和搜狐对外国女子项目报道数均为“0”。网易中国男子、外国男子和中国女子项目数基本持平。

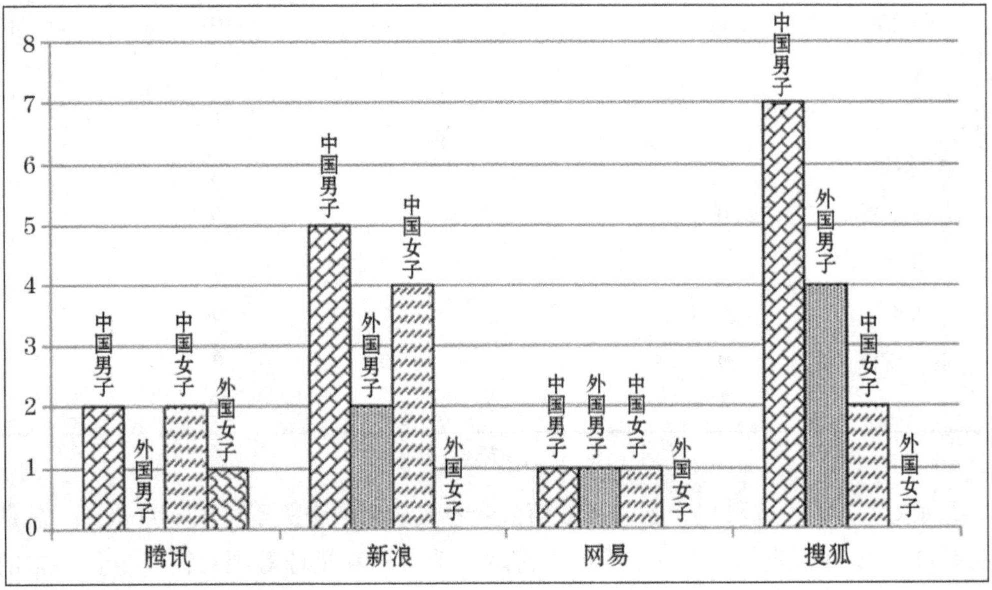

图 4－86 四大门户网站微信公众号中外项目新闻性别情况

由表 4－33 可以看出，各网站微信公众号关于各项目报道也是较少，整体上总计涉及 13 个项目，其中篮球、游泳、举重、排球、田径、乒乓球、射击和足球等项目有少量报道。

表 4－33 四大门户网站微信公众号项目新闻总量

项目	腾讯	新浪	网易	搜狐	合计
篮球	1	1	1	4	7
游泳	0	1	0	4	5
举重	2	0	0	2	4

续表

项目	腾讯	新浪	网易	搜狐	合计
排球	0	2	1	0	3
田径	0	1	0	1	2
乒乓球	0	2	0	0	2
射击	1	0	0	1	2
足球	0	1	0	1	2
体操	1	0	0	0	1
羽毛球	0	1	0	0	1
拳击	0	1	0	0	1
摔跤	0	0	1	0	1
花样游泳	0	1	0	0	1
总计	5	11	3	13	32

由表 4 – 34 可以看出，各网站微信公众号奥运新闻中关于中国项目报道，总计涉及 11 个项目，篮球、举重、游泳、排球、乒乓球和足球等项目都有少量篇幅的报道。

表 4 – 34　四大门户网站微信公众号中国项目新闻总量

项目	腾讯	新浪	网易	搜狐	合计
篮球	1	1	1	2	5
举重	2	0	0	2	4
游泳	0	0	0	3	3
排球	0	2	1	0	3
乒乓球	0	2	0	0	2
足球	0	1	0	1	2
射击	0	0	0	1	1

续表

项目	腾讯	新浪	网易	搜狐	合计
体操	1	0	0	0	1
羽毛球	0	1	0	0	1
拳击	0	1	0	0	1
花样游泳	0	1	0	0	1
总计	4	9	2	9	24

由表 4－35 可知，四大网站微信公众号对外国奥运项目关注更是少之又少，总计只有 8 条，其中搜狐最多，为 4 条。

表 4－35　四大门户网站微信公众号外国项目新闻总量

项目	腾讯	新浪	网易	搜狐	合计
篮球	0	0	0	2	2
游泳	0	1	0	1	2
田径	0	1	0	1	2
射击	1	0	0	0	1
摔跤	0	0	1	0	1
总计	1	2	1	4	8

由图 4－87 可以看出，四大门户网站微信公众号项目新闻排名前 10 名的折线图中，搜狐对篮球和游泳项目关注度最高，新浪对排球和乒乓球关注度最高，腾讯对举重项目关注度最高，网易对篮球和排球项目的关注度最高。

由表 4－36 可以看出，四大门户网站微信公众号对外国项目新闻报道总计为 8 条，搜狐最高为 4 条，新浪 2 条，腾讯和网易各为 1 条，可见对奥运项目新闻报道尤其是对外国项目新闻报道数量较少，还比较缺失。

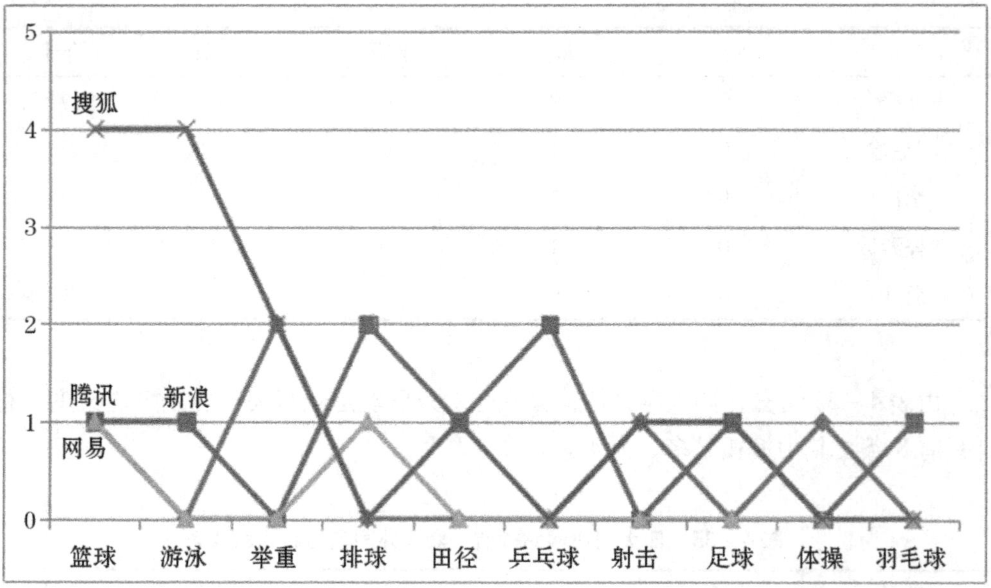

图 4－87 四大门户网站微信公众号项目新闻前 10 名分布情况

表 4－36 四大门户网站微信公众号外国项目新闻分布情况

国家及地区	腾讯	新浪	网易	搜狐	合计
美国	1	1	1	2	5
法国	—	1	—	—	1
阿根廷	—	—	—	1	1
牙买加	—	—	—	1	1
总计	1	2	1	4	8

在对微信传播内容进行研究中，还特意对微信朋友圈奥运传播内容及传播特点进行了关注，朋友圈是微信上建立的一个虚拟社区，用户可以通过朋友圈发表文字和图片，同时可通过其他软件将文章或者音乐、图片、短视频等分享到朋友圈，用户可以对好友新发的信息进行“评论”或“赞”，同时用户只能看相同好友的评论或赞，朋友圈既可以即时发布与自己相关的信息动态，也可以转发公众号文章，公众号与朋友圈在此处找到了一个理想的结合点，并丰富了微信上信息传

播的内容和渠道，公众号本身已拥有大量的受众，在受众将公众号上的文章转发到朋友圈时，朋友圈不再是一个单纯的“私人会客厅”，而是变成一个舆论的发酵地和形成场所。微信用户在“朋友圈”中分享情绪、体验和情感的方式，是更加“个人化”的信息传播方式。微信用户能够即时和通讯录中的人进行一对一交流，获得最直接、最原始的情感交流和传播体验，得到直接地反馈，也可以在“朋友圈”中表达内心情感和情绪体验，通过朋友的“关注”和“评论”获得情绪共鸣点，这种传播行为会在用户之间形成共同的情感体验，从而进行更加有效地情感互动，并因此将这种互动仪式持续下去。因此，本研究选取2016年8月21日中国女排夺冠这一全球瞩目的热点事件作为研究文本，从女排比赛前60分钟开始，到女排比赛结束后900分钟作为整体研究时间段，选取了10个人朋友圈中的964条女排夺冠信息进行内容分析，通过分析得出随着中国女排与塞尔维亚队比赛的临近，关于女排比赛信息越来越多得到大家关注，从比赛结束开始到赛后90分钟，关于女排夺冠信息再朋友圈迅速发酵，直到达到最高点，然后开始慢慢放缓，到赛后180分钟左右，关注度基本降低到普通关注值，然后从赛后180分钟到900分钟期间，发布新闻数量及关注度一直处于平缓的发展状态，直到慢慢关注度降低为“0”（图4－88）。

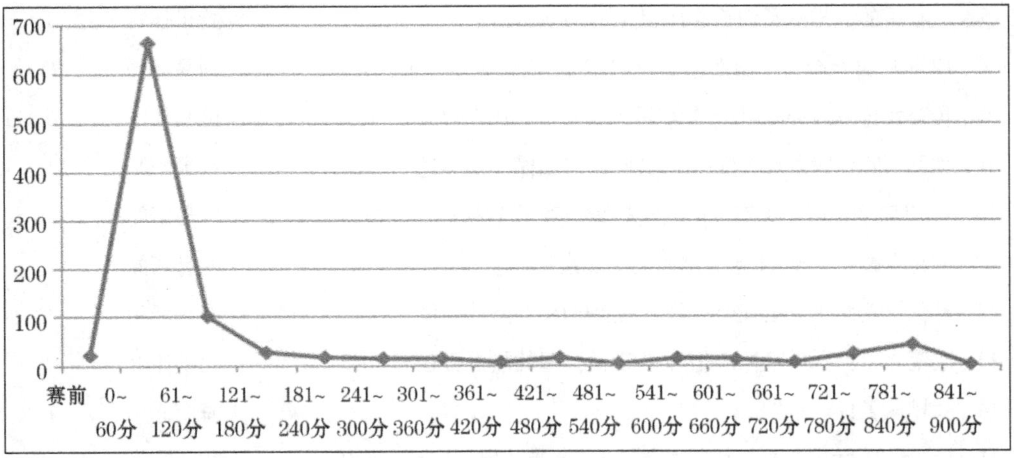

图4－88　微信朋友圈女排夺冠发布时间分布情况

微信朋友圈中传播内容不仅有用户自己发布的各类信息，还有一个主要内容来源为转载其他媒体的新闻，表 4 - 37 对微信朋友圈发布的链接新闻内容进行了统计分析可以看出，网易新闻客户端发布新闻“12 年后再夺金！中国女排 3 - 1 大逆转，奥运会三冠王”在朋友圈中获得最高的转载量，共转载 25 次。朋友圈里总计转载女排夺冠相关主题新闻为 90 条，可见微信朋友圈与微信公众号和新闻客户端新闻实现了无缝连接，朋友圈新闻的短时间发酵所具有的传播力远远强于微信公众号的传播效果，值得关注并深入探讨。

表 4 - 37　微信朋友圈女排夺冠 900 分钟内链接新闻情况统计

排序	链接新闻标题	来源	重复数（篇）
1	郎平：一颗被不朽热爱和艰难岁月打磨而成的钻石	有书	1
2	赢了！女排 12 年后再夺冠！她才是当之无愧的“国民女神”	芳泽无加	1
3	爽爆！重温 26 金诞生时刻 难忘胜利感觉女排完美收官	腾讯视频	1
4	化妆后的女排妹子们长这样 美到不敢认	腾讯新闻	1
5	为什么我们都爱郎平？她与女排出生入死 30 年	腾讯新闻	1
6	化妆后的女排妹子们长这样 美到不敢认	腾讯体育	1
7	12 年后再夺金！中国女排 3 - 1 大逆转 奥运会三冠王	网易新闻	25
8	传奇女排重迎巅峰时刻 我与习大大共享奥运喜悦	网易新闻	5
9	你哭了吗？跪着看完女排 泪奔吧！怎么捧你都不过	网易新闻	1
10	56 岁郎平真国士无双！队友当高官当将军 她抱病拯救中国女排	网易新闻	1
11	网易专题：女排 12 年后重回奥运之巅	网易新闻	1
12	拜仁祝贺女排奥运夺金：穆勒也爱排球 有空教教他	网易新闻	1
13	洪荒之力？女排精神才是真 终于懂父辈的热血青春	网易体育	2
14	女排赢了！冠军！	上海交通广播	1
15	16. 08. 21 女排夺冠：都在说郎平牛，8 年前她却还是“卖国贼”	沈阳 21 点	1
16	女排夺冠，源自把专业的事交给专业的人做	凤凰网	1

续表

排序	链接新闻标题	来源	重复数（篇）
17	女排赢了，靠的不仅是精神	凤凰网	1
18	中国女排3比1战胜塞尔维亚！12年后再夺奥运金牌！	凤凰新闻	1
19	朱婷在两任MVP眼皮下成就霸业 中国女排在传承	凤凰新闻	1
20	赢了！中国女排时隔12年再夺金	凤凰新闻	1
21	独家评论：郎平代表了80年代理想不死的精神	凤凰新闻	3
22	独家评论：郎平代表了80年代理想不死的精神	一点咨讯	1
23	【奥运评书 第十五回】中国女排圆梦完美	绝对现场	2
24	向苍天再借郎平30年	体育FRONT	1
25	女排精神：伟大的反义词不是失败，而是不去拼	心理说	1
26	蔡振华：非常敬佩郎平感谢她	新浪体育	1
27	女排夺冠时刻国旗又升错了	新浪体育	1
28	女排奥运夺金MVP朱婷背后的故事，其实就是一亿河南人奋斗的缩影！	河南商报	1
29	致敬郎平，致敬中国女排32年传奇！	央视新闻	1
30	有一种胜利，叫中国女排!!	央视新闻	1
31	赢了！都说“女排精神”，但郎平彪悍地说：单靠精神不能赢球	严肃八卦	9
32	赢了！中国女排时隔12年奥运再登顶	腾讯体育	1
33	牛！能让三代人激动流泪的就是女排了	北京知道	1
34	向中国女排致敬!	中国政府网	1
35	【为颜妮点赞 为女排泪奔】今天上午919都市广播走进颜妮家中	921都市广播	1
36	王者归来！中国女排第3次问鼎奥运冠军！	今日头条	1
37	姑娘，漂亮！	有马体育	1
38	赢啦！亿万人见证，里约奇迹叫中国女排！	中国青年报	4
39	冠军！有一种骄傲，叫中国女排！12年重返世界之巅	沈阳晚报	2

续表

排序	链接新闻标题	来源	重复数（篇）
40	论国民女神，我只服郎平！	视觉志	1
41	女排姑娘：明明可以做超模，却要偏偏拼实力！	视觉志	2
42	中国女排，世界第一	视觉志	1
43	【赢了】美爆了！女排姑娘挡不住！	中国舆论场	1
44	周末文艺副刊 郎平的逆袭，体育之快乐精神的回归	元浦说文	1
45	史记 郎平传	刘备我祖	1
46	发扬中国女排精神，弘扬中国武术文化！	沈阳国际传统武术锦标赛	2
47	为何我们都爱郎平？30 年，中国排球几乎所有荣誉都和她有关	澎湃新闻	1
48	中国女排战胜“村姑队”夺冠！超燃 MV 告诉你们她们多不容易！	动感 101	1
49	女排 3－1 塞尔维亚，12 年后再夺金	虎扑体育	2
50	时隔 12 年，中国女排重回巅峰，再度称王！为什么女排精神总能让我们热泪盈眶	今日悉尼	1
51	沈雷：谈女排精神的人，你们根本不懂郎平	大家	2
52	赢了！中国女排是冠军！里约奇迹叫中国女排！	辽宁日报	4
53	赢啦！中国女排王者归来!!!	人民日报	3
54	中国日报致敬女排：即便踉踉跄跄却始终目光坚毅	人民日报	1
55	今天，此刻，我想对中国女排说	人民日报	1
56	中国女排 3－1 胜 时隔 12 年夺奥运第三冠	搜狐体育	1
57	解读女排精神：民族图腾 实力和公平让情怀成真	搜狐体育	1
58	从铁榔头到“郎”图腾 伟大的教练成就女排传奇	搜狐体育	1
59	都在说郎平有多牛，8 年前你们可不是这副嘴脸	搜狐体育	
60	冠军！有一种骄傲，叫中国女排！12 年重返世界之巅！	新快报	1
61	中国女排 3∶1 夺冠 朱婷老家小院挤满父老乡亲	大河	1

续表

排序	链接新闻标题	来源	重复数（篇）
62	贺中国女排夺冠，全天流量大放送！	浦发信用卡微讯	1
63	以我似水柔情，克你如雷咆哮 从妈妈教练郎平身上看出中国女性体育创业家精神	体育 BANK	1
64	郎平是伟大的，但请记住她身边的这个女人！	辽沈晚报	5
65	没有什么是一个扣球解决不了的！朱婷到底有多强？	辽沈晚报	1
66	化妆后的女排妹子们长这样 美到不敢认	天天快报	1
67	中国女排 3:1 夺冠！有一种教练，叫郎平！有一种精神，叫中国女排！	网络新闻联播	1
68	赢了！有一种骄傲，叫中国女排！	网络新闻联播	1
69	姑娘们，干得漂亮！	今日 Me 悦	1
70	有一种坚持叫郎平，有一种坚持叫中国女排！	新华社	3
71	刘鹏；充分发挥奥林匹克精神，弘扬中华体育精神	新华社	1
72	谢谢你们！中国女排！这个夏天，你们是最棒的女神天团	环球人物杂志	1
73	赢了！有一种骄傲，叫中国女排！	共青团中央	1
74	女排夺冠，郎平淡定逆袭，背后故事让 13 亿人震撼	财经内参	1
75	赢了！女排精神，从未走远！	英才杂志	1
76	中国女排赢了！这场胜利，值得我们用 12 年去等待！	Linkedln	2
77	【奥运】12 年后王者归来 中国女排 3－1 战胜塞尔维亚	爱音斯坦 FM 客户端	1
78	赢了！中国女排是冠军！你们就是天下最美的姑娘！最美!!!	中国新闻网	2
79	【万岁中国女排】啥也不说了。最后两球视频，转发拿走，我是雷锋	微博视频	1
80	致敬墨西哥大学 UNM 校友郎平：坚强的“铁榔头”	GoLobos	3
81	必转！女排夺冠！有一种精神，叫中国女排！	人民网	1
82	郎平：不曾被这世界温柔以待 却依然善待这个世界	懂球妹	1

续表

排序	链接新闻标题	来源	重复数（篇）
83	女排夺冠啦啦啦！这群令人热血沸腾的姑娘，比王宝强更值得你刷屏	深八影视圈	2
84	女排精神，你不知道的“铁榔头”	广汽丰田官微	1
85	沈阳人，请在这里为中国女排点赞，为中国加油！	直播生活	2
86	曹林 女排拼搏让中国军团有了精神领袖，金牌落后英国已变得无所谓	吐槽青年：曹林的时政观察	2
87	女排夺冠了 但是你知道她们的收入有多低吗	中国房地产报	2
88	赢了！中国女排，王者归来，击败塞尔维亚队	江苏音乐台	1
89	传奇郎平：我出走美国 8 年隐情	经典老照片	1
90	传奇郎平：我出走美国 8 年隐情	世纪历史	1

如图 4－89，对微信朋友圈中 964 条关于女排夺冠信息进行统计得出，赛事评论、人物新闻和情感宣泄新闻数量分别位列前 3 位，其次为女排精神。微信朋友圈中多以点赞、各种表情符号和评论的方式，增加朋友圈中用户之间互动与沟通，表达对一事件的态度与看法，同时表达祝福、加油及广告推广信息也占据一定界面（图 4－90～图 4－93）。

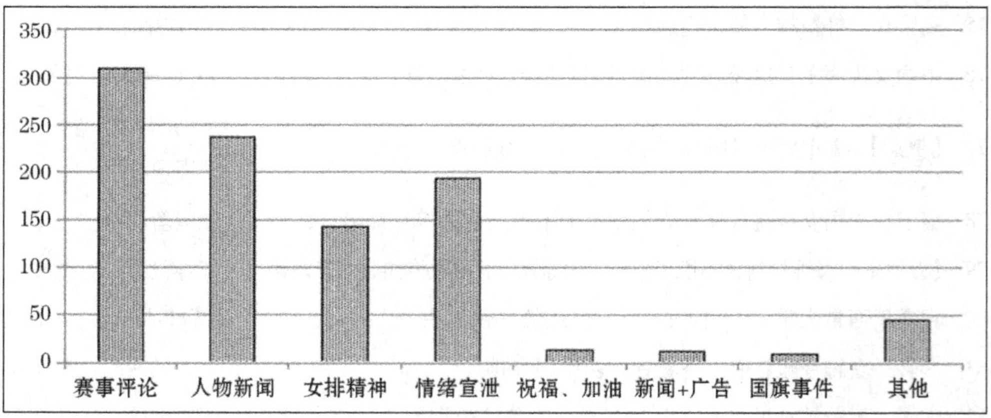

图 4－89　微信朋友圈女排夺冠发布内容分布

图 4－90　微信朋友圈女排夺冠信息截图

图 4－91　微信朋友圈女排夺冠信息截图

综上，微信里约奥运会整体传播内容，与 PC 端和新闻客户端相比，数量较少，因此无论报道内容和对各项目关注度也都较低，内容单一，但微信朋友圈作为用户信息传播的隐私空间，其内容却较为丰富，碎片化、情感化、个人化的微内容传播却带来了更多关注度，也吸引更多用户参与其中，乐享其中，女排夺冠的爆炸式、发酵式传播就是一个典型案例，值得探究。

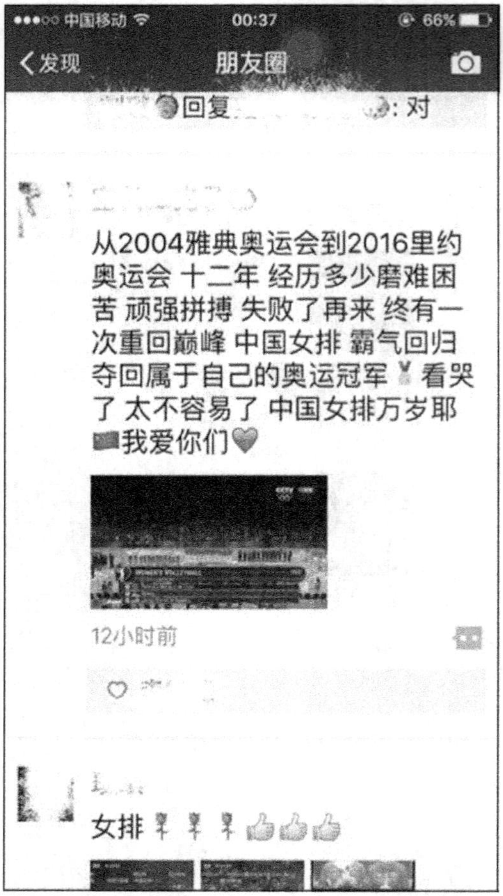

图 4－92　微信朋友圈女排夺冠信息截图

图 4－93　微信朋友圈女排夺冠信息截图

三、传播形式以传统文图为主，界面设计较为雷同

传播形式主要包括界面设计与视觉符号两个二级指标。从界面设计看，四个微信公众号的设计基本雷同，只有网易没有底栏，也就说明网易体育微信号除了每天推送新闻外，没有其他传播内容。另外三个微信号的界面设计包括顶栏、中间滚动新闻区和底栏三部分。顶栏和滚动新闻区几家网站微信公众号界面区别不大，在底栏设置上，三家网站略有区别，腾讯体育微信号底栏主要包括往期回顾、

全景里约和星光奥运三个部分；搜狐体育微信号底栏包括视频直播、有奖活动和图片花边三个部分；新浪体育微信号底栏设置了奥运、要闻和福利三个部分，但点开底栏各栏目进入第二界面，就会发现，搜狐底栏的视频直播、有奖活动和图片花边均跟本届里约奥运会无关，还都是2014年巴西世界杯和2015年足球亚洲杯相关内容，许久未做更新，因此，搜狐和网易在本届奥运会微信号传播中，除每天推送几条新闻外，并没有其他相关内容报道。而腾讯和新浪除推送新闻外，在底栏还设置了较为丰富的奥运传播内容，并各有特色（图4－94～图4－97）。

图4－94　腾讯体育微信公众号奥运首页

图4－95　搜狐体育微信公众号奥运首页

图 4－96　新浪体育微信公众号奥运首页

图 4－97　网易体育微信公众号奥运首页

从视觉符号看，各门户网站微信公众号奥运新闻传播主要还是使用传统的“文字＋图片”形式，腾讯视觉符号运用最多，有文字、图片、视频和网页链接等形式，但与新闻客户端界面设计和符号运用相比，还有很大差距（图 4－98）。

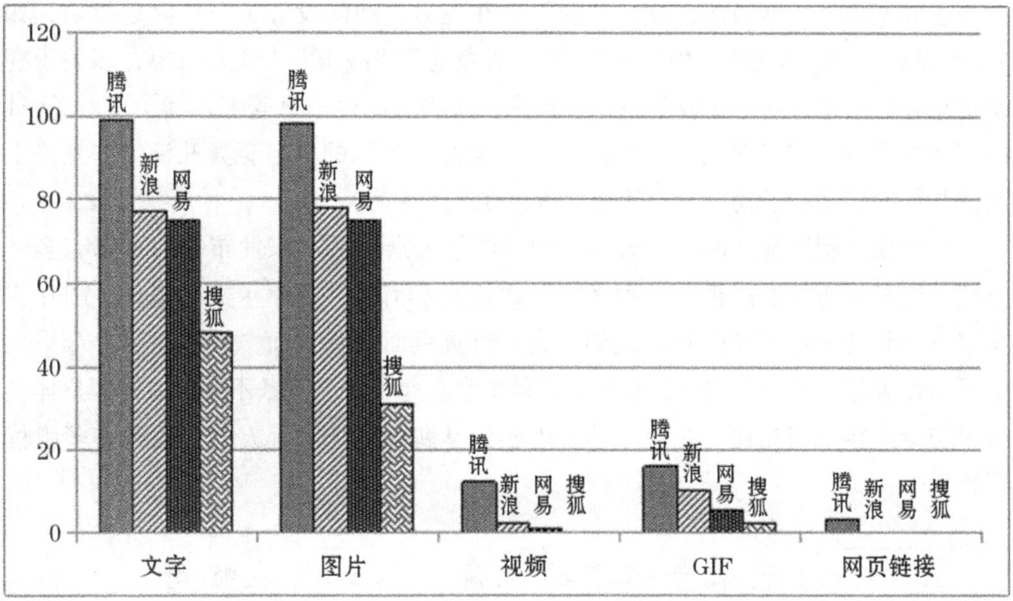

图 4-98 四大门户网站微信公众号传播形式

四、用户体验内容单一，分享互动缺失

四大门户网站微信公众平台对于里约奥运会的报道在分享互动体验方面，搜狐体育微信公众平台在内容分享上内容相对单一，主要内容侧重在赛事的内容报道和评论方面，里约奥运期间，除了一小部分的粉丝活动消息外，其他全部内容都在围绕赛事进行数据分析与报道，少有粉丝和好友之间的互动；腾讯体育微信公众平台在每天的信息结构设置上比较丰富，每天的版面都分出不同的板块，如“专业看奥运”“去打破”“G 点播报”等，这些板块平均每天一条，将每一天的赛事分板块解读，清晰明了，活动的设置与粉丝互动效果也很好，腾讯设置了很多与用户互动的资讯，如招聘信息、奥运社区、掌上奥运手机游戏“豪礼”等你拿、猜金牌赚积分、广告推广等，吸引更多用户参与关注，为腾讯体育微信号吸引了不少人气。新浪体育是比较独立、同时也比较受欢迎的。在里约奥运期间设置了如“预告”“视觉”“爆人物”等每天固定信息内容板块，但关于与用户互动

内容也并不多见。网易体育微信公众平台在奥运会期间设置了一些固定板块，如“今夜菜单”“冠军之家”“昨夜回顾”“人物志”“战报”“观点”等，多关于赛事信息方面报道，内容比较单一，如赛程、人物、花边消息等等，其中8月16日的“大奖来袭”是关于一款手机游戏“泳池大乱斗”的参与赢大礼活动，是关于媒体与粉丝互动的活动，没有其他竞猜、推广类活动。

在个性定制体验方面，四家门户网站微信公众号每一家发布的信息都有多种方式，消息发布的形式也是多种多样，如纯文字消息、图片+文字消息、图片+文字+视频的消息以及多种形式的消息。首页页面设置方面，目前微信公众平台的页面设置相对单一，主推信息加上其他消息，每天4到7条不等。整体用户体验效果与新闻客户端相比，在互动性、内容分享和个性定制等方面，还有许多亟待完善地方。

五、传播效果整体不尽人意，腾讯新浪略好

四大门户网站从微信公众号17天全部新闻的阅读总量看，新浪阅读量最高，为546，992，腾讯第二，为239，616，搜狐为27，644，网易为10，177。从平均每条的阅读量来看，同样新浪体育微信号以7013条排名第一（表4－38）。从点赞量来看，排名情况与阅读量一致，依然是新浪第一，腾讯第二，搜狐和网易点赞量均比较少，没超过1000条（表4－39）。

表4－38　四大门户网站奥运期间微信公众号阅读量

门户	腾讯	新浪	网易	搜狐	合计
阅读总量	239616	546992	10177	27644	824429
条平均阅读量	2420	7013	136	576	10145

表 4-39　四大门户网站奥运期间微信公众号点赞量

门户	腾讯	新浪	网易	搜狐	合计
点赞总量	1035	2204	98	174	3511
条平均点赞量	10	28	1	4	44

再如图 4-99，从四大门户网站微信公众号传播内容总条数看，腾讯排名第一，新浪和网易次之，搜狐最少。而下图 4-100～图 4-103 各微信号阅读量、点赞量、平均每条新闻阅读量和点赞量的对比，再一次证明了新浪、腾讯传播效果要好于网易和搜狐。

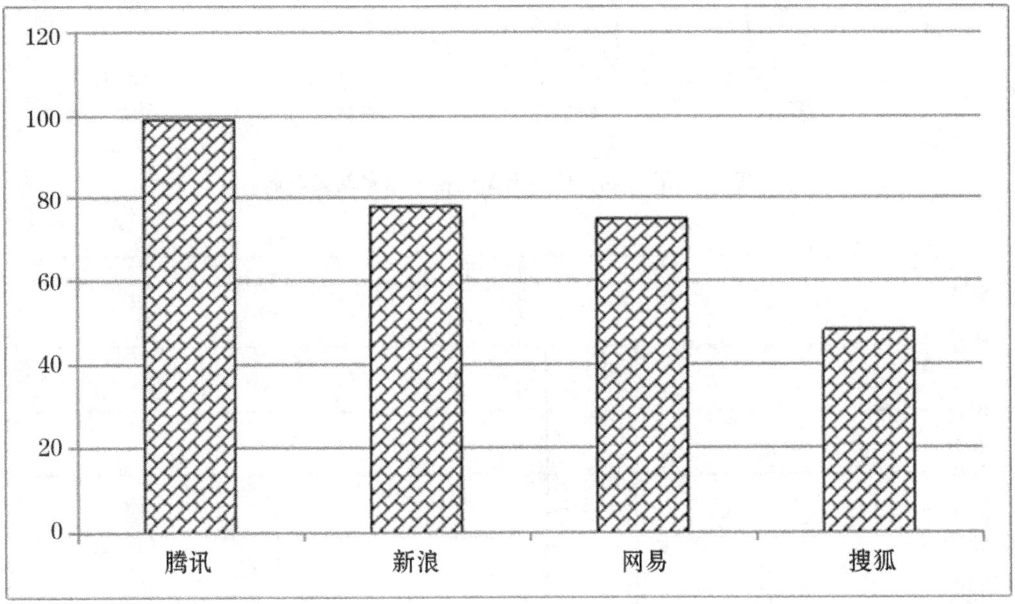

图 4-99　四大门户网站微信公众号传播内容总条数

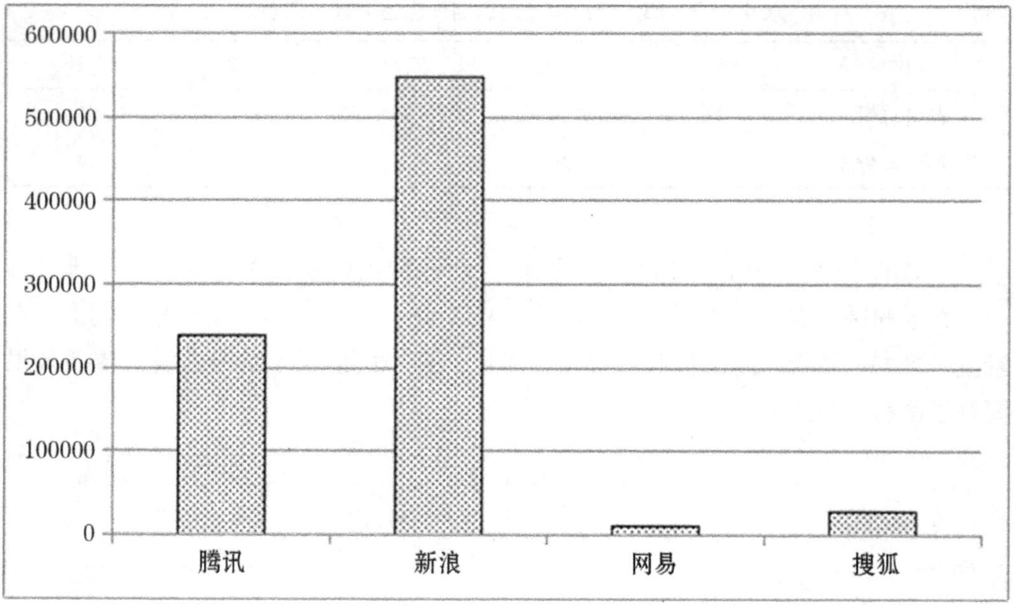

图 4－100　四大门户网站微信公众号阅读总量

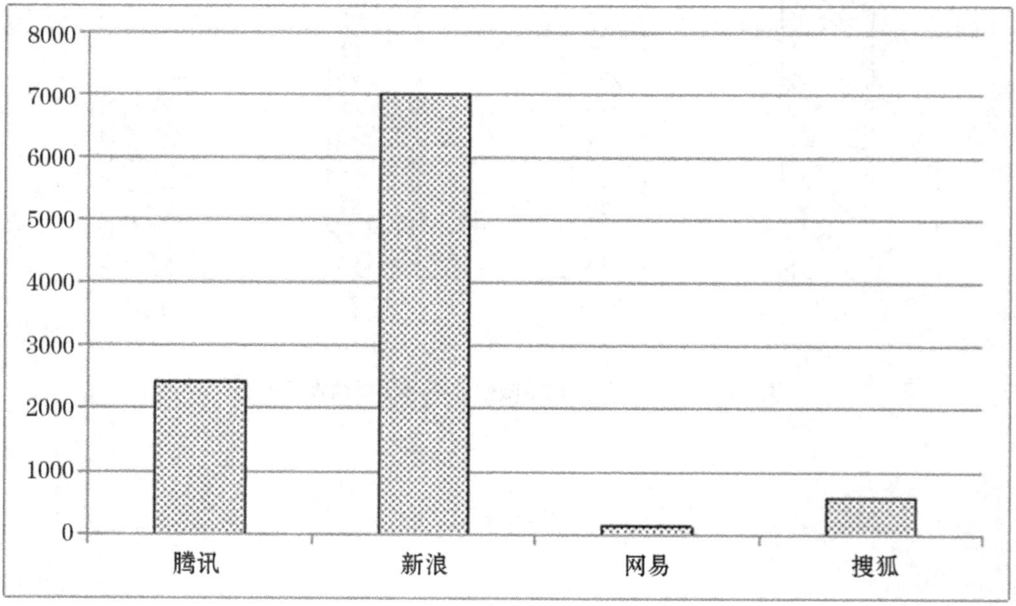

图 4－101　四大门户网站微信公众号条平均阅读量

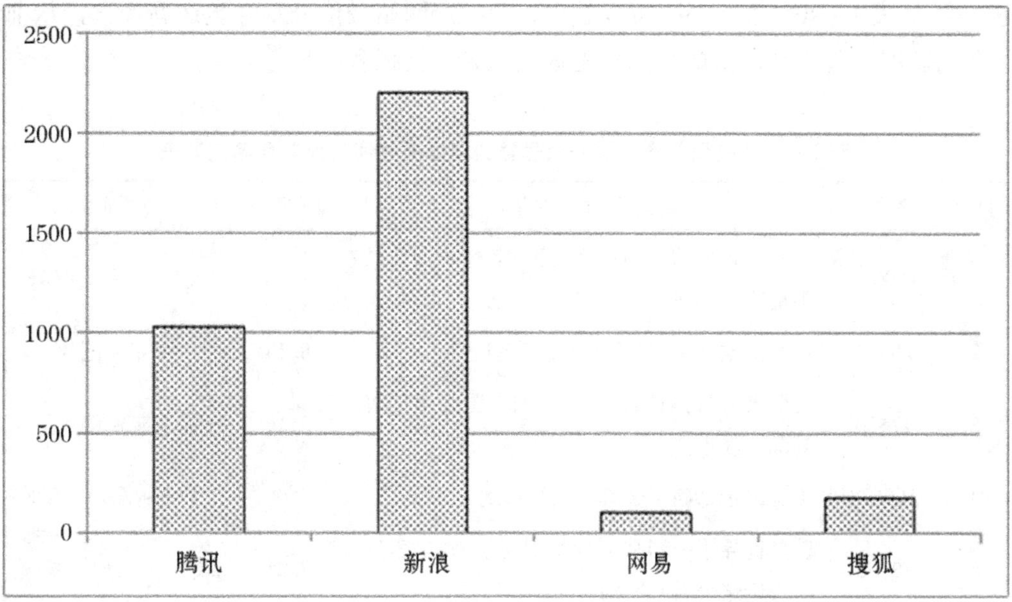

图4－102　四大门户网站微信公众号点赞总量

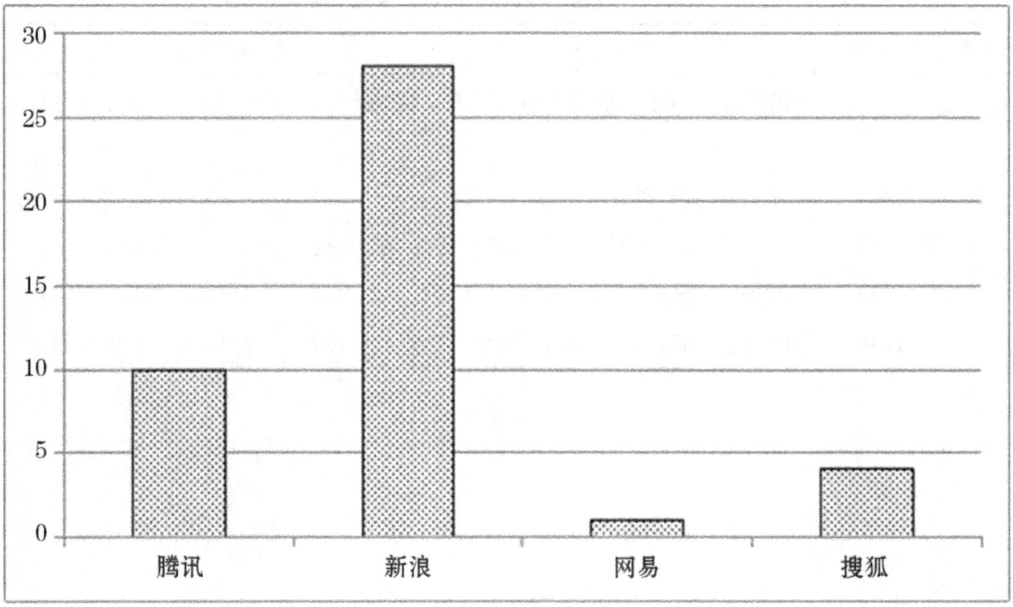

图4－103　四大门户网站微信公众号条平均点赞量

再从表 4－40～表 4－43 可以看出，四门户网站微信公众号奥运新闻评论量前 5 名的新闻，腾讯和新浪的数据也是远远领先于搜狐和网易。

表 4－40　腾讯体育微信公众号里约奥运新闻评论量前 5 名统计表

排名	评论量	新闻标题（主题）	发布时间	传播形式
1	100000	这不是最差的一届奥运 但一定是中国队被黑最惨的一届	8.10	文字＋图片＋GIF
2	28542	一个王宝强 掀翻了整个里约奥运会	8.14	文字＋图片
3	17420	美国接力队独自重赛挤掉中国 国际田联欠刘翔一次重跑	8.19	文字＋图片
4	166678	奥运纪录都破了金牌竟然没拿到	8.8	文字＋图片＋GIF
5	12038	曾是世界第一却从未参加奥运会 她来里约只为给这个冠军煲汤	8.21	文字＋图片＋视频

表 4－41　新浪体育微信公众号里约奥运新闻评论量前 5 名统计表

排名	评论量	新闻标题（主题）	发布时间	传播形式
1	34257	孙杨摘银后痛哭 金牌得主鼻孔朝天：他就是个吃药的	8.7	文字＋图片＋视频
2	26664	预告 8.14 重点赛事一览	8.13	文字＋图片
3	19517	这一次 不会再有嘲讽 让我们真诚地喊一次 易帝	8.17	文字＋图片
4	19133	第 37 次的交锋，英雄间的对决	8.19	文字＋图片
5	18816	论奥运会上那些尴尬的提问 比冬日娜差了几条街	8.14	文字＋图片

表 4－42 网易体育微信公众号里约奥运新闻评论量前 5 名统计表

排名	评论量	新闻标题（主题）	发布时间	传播形式
1	473	冠军之家：秦凯隔空“逼婚”何姿周继红先他落下两行泪	8.13	文字＋图片
2	434	冠军之家：叶诗文自曝已被允许恋爱 宁泽涛太帅 hold 不住	8.12	文字＋图片
3	323	人物 她比王宝强伤心！奥运失恋又失金	8.20	文字＋图片
4	297	“洪荒少女”傅园慧来啦！8 月 16 日晚 19 点 30，快来搜集表情包吧！	8.16	文字＋图片＋GIF
5	296	情怀 国足还是那个国足，女排还是那个女排	8.17	文字＋图片

表 4－43 搜狐体育微信公众号里约奥运新闻评论量前 5 名统计表

排名	评论量	新闻标题（主题）	发布时间	传播形式
1	11201	火爆罗斯空降上海 邀你见证#火拼#进化	8.12	文字＋图片
2	976	搜狐奥运新闻：中国百米创历史 举重被指管理混乱	8.14	文字＋图片
3	882	中国里约首金！张梦雪获女子 10 米气手枪冠军	8.7	文字＋图片
4	812	傅园慧：没想当网红 喜欢我的会不会太重口味	8.9	文字＋图片
5	805	奥运萱言：孙杨赢霍顿不叫事 裁判打分难免失误	8.9	文字＋图片

第四节 新浪微博里约奥运会传播境况

微博全称是“微博客”，是一个基于用户关系的信息分享、传播以及获取平台，用户可以通过各种客户端以 140 字左右的文字更新信息，并实现即时分享。微博发展主要经历三个阶段：一是微博的日记属性；二是微博的通信属性；三是微博的媒体属性。当前微博已经实现了个人私密性与社会公共性、传播即时性与信息全面性的有机融合，可跨越传媒和通信两大领域的新型移动网络应用。2010 年南非世界杯微博首次登场，开启了大型体育赛事传播的新方式。2014 年巴西世界杯和 2015 年足球亚洲杯期间，新浪与腾讯网继续通过微博平台传播精彩赛事，并将传播亮点向视频、微信、新闻客户端等移动端迁移。但与微信、新闻客户端相比，微博在大型体育赛事传播中呈现出迥然相异的新特征。据 2015 年底最新数据显示，微博每个月有超过 2 亿的活跃用户，微博已经成为中国体育网友关注各大体育赛事最主要的互动平台，也是大众运动爱好者最主要的参与平台。目前微博已经有超过 5000 万体育运动兴趣人群，他们通过微博获取赛事信息、参与赛事讨论、交流运动心得。超过 31 万体育行业专业用户通过微博报道赛事、分享专业观点。73.6% 的中国国家队现役运动员，以及超过 1000 位国外知名运动员开通了微博，通过微博与粉丝交流互动。在全球范围内，社交媒体已经成为大众关注、参与体育赛事的重要平台。微博积极地与全球顶级赛事达成在中国市场上的互动合作，目前已成为 NBA、NFL、欧洲五大联赛、网球大满贯、中超等全球 30 余项赛事的“中文社交媒体合作伙伴”，赛事微博账号已成为中国体育网友关注赛事的第一信息源。

微博自 2010 年在大型体育赛事传播中勃兴发展，四大门户网站也都将微博作为大型体育赛事传播兵家必争之地，尤其是新浪与腾讯微博，竞争异常激烈。但自微信和新闻客户端开始应用与发展，2014 年微博市场格局初露端倪，四大门户网站除新浪以外的网易、腾讯和搜狐，纷纷降低了对微博的成本投入，业务经营开始出现收缩和转型，与此同时，微博用户群体相继流向新浪微博，微博市场迈入成熟期。目前，腾讯、搜狐和网易分别放弃了微博领域与新浪的竞争，开始在其他移动终端谋求发展一席之地，目前只有新浪微博已经上市，并逐渐发展壮大，一枝独秀。新浪微博作为全球最大的中文社交平台，其体育微博粉丝 800 万。近日，新浪微博数据中心发布了 2015 年度体育白皮书，数据显示 2015 年体育类相关话题阅读量为 1380 亿，体育类相关话题讨论量为 4157 万，用户参与相关类体育话题讨论量为 1623 万（图 4－104）

由图 4－105 可以看出新浪微博体育类相关博文总量达到 81263 万，体育类认证账号博文量达到 1700 万。体育类账号博文阅读量为 833 亿，其中 21,961 万人点赞，9253 人参与转发，4911 万人参与评论，3283 万人参与收藏。

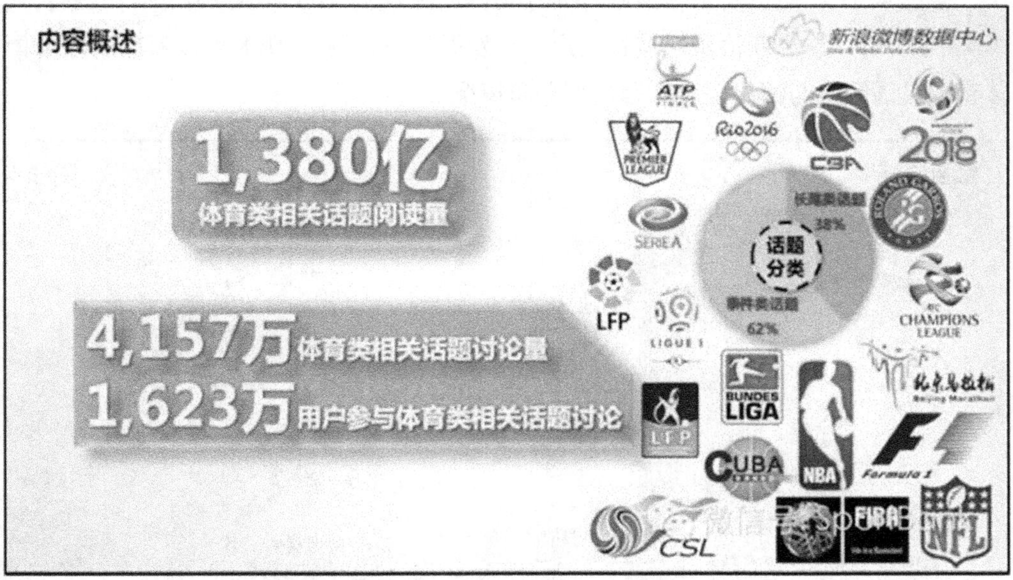

图 4－104　新浪微博体育类相关话题数据统计

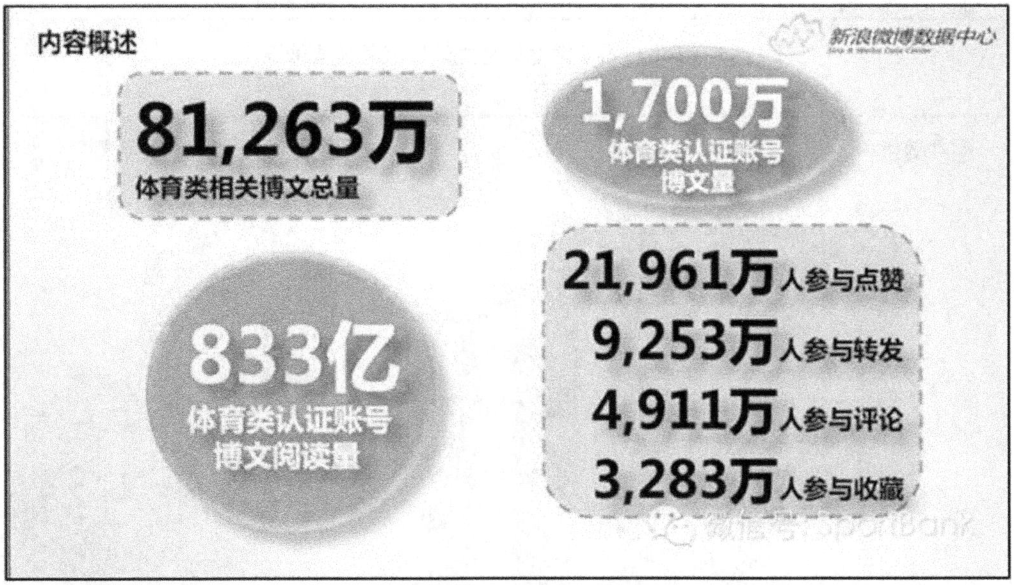

图 4－105　新浪微博体育类认证账号博文量数据统计

由图 4－106 可以看出新浪微博体育类认证账号从 2011 年到 2015 年发展趋势，图 4－107 可以看出新浪微博体育用户 5 年发展趋势，图 4－108 可以看出新浪微博体育相关话题参与情况以及话题类型分布情况。

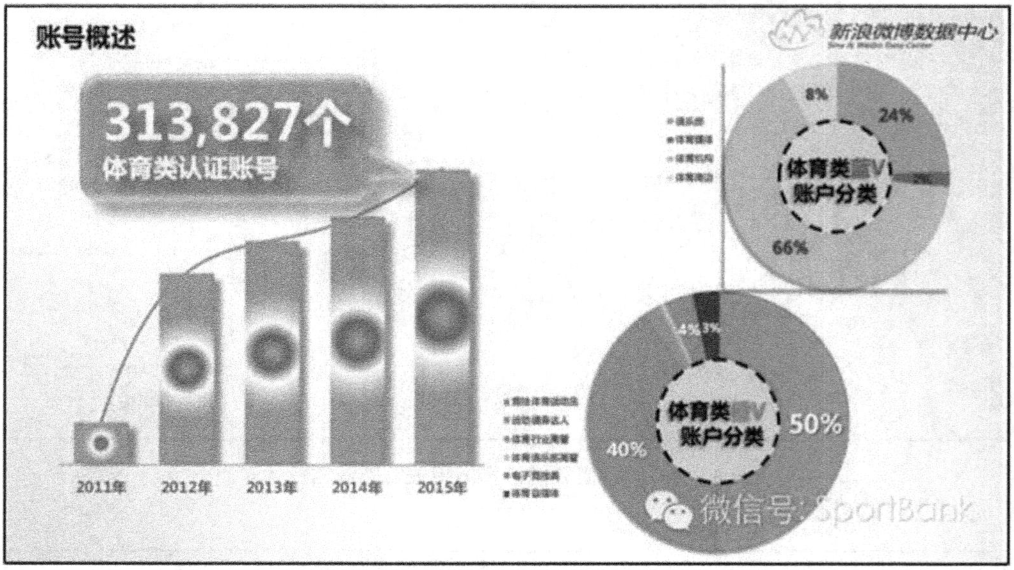

图 4－106　新浪微博体育类认证账号发展情况

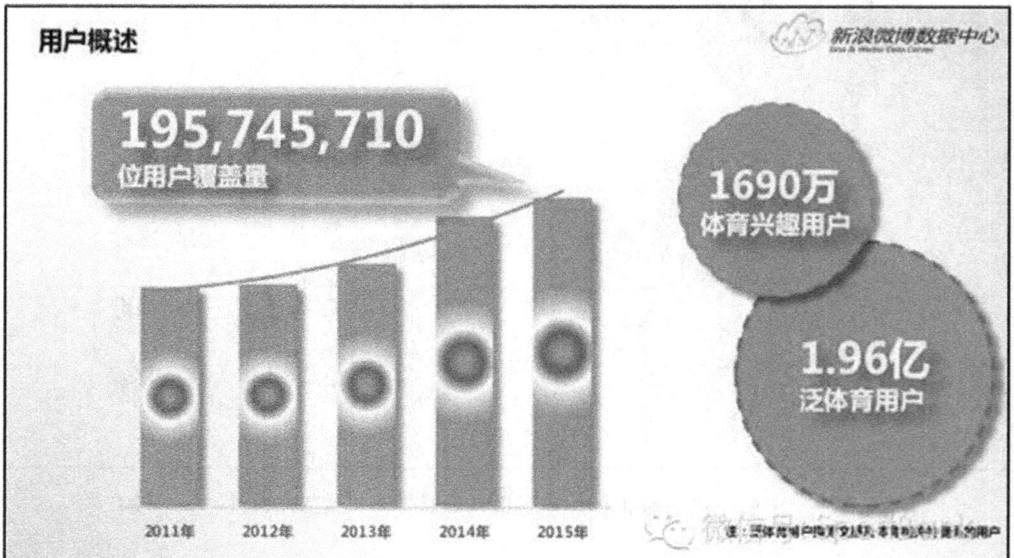

图 4－107　新浪微博体育用户发展情况

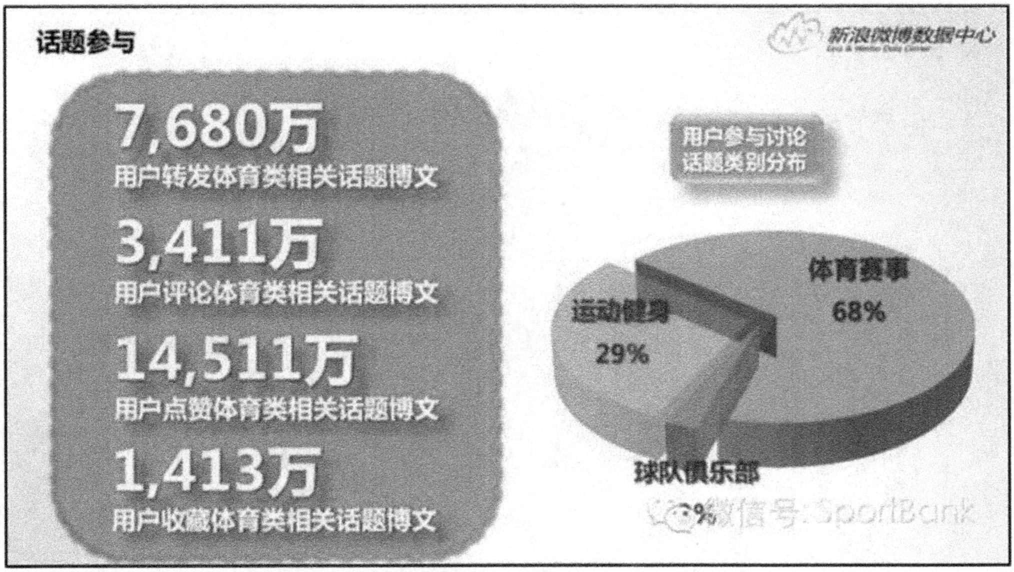

图 4－108　新浪微博体育相关话题讨论情况

图 4－109 对新浪微博体育明星账号情况进行统计，图 4－110 是新浪微博体育明星博文粉丝参与度情况，从点赞数、被转发数、被评论数和被收藏数可以看出新浪微博体育明星的高人气和上亿人次的关注。

图 4－109　新浪微博体育明星账号数据统计

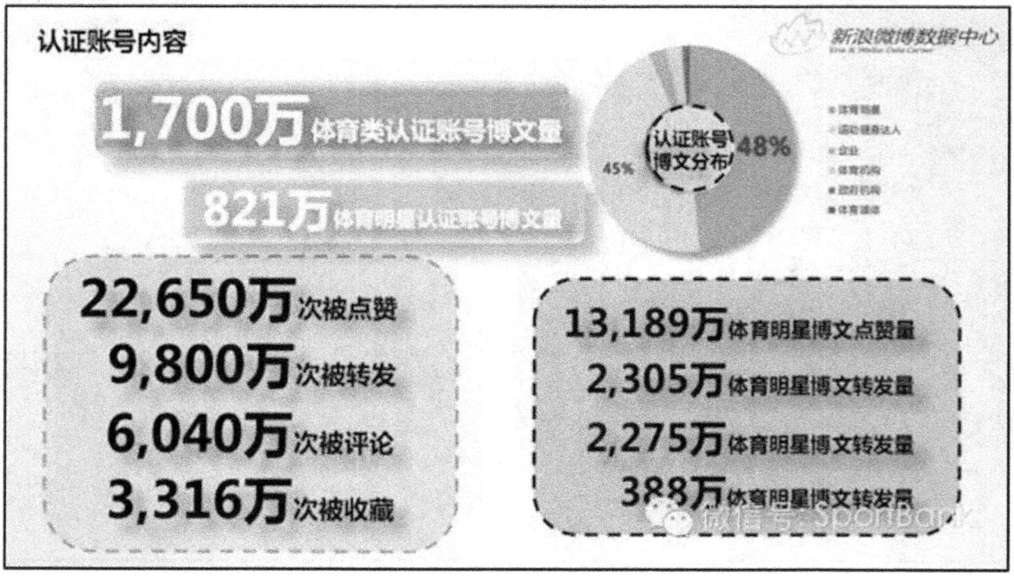

图 4 －110　新浪微博体育明星博文点赞/转发/评论/收藏情况

通过以上数据表明，新浪微博体育新闻传播所具有的强大的关注度和影响力，其传播所具有的能量是十分巨大的，因此在研究四大门户网站里约奥运新闻传播现况与发展趋势过程中，新浪微博作为其中一个主要传播平台渠道，是不可或缺的，因此本研究将新浪微博也作为主要内容分析对象，进行深入分析与探讨。

一、传播主体以运动员微博和媒体微博占优

微博主要传播对象多是不确定的陌生的多数人，通过完全开放平台，实现一对一、一对多、多对一和多对多的互动传播。微博传播呈放射状，以用户为原点向四周发散，通过人与人之间相互信任与被信任关系一层层推进，最后形成基于信任关系的裂变式传播模式，也叫病毒式传播模式（One To N To N）。微博传播以网站为中心，再由许多大 V 形成意见领袖即博主，再以金字塔模式向不确定多数粉丝进行扩散。如在里约奥运期间，微博联手央视推进台网联动合作模式，在奥运赛事传播上首次实现直播社交化。大型体育赛事无与伦比的影响力，吸引大量微友粉丝关注与讨论，并通过意见领袖向粉丝扩散，持续发酵，其传播力无远弗

届。微博传播主体与PC端、新闻客户端和微信并不相同，不是通过原创新闻和转载新闻来划分，而是将微博传播主体分为新浪体育微博、运动员微博、官方微博、媒体微博、专家微博和粉丝俱乐部微博6种类型，通过选取里约奥运会8月6日、8月9日、8月12日、8月15日、8月18日和8月21日共6天新浪微博全部精选微博得出，6天媒体微博为512条，数量最多；其次为运动员微博共428条；专家微博276条；官方微博155条；粉丝俱乐部微博64条，新浪体育微博1条。

表4-44　新浪体育奥运精选微博传播主体分布情况（6天）

内容类别	8月6日	8月9日	8月12日	8月15日	8月18日	8月21日	合计
新浪体育微博	0	0	0	0	0	1	1
运动员微博	89	61	50	80	73	75	428
官方微博	29	23	25	27	22	29	155
媒体微博	73	90	84	98	102	65	512
专家微博	26	53	44	47	60	46	276
粉丝俱乐部微博	26	7	2	10	11	8	64
总计	243	234	205	262	268	224	1436

从图4-111更清晰看出，新浪体育奥运精选微博传播主体以运动员微博和媒体微博为主，其次为专家微博、官方微博、粉丝俱乐部微博和新浪体育微博。

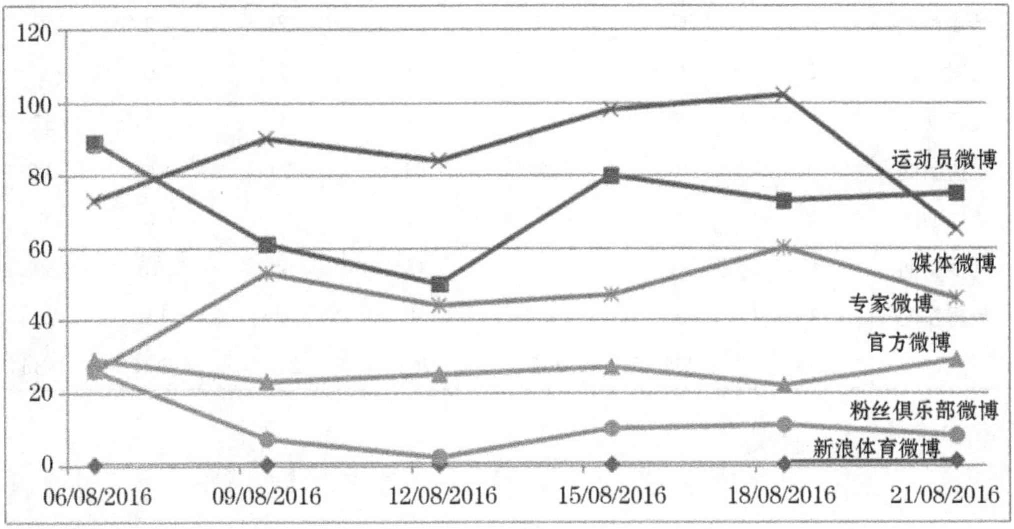

图4-111　新浪体育奥运精选微博传播主体比较图（6天）

二、内容呈现以公共话题为主，简短随意深度不足

新浪微博传播是限制在140字以内的微传播。内容多以大众关注的公共性话题为主，微博话题的讨论与传播已经成为微博吸引用户、增加关注度、提升用户黏度的主要方式之一。微博具有较高开放性，用户之间关系是公开和透明的，用户粉丝多少、互相关注关系等都是公开的，所有人都能看见。传播内容比较丰富多样，但微博内容传播呈碎片化，比较繁杂，语句简短随意，深度不足。如表4－45，通过对选取新浪体育奥运精选微博6天的传播内容进行统计分析得出，赛事内容为550条，位居第一；人物新闻为489条，名列第二；花边新闻为107条，排名第三；其次为事件新闻、赛事前瞻、奥运文化和数据新闻等。（表4－45，图4－112）。

表4－45　新浪体育奥运精选微博传播内容分布情况（6天）

内容类别	8月6日	8月9日	8月12日	8月15日	8月18日	8月21日	合计
赛事新闻	39	100	80	116	103	112	550
人物新闻	80	87	66	58	117	81	489
事件新闻	94	3	0	0	0	2	99
赛事前瞻	12	12	14	10	8	2	58
突发事件	2	0	1	0	1	0	4
奥运文化	7	5	6	11	1	2	32
花边新闻	6	10	22	44	19	6	107
历届回顾	2	1	1	4	1	0	9
其他新闻	0	11	8	15	9	16	59
数据新闻	1	5	7	4	9	3	29
总计	243	234	205	262	268	224	1436

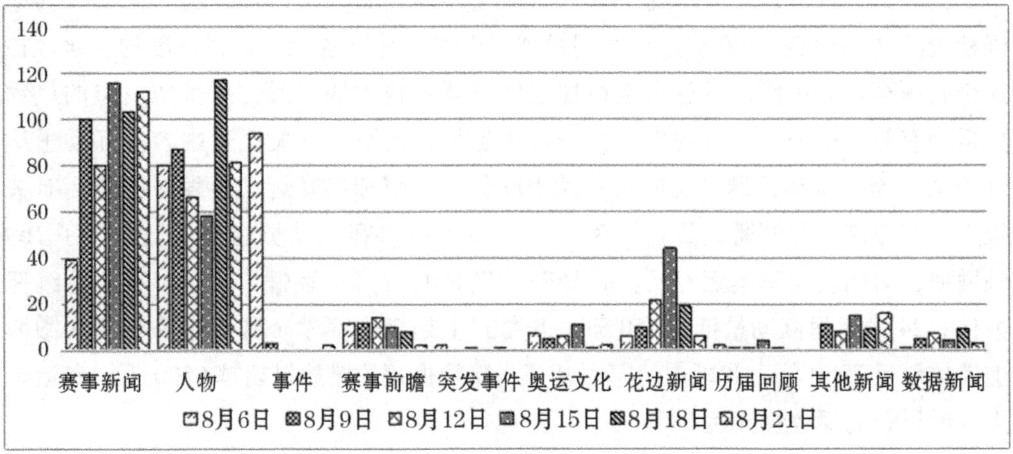

图 4－112　新浪体育奥运精选微博传播内容情况统计（6 天）

从图 4－113 可以看出，新浪体育奥运精选微博每天传播内容总条数 6 天中还是有一些起伏变化，其中 8 月 18 日报道数量达到最高峰值，8 月 12 日报道数量最低，但基本都是每天平均在 250 条左右。

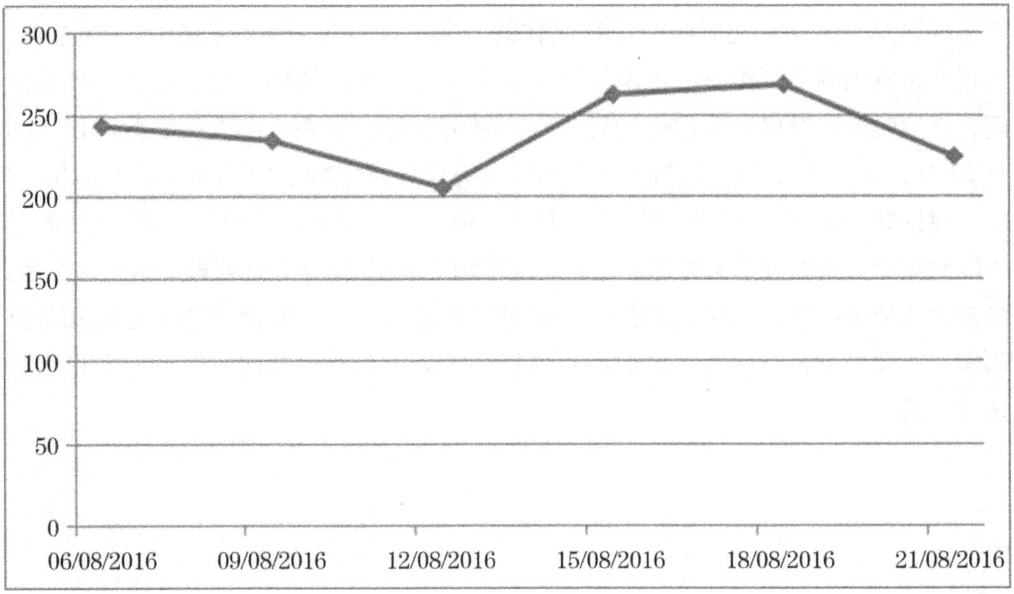

图 4－113　新浪体育奥运精选微博每天传播内容总条数（6 天）

此外，里约奥运会可以说是第一届社交媒体全面参与的奥运会。微博作为中国社会的“晴雨表”，在奥运期间同样体现出国民对奥运、对金牌态度的变化。在这个娱乐至死的年代，奥运会正在加速回归体育精神的本质，据微博发布的里约奥运会有关数据表明，里约奥运会开幕式当日，微博上有关奥运内容的互动量达6140 万，有关奥运论题的总阅览量达 100 亿。央视和参赛运动员发布的奥运有关视频，在微博上的总播放量达 3. 8 亿。92 位奥运参赛运动员在微博上发布了 169 条微博，与网友同享奥运经历。孙杨赛后发布的微博“迷惘，谢谢，我会持续努力!”，24 小时里互动量抵达 450 万。开幕式上超模吉赛尔 · 邦辰走秀视频在微博上播放量近 7300 万，我国奥运军团开幕式露脸视频的播放量超越 6500 万，奥运圣火点燃视频的播放量高达 5800 万。

在新浪微博里约奥运传播中，无数“微主体”“微受众”因认同某个观点而进行奥运信息传播、交流与分享，并在意见自由市场中达成一定思想共识，很容易形成一个强有力的“聚合组织”。虽然微传播内容具有话语碎片化特征，但在各类微介质平台聚合助推下，在共同话题、相似话题的指引下，这些话语碎片在无缝对接的各个平台上自由切换，经过不断重复叠加，形成信息数量几何级数地增长扩散，从而能在短时间内聚合起越来越多的民众参与讨论，并不断推动各类微介质上的转发、关注。同时吸引传统媒体的介入，进一步引发全社会的共同参与，实现奥运资讯的主题聚合，不断扩散和放大赛事或事件的影响力。在里约奥运期间，新浪微博针对里约奥运会设置了众多微博话题，如表 4 - 46，截止 2016 年 8 月 22 日，奥运微博话题排名前 15 名的情况统计表明，#里约奥运#以阅读量 205. 3 亿、讨论数 1585. 6 万和粉丝数 44. 7 万高居榜首，其次为#中国乒乓球梦之队#、#中国游泳梦之队#、#中国排球梦之队#、#中国击剑梦之队#等分列第 2 名到第 5 名，各梦之队的微博话题主持人都是各个项目的粉丝俱乐部，阅读数从几亿到几千万不等，整体来说各个话题在奥运期间均吸引了众多粉丝的关注与讨论，获得很好传播效果。

表 4－46　新浪体育奥运微博话题阅读数前 15 名情况统计

排名	话题名称	话题主持人	推荐主持人	阅读数	讨论数	粉丝数
01	#里约奥运#	微博体育		205.3 亿	1585.6 万	44.7 万
02	#中国乒乓球梦之队#	中国乒乓球队粉丝俱乐部	苏宁易购	7.1 亿	50.2 万	3.5 万
03	#中国游泳梦之队#	中国游泳队粉丝俱乐部		4.2 亿	28.7 万	4.7 万
04	#中国排球梦之队#	中国排球队粉丝俱乐部	滴滴出行	3.7 亿	32.3 万	5.4 万
05	#中国击剑梦之队#	中国击剑队粉丝俱乐部		3.5 亿	2.9 万	1768
06	#中国跳水梦之队#	中国跳水队粉丝俱乐部	苏宁易购	2.6 亿	10.1 万	4 万
07	#中国体操梦之队#	中国体操队粉丝俱乐部	海信	1.6 亿	7.3 万	4408
08	#中国田径梦之队#	中国田径队粉丝俱乐部		1.5 亿	3.1 万	9632
09	#中国羽毛球梦之队#	中国羽毛球队粉丝俱乐部		1.4 亿	9.3 万	2.5 万
10	#奥运健儿加油#	北京同城会		1 亿	4.9 万	477
11	#中国射击梦之队#	中国射击队粉丝俱乐部		7751.9 万	2.8 万	1 万
12	#中国跆拳道梦之队#	中国跆拳道队粉丝俱乐部		5294.1 万	1 万	9969
13	#中国花游梦之队#	中国花样游泳队粉丝俱乐部		4348.3 万	5311	262
14	#中国拳击梦之队#	中国拳击队粉丝俱乐部		4042.4 万	6610	455
15	#中国篮球梦之队#	中国篮球队粉丝俱乐部		3077 万	1.1 万	1218

如图 4 – 114 ~ 图 4 – 116，是#中国乒乓球梦之队#奥运微博话题截图，从图中可以看出，话题推荐人为苏宁易购，也就是话题的赞助商或冠名商，在微博话题主页最上方有显著的企业标识，截至 8 月 22 日，该话题阅读数为 7.1 亿，讨论数为 50.2 万，粉丝数为 3.5 万，话题主持人为中国乒乓球粉丝俱乐部，话题特约主持人为苏宁易购，并将苏宁易购作为推荐微博放在特约主持人下面，以获得更好的推广宣传的效果。

图 4 – 114　新浪微博里约奥运话题#中国乒乓球梦之队#截图

图 4 – 115　新浪微博里约奥运话题#中国乒乓球梦之队#截图

图 4－116 新浪微博里约奥运话题#中国乒乓球梦之队#截图

表 4－47 是对新浪体育微博 8 月 6 日～22 日话题排行前 5 名每天情况的汇总，从表中可以看出，#里约奥运#微博话题一直高居榜首，阅读数每天以几个亿或几十个亿的数量增长，如 8 月 6 日到 8 月 7 日，阅读数从 37.1 亿增加到 57 亿，到 8 月 8 日，已经增长到 81 亿的阅读数，数量之庞大，进一步体现了粉丝对里约奥运的关注度之高。其他的微博话题每天排名都是在交替变化，究其原因，与奥运每天赛程有关，一般情况下，当日或前日有的比赛项目，引起受众阅读和关注度就高些。

表 4－47 新浪体育微博 8 月 6 日～22 日话题排行前 5 名每天情况汇总表

日期	第一名	第二名	第三名	第四名	第五名
06 日	#里约奥运# 37.1 亿	#奥运会开幕式# 1 亿	#最佳阵容# 8850 万	#2016 里约奥运会# 7445.9 万	#里约奥运开幕式# 3419.4 万
07 日	#里约奥运# 57 亿	#精彩节目早知道# 12.8 亿	#中国男篮国家队# 1.7 亿	#Rio2016# 1.5 亿	#曼巴精神# 1.3 亿

续表

日期	第一名	第二名	第三名	第四名	第五名
08日	#里约奥运# 81 亿	#曼巴精神# 1.4 亿	#曼联足球俱乐部# 1.3 亿	#霍顿向孙杨道歉# 7100.4 万	#不一样的视角# 6446.4 万
09日	#里约奥运# 99.7 亿	#中国游泳梦之队# 2.1 亿	#Rio2016# 2.1 亿	#霍顿向孙杨道歉# 1.1 亿	#不止为冠军# 1.1 亿
10日	#里约奥运# 112.9 亿	#中国游泳梦之队# 2.9 亿	#Rio2016# 2.3 亿	#张怡宁大魔王# 1.9 亿	#中国跳水梦之队# 1.1 亿
11日	#里约奥运# 125.6 亿	#中国游泳梦之队# 3.3 亿	#张怡宁大魔王# 3.2 亿	#Rio2016# 2.4 亿	#张继科你醒醒啊# 2.2 亿
12日	#里约奥运# 134.6 亿	#中国游泳梦之队# 3.5 亿	#张继科你醒醒啊# 3.5 亿	#Rio2016# 2.6 亿	#宁泽涛里约泳往直前# 1.5 亿
13日	#里约奥运# 143.5 亿	#中国游泳梦之队# 3.8 亿	#张继科你醒醒啊# 3.8 亿	#张怡宁大魔王# 3.5 亿	#Rio2016# 2.8 亿
14日	#里约奥运# 153.4 亿	#中国游泳梦之队# 4.1 亿	#张怡宁大魔王# 3.6 亿	#Rio2016# 2.9 亿	#中国乒乓球梦之队# 2.1 亿
15日	#里约奥运# 160.7 亿	#2016 里约奥运# 96.8 亿	#新动里约# 54.4 亿	#宁泽涛# 18.1 亿	#张继科# 6.4 亿
16日	#里约奥运# 165.6 亿	#2016 里约奥运# 100.6 亿	#新动里约# 57.8 亿	#宁泽涛# 18.4 亿	#张继科# 7.6 亿
17日	#里约奥运# 170.9 亿	#篮球永不熄# 5.7 亿	#中国游泳梦之队# 4.2 亿	#张怡宁大魔王# 3.6 亿	#海报在现场# 3.6 亿
18日	#里约奥运# 177 亿	#中国乒乓球梦之队# 4.3 亿	#Rio2016# 3.6 亿	#张继科你醒醒啊# 3.9 亿	#不止为冠军# 2.6 亿
19日	#里约奥运# 182.1 亿	#中国游泳梦之队# 4.2 亿	#张继科你醒醒啊# 3.9 亿	#张怡宁大魔王# 3.6 亿	#不止为冠军# 2.9 亿

续表

日期	第一名	第二名	第三名	第四名	第五名
20日	#里约奥运# 190.7 亿	#2016 里约奥运# 130.1 亿	#新动里约# 82.1 亿	#张继科# 20.1 亿	#宁泽涛# 19.4 亿
21日	#里约奥运# 200 亿	#中国乒乓球梦之队# 7 亿	#中国游泳梦之队# 4.2 亿	#中国击剑梦之队# 4.1 亿	#中国排球梦之队# 3.2 亿
22日	#里约奥运# 205.3 亿	#中国乒乓球梦之队# 7.1 亿	#中国游泳梦之队# 4.2 亿	#中国排球梦之队# 3.7 亿	#中国击剑梦之队# 3.5 亿

此外，在里约奥运期间，新浪微博还推出国内运动员势力榜、国外大咖运动员势力榜，如表 4－48、表 4－49，截止到 8 月 22 日奥运闭幕，国内运动员实力榜孙杨以粉丝送的 1,231,582 枚金牌数位居第一，其次为宁泽涛 1,029,996 枚，张继科 969,612 枚，林丹 285,419 枚，傅园慧 194,232 枚金牌分列第二到第五名。国外运动员中，日本乒乓球选手福原爱以 18,477 枚金牌排名第一，迈克尔·菲尔普斯以 12,298 排名第二，德约科维奇以 4,181 排名第三，尤塞恩·博尔特以 3,459 排名第四，安迪·穆雷以 2399 排名第五位。微博粉丝对中国运动员的关注度要远远高于国外运动员。可见，微博利用巨大的传播量级，结合迅速的信息交互和大量的信息来源，成了奥运新闻传播中重要的网络社交媒体工具。

表 4－48　新浪体育微博奥运期间国内运动员势力榜排名情况

排名	运动员姓名	送金牌数	运动员身份
01	孙杨	1231582	伦敦奥运自由泳 400 米夺冠
02	宁泽涛	1029996	资深游泳运动员
03	张继科	969612	乒乓球奥运冠军
04	林丹	285419	国家羽毛球队员
05	傅园慧	194232	2015 喀山世界游泳锦标赛冠军
06	刘诗雯	122801	中国乒乓球队名将

续表

排名	运动员姓名	送金牌数	运动员身份
07	丁宁	117945	中国女乒名将
08	马龙	114151	乒乓球奥运冠军
09	惠若琪	107495	中国女排队员
10	易建联	59200	中国男篮 广东宏远队员

表 4－49　新浪体育微博奥运期间国外大咖运动员势力榜排名情况

排名	运动员姓名	送金牌数	运动员身份
01	福原爱	18477	日本乒乓球选手
02	迈克尔·菲尔普斯	12298	传奇奥运游泳运动员
03	德约科维奇	4181	塞尔维亚网球运动员
04	尤塞恩·博尔特	3459	男子短跑多项世界冠军
05	安迪·穆雷	2399	两届大满贯冠军
06	凯里·欧文	1711	NBA 球员
07	麦克·沃伊	1410	澳大利亚国家队游泳队员
08	汤姆·戴利	854	英国跳水神童
09	瑞安·洛赫特	529	洛赫特是美国游泳男运动员
10	凯文·韦恩·杜兰特	470	金州勇士队队员

再如表 4－50，是对 8 月 22 日新浪微博话题体育榜排名前 20 情况的统计，通过下表可以看出，#里约奥运#排名第一；#科比 38 岁生日快乐#虽不是奥运新闻，却排在第二位，可见受众对一位已经退役篮球明星的关注；#博尔特里约劈腿#花边话题排名第三；#中国排球梦之队#和#张继科直播#分别位列第四和第五名。

表 4－50　8 月 22 日新浪微博话题体育榜排名前 20 情况一览表

排名	话题名称	主持人	阅读数	讨论数	粉丝数
01	#里约奥运#	微博体育	204.9 亿	1583.3 万	44.7 万
02	#科比 38 岁生日快乐#	微观篮球	931.3 万	1.3 万	198
03	#博尔特里约劈腿#	微博体育	222.9 万	617	3451
04	#中国排球梦之队#	中国排球队粉丝俱乐部	3.7 亿	32.2 万	5.4 万
05	#张继科直播#	江西校园事儿	1.4 亿	8.1 万	3202
06	#易建联签约湖人#	NBA	1486.5 万	5704	112
07	#官方回顾中国零镜头#	微博体育	587 万	4291	667
08	#曼巴精神#	老漫	1.9 亿	19.4 万	1175
09	#宁泽涛加油#	荥阳同城会	116.4 万	1.1 万	197
10	#KB20#	KobeBryant	11.2 亿	225.4 万	6.6 万
11	#DieMannschaft#	德国队贴吧	4.6 亿	20 万	892
12	#明说奥运#	邬一进	2840 万	1.6 万	94
13	#中国代表团旗手丁宁#	丁宁球迷后援会	742.8 万	5377	52
14	#奥运闭幕#	微博体育	256.8 万	3060	788
15	#中国击剑梦之队#	中国击剑粉丝俱乐部	3.5 亿	2.9 万	1763
16	#中国跳水梦之队#	中国跳水队粉丝俱乐部	2.6 亿	10.1 万	4 万
17	#孙杨你是我们坚持下去的唯一理由#	孙杨全国粉丝后援会	910.4 万	4386	126
18	#中国乒乓球队#	微博体育	4656.7 万	5.2 万	461
19	#张继科马龙#	八卦长什么样	5751.3 万	7.3 万	1239
20	#里约奥运闭幕式#	田名扬 tmy	208.6 万	802	1

图 4－117　新浪微博里约奥运会话题#里约奥运#截图

综上，新浪微博通过各类传播主体的微博报道，尤其是微博话题的设置与分享讨论，获得了亿万粉丝的参与和关注，内容丰富但碎片化，比较随意，充满个性化，也是受众参与度最高的传播方式与平台，在里约奥运传播中，大放异彩，取得了很好传播效果。

三、传播形式最为丰富，热门话题为独有形式

传播形式主要通过界面设计和视觉符号来体现。从界面设计看，新浪体育微博特色栏目方面在导航栏下面右侧是焦点图，左侧是关注数、粉丝数和微博数，右下角是新浪体育官方微博的认证、简介和友情链接。新浪体育的背景色以灰白色为主，考虑到大部分的体育迷为男性，所以选择了一种广大男性比较喜欢的色调。新浪体育的边栏导航位于主页面的中间，分为主页、服务和相册等。这种从受众关注的角度出发，分门别类，便于查阅新浪体育中的奥运新闻消息，也方便链接到其他相关网页，十分便捷（图 4－118）。

图 4－118　新浪体育微博界面设计截图

如图 4－119，是对新浪体育奥运精选微博共 6 天的全部奥运新闻进行内容分析统计，得出新浪微博奥运新闻传播形式最为丰富，主要以文字图片为主，分享互动和热门话题也是新浪所独有的传播形式，此外视频、GIF 动画，网页链接和粉丝互动也在本次奥运传播中得到应用。综上，与四门户网站 PC 端和新闻客户端以文图为主的传播形式相比，新浪微博奥运新闻传播形式是最为丰富多样的，富于变化的传播形式也为新浪微博聚合更多粉丝用户的眼球，也使新浪成为奥运营销传播的大赢家。

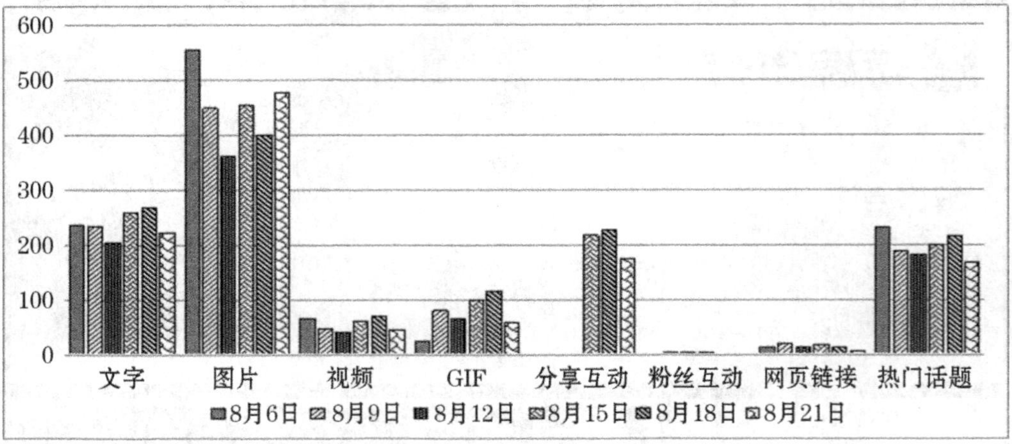

图 4－119　新浪体育奥运精选微博传播形式情况统计（共 6 天）

四、用户体验效果佳，粉丝黏度大幅提升

美国社会学家格兰诺维特提出“强关系”与“弱关系”理论，将人际关系网络定义为强弱两种类型。强关系主要指社交网络中的熟人，熟人圈子中交往人群在信息传播上具有同质性特点，并且人与人之间主要通过较强的情感因素来维系。弱关系的特点是指社交中不相识的陌生人，获取信息具有异质性特点，人与人联系主要不是靠感情，而是基于彼此的信任。格兰诺维特认为，关系的强与弱决定了个人获得信息的性质以及信息的传播效果，很多时候，弱关系却能够获得很强传播效果。从社交关系看，微博是以“弱关系”为人际关系的核心，“弱关系”与“强关系”相结合，弱关系传播对象为不确定的陌生人，用户可以随时加关注成为对方粉丝，并接受对方信息，无需双方确认为好友才能接受对方信息，因此易于人群的集聚，无论名人还是草根，都可以随时随地在微博这一开放平台上发声，表达自己观点，因此更偏向于媒体的属性。微博在结构上虽然是建立在弱关系基础上的链式结构，但又呈现出以大 V（舆论领袖）为中心、名人与粉丝互动的关系结构特征。普通用户一般扮演粉丝角色，常常转发、赞、评论或分享名人或媒体机构发布的微博信息，名人或有一定社会地位和影响力的用户成为博主，在社交平台上掌握一定话语权，起到舆论领袖作用。如在里约奥运会传播中，微博用

户可以随时随地的发布新闻，可以针对即将或正在进行的某一场比赛进行预测或是现场评论，在比赛的同时方便比分竞猜、赛事推广以及好友互动。每一条微博的下面都设置有评论、转发、赞、收藏等选项，方便用户针对每一条微博进行互动。可见，微博在里约奥运新闻传播中，注重以用户为中心，以个性化、人性化的设计增加用户黏度，吸引更多粉丝关注。

内容分享方面，转发的选项可以方便用户对消息的分享，可以分享到自己的微博中让自己的粉丝看到。同时，相互关注的朋友圈可以互相对发布的消息进行评论，并可以互相@，这样可以扩大消息传播的范围，增强消息的传播质量。页面顶端中间是新浪体育的标志，左上方为“新浪体育客户端”，下面有一些重大体育赛事的标志，体现了新浪体育的受众定位，左上方有二维码，方便手机用户进行扫描下载，可以算作体育推广的一部分，便于未来由 PC 客户端向 APP 客户端的迁移。

从个性定制体验看，新浪体育微博在“新浪体育”大标题的下面就有“关注”或“已关注”等字样，在页面顶端有“立即收听”或是“已收听”字样，以表示用户是否关注了该微博，添加关注的位置十分醒目，方便用户一键关注。消息推送方面新浪体育微博在大标题下面的第一条微博会显示“热门”字样，以此来表示该条消息或是该场比赛的重要性，避免被大量的消息淹没。字体设置方面一般的消息正文采用是宋体五号字，符合正常人的阅读习惯。

五、传播效果最吸睛，粉丝更关注情怀与娱乐

通过对新浪微博 6 天奥运精选内容的分析统计，得出新浪微博 6 天奥运报道总数为 1436 条，平均每天发布新闻 239 条。其中赛事新闻总数为 550 条，非赛事新闻总数为 798 条，数据新闻总数为 29 条，赛事活动总数为 75 条。6 天 1436 条奥运新闻的总评论量为 2,583,401 条，平均每条评论量为 1799 条，6 天总点赞量为 16,071,121 条，平均每条点赞量为 11,192 条，6 天总转发量为 2,770,342 条，平均每条新闻转发量为 1929 条。此外，对里约奥运期间新浪微博评论量前 5 名进行统计，其中孙杨微博“孙杨致谢并祝七夕快乐”以评论量 273,579 夺得第 1 名，“秦凯求婚”微博以评论量 209,620 条名列第 2 名，“张继科发文祝贺女排夺冠”微博以评

论量 138,075 排名第 3，“宁泽涛感谢大家支持”微博以评论量 131,827 条排名第 4，“张继科发文加油”微博以评论量 121,067 条排名第 5（表 4-51、图 4-124）。

表 4-51　新浪微博里约奥运期间评论量前 5 名情况统计表

排名	评论量	新闻标题（主题）	发布时间	传播形式	传播内容
1	273579	孙杨致谢并祝七夕快乐	8.9 11：13	文字 + 图片	人物新闻
2	209620	秦凯求婚	8.15 4：44	文字 + 视频 + 话题	花边新闻
3	138075	张继科发文祝贺女排夺冠	8.21 15：25	文字 + 图片	赛后新闻
4	131827	宁泽涛感谢大家支持	8.12 6：33	文字 + 图片 + 话题	人物新闻
5	121067	张继科发文加油	8.15 20：49	文字 + 图片	赛前新闻

图 4-120　奥运冠军孙杨奥运发布微博截图

图 4－121 CCTV5 发布秦凯求婚何姿微博截图

图 4－122 游泳明星宁泽涛奥运发布微博截图

图 4 －123　奥运冠军张继科发布祝福女排夺冠微博截图

图 4 －124　奥运冠军张继科发布微博截图

对里约奥运期间新浪微博转发量前5名进行统计，其中“女排夺冠战报”以转发量351,936夺得第1名，“秦凯求婚”微博以转发量255,131条名列第2名，“孙杨致谢并祝七夕快乐”微博以转发量138,291排名第3，“傅园慧金句不断”微博以转发量103,465条排名第4，“吴敏霞发文示爱男友”微博以转发量90,567条排名第5（表4－52和图4－125～图4－127）。

表4－52　新浪微博里约奥运期间转发量前5名情况统计表

排名	转发量	新闻标题（主题）	发布时间	传播形式	传播内容
1	351936	女排夺冠战报	8.21 11：01	文字＋GIF＋话题	赛事新闻
2	255131	秦凯求婚	8.15 4：44	文字＋视频＋话题	花边新闻
3	138291	孙杨致谢并祝七夕快乐	8.9 11：13	文字＋图片	人物新闻
4	103465	傅园慧金句不断	8.9 9：43	文字＋视频＋话题	赛后新闻
5	90567	吴敏霞发文示爱男友	8.9 9：45	文字＋图片	人物新闻

图 4－125　CCTV5 发布的女排夺冠微博截图

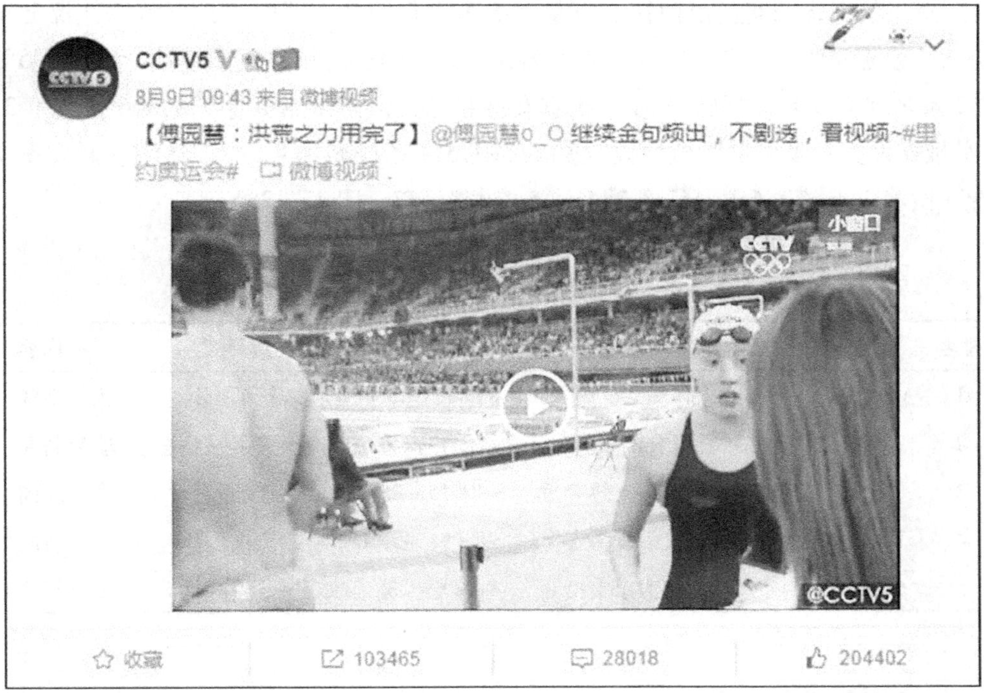

图 4－126　CCTV5 发布的游泳运动员傅园慧采访微博截图

图 4－127　奥运冠军吴敏霞奥运微博截图

对里约奥运期间新浪微博点赞量前 5 名进行统计，其中“孙杨致谢并祝七夕快乐”以点赞量 1,892,707 夺得第 1 名，“郎平祝贺女排夺冠”微博以点赞量 955,382 条名列第 2 名，“张继科发文祝贺女排夺冠”微博以点赞量 936,566 排名第 3，“吴敏霞发文示爱男友”微博以点赞量 790,614 条排名第 4，“宁泽涛感谢大家支持”微博以点赞量 650,441 条排名第 5（表 4 – 53、图 4 – 128）。

表 4 – 53　新浪微博里约点赞量前 5 名情况统计表

排名	点赞量	新闻标题（主题）	发布时间	传播形式	传播内容
1	1892707	孙杨致谢并祝七夕快乐	8.9 11：13	文字 + 图片	人物新闻
2	955382	郎平祝贺女排夺冠	8.21 13：40	文字 + 图片 + 话题	赛后新闻
3	936566	张继科发文祝贺女排夺冠	8.21 15：25	文字 + 图片	赛后新闻
4	790614	吴敏霞发文示爱男友	8.9 9：45	文字 + 图片	人物新闻
5	650441	宁泽涛感谢大家支持	8.12 6：33	文字 + 图片 + 话题	人物新闻

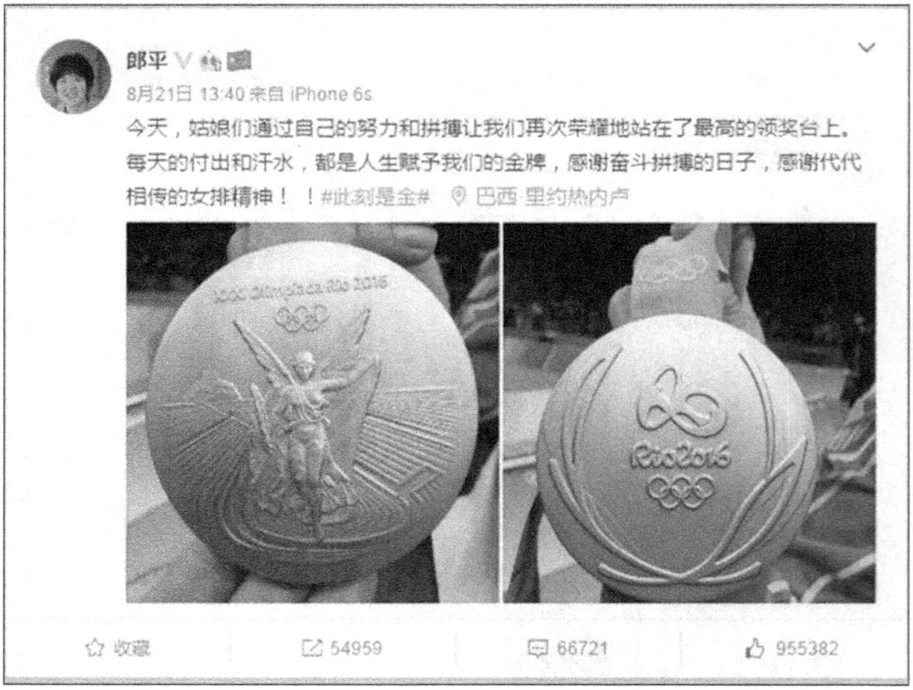

图 4 – 128　郎平奥运微博截图

从新浪微博奥运新闻评论量、转发量和点赞量前5名情况统计可以看出，三者之间重合度较大，受粉丝关注和热捧的新闻除了女排夺冠这一赛事新闻外，其他新闻都是以“情怀”或“娱乐”轻松的主题为主，如秦凯求婚、吴敏霞发文示爱男友、傅园慧金句不断等，即便是涉及张继科、孙杨、宁泽涛等体育明星的微博话题，也不是关注赛事本身，而是注入更多娱乐色彩与元素。据微博8月22日发布的数据显示，女排夺冠激发了网友庆祝的热情，也刷新了奥运开幕以来微博互动量和视频播放量的峰值。中国女排夺冠当天，微博上奥运相关内容的讨论量达7462万，互动量达1.1亿，视频播放量达6.2亿次，均达到开赛以来的新高。“女排精神”成为国人共同的关注点。女排夺冠相关内容的互动量在当天达到7285万次，相关视频在微博上的播放量达3.4亿次。朱婷是当天微博上被提及最多的运动员，提及量达到1245万次，紧随其后的惠若琪微博提及量也达到1083万。奥运会期间女排曾两次引爆微博。1/4决赛逆转东道主巴西的视频，24小时内在微博上播放量达到4795万次。半决赛击败荷兰后，朱婷以607万的提及量成为当天最热门运动员。在微博和尼尔森联合发布的体坛风云榜上朱婷排在第4位，比前一天大幅提升12位。排名前20的运动员中有5位来自中国女排。本届奥运会开幕以来，赛事和花絮的短视频一直在微博热播。央视在微博发布的奥运短视频，日均播放量超过3亿次。秦凯向何姿求婚的视频24小时内在微博上播放近1亿次。傅园慧两次接受央视采访的视频和巴西超模吉赛尔·邦辰在开幕式上的走秀，24小时播放量也都超过7000万次。作为全球最大的中文社交媒体，微博不但是全球华人在奥运期间获取资讯、与运动员互动的重要平台，同时也是全球运动员与中国粉丝交流互动的最好平台。随着短视频和直播等视频内容的增加，微博正向全媒体平台发展，将在奥运会等热点事件中给网友带来更丰富的信息和更好的参与感。

第五章　门户网站里约奥运会传播的现实瓶颈

自2000年悉尼奥运会我国门户网站正式登上奥运传播历史舞台，2012年伦敦奥运会门户网站迎来首届“社交奥运”，微博、微信和视频客户端成为网民观赛的新渠道、新入口，直到2016年里约奥运会门户网站移动终端超过PC端，成为奥运赛事传播和营销的主要阵地。门户网站历经5届奥运会、16年的传播发展变迁，业已成为奥运传播的主渠道，用户参与和体验精彩奥运赛事的第一入口。尤其是大数据技术被广泛应用和推广以来，各大媒体纷纷投入技术和人力，充分利用大数据，为自己争取更多的新闻源，以吸引受众的广泛关注，这其中，原本就衍生于互联网技术的门户网站更是不能忽视这一有利契机，在大型体育赛事传播中积极发挥作用，充分体现了门户网站的优势。但从内部的传播模式变革到外部社会环境的迁移，都使其面临诸多困境，亟待创新与突破。

第一节　传播主体：新闻把关复杂难控，版权垄断限制发展

传播主体的多元化是一柄双刃剑，既解构了传统媒体主宰的话语霸权，也带来大型体育赛事传播中把关的复杂化与缺失，体育新闻侵权现象时有发生，并导致较为严重的版权危机。

一、多元传播主体导致赛事把关复杂难控

每一个网民都可能是传播的主体，成为把关的一部分，它是呈网状式传播结构的一个节点。只要网络围观内容（公共事件）的表达不超越法律底线，就可能实现传播。公众和媒体、政府是这种扁平化传播结构中的点，相对容易形成共通的地方，形成快捷、有效的融合。向上通道积极便捷反映、表达，向下通道主动关注、及时反馈。网民围观的热点，很容易演变成政府关注的热点，给政府部门的新闻把关带来了极大地困难和挑战，由于网络传播环境的开放性、传播主体的多元化、传播形态的交织性等特点，在不少网络传播过程中出现了“把关人”缺失的现象，不仅扰乱了网络世界的传播秩序，也影响了物理世界的稳定与和谐。

今天从网络媒介向移动新媒介迁移时代，却是在逐渐颠覆传统社会“断裂边界”概念，传受主客体边界在日渐模糊。移动传播的到来使每个用户在传者与受者角色中随时转化，新闻客户端传播多主体性、对象多变性等特点，降低了体育新闻真实性，大量虚假信息、负面信息和庸俗信息甚嚣尘上，长此恶性循环，必将导致整体体育赛事传播环境的恶化。如在里约奥运会期间，各媒体发布“中国男篮大巴里约遭遇枪战”“南非选手战里约机票自理”“俄罗斯运动服在巴西卖到脱销”等新闻，后经证实都是虚假新闻，诸如此类虚假新闻和负面新闻的广泛传播，增加大众对此届奥运会的恐慌和紧张气氛，也为里约奥运会蒙上不必要阴影。新闻客户端主体多元性、物质载体的无形性，要想全面及时控制新媒体确实难度很大。尤其是在社会主义市场经济发展的背景下，传媒市场化运营，吸引眼球、利益驱动，直接导致了一些无法坚守道德底线的新闻采制人员的职业道德缺失，有时甚至为了抢新闻，引起独家的轰动效应，对新闻线索没有进行严格的调查就匆忙发表。而我国新闻法制建设不完善，很多新闻行为无法可依，这也成为我国新闻媒体事业的特殊体制。因此，增强用户把关意识、加强媒体监管力度势在必行。

与此同时，微博裂变式传播和开放式传播环境导致微博门事件频发。体育微博对大型体育赛事信息的碎片化和快餐式发布，导致把关不及时或关键时间点把关人的缺席。如赛事期间频发的知名运动员的“微博门”事件，常引起轩然大波，

其产生的持续发酵和裂变式的传播效果，很难把控。在2011年广州亚运会开幕在即，中国国奥队0∶3惨败日本，赛后球迷不满愤懑情绪大爆发，通过微博对球员指责谩骂，王大雷通过自己微博表达了不满，主动回击，最后舆论瞬间聚焦在王大雷身上，最终，王大雷在各方压力之下进行公开道歉。可见，微博传播多主体性、对象多变性等特点，为用户提供了实时互动平台，但把关人角色的弱化或缺失，也为网络体育暴力等提供了生存空间，对于大型体育赛事传播中此类亚健康现象及其背后的潜在风险，应提高警惕并予以重视。其次，作为传播主体兼赛事参与主体的运动员和裁判员等，在微博平台实时分享发布赛场新闻时，极易侵犯赞助商、媒体等相关赛事利益主体的商业权利，提前泄露比赛信息或商业机密，这常常是运动员等传播个体无意识的侵权行为，体现移动社交媒体私人空间公共化和公共空间私人化的特点，这一发展趋势将日益消解公共信息和私人信息的界域，致使一些无意识的私人话语信息被微博、微信等公共平台放大甚至变形，形成负效应。为此，NFL出台了微博管理规定，禁止球员、教练和工作人员在赛前90分钟至赛后的媒体采访结束期间使用Twitter发布赛事相关信息。禁止球员在比赛、训练、会议和媒体采访前后30分钟内使用Twitter和Facebook等通讯工具进行社交媒体活动。关于传播主体权益被他人侵犯的现象与行为也时有发生。如“喻丹假微博事件”，在2012年伦敦奥运会期间，吉林省某射击运动员冒充喻丹在微博上发声：“对不起，我尽力了”，造成了较大负面影响，经调查发现属于假微博侵权事件，事后新浪微博做出了注销侵权当事人账户的处罚决定。第三，移动化媒体UGC传播模式，易成为微博侵权滋生的土壤。UGC模式是用户自己生产内容的模式，这种从PGC模式（专业生产内容）向UGC模式的转变，降低了大型体育赛事的生产成本，满足了用户个性化需求。但囿于用户知识水平、媒介素养、法律意识等方面参差不齐，所发布的赛事内容良莠不齐，很多并不是用户原创信息，而是转发或链接其他媒体信息，并未注明新闻来源，且被粉丝或好友多次地搬运和改写，这是对原创消息者知识产权和个人版权的侵犯，但很多用户因意识淡薄，莫名其妙地陷入侵犯版权的泥潭。此外，微博为用户建构公共话语空间，如微博热点话题，聚集相同兴趣、爱好并具有相同目标族群的共同关注，话题极易发酵，进行蜂窝式裂变式传播，但效果却是正负都有。正如美国传播学大师拉扎斯菲尔德所言：大众传播是一个可以为善服务也可为恶服务的工具，但如果不加以有效利用，其为恶服务的可能性会更大些。可见，用户在观赛期间因高度情感性因素和体育比赛结果的悬念性特点，使球迷常常无法控制自己情绪，非理性表达及赛场骚乱暴力事件时有发生，在微博公共空间里，也常常因情绪失控而谩骂诋毁、恶俗攻击，伤害他人荣誉或侵犯他人隐私，不断点燃的非理性社会情绪又会像病毒一样蔓延，导致不良社会后果。里约奥运会可利用资源的有限性，导致门户之间竞争加剧，难免会出现一些待解的矛盾。如资源单一导致采访权限的定位模糊问题，腾讯签了孙杨，网易签了中国游泳队，而孙杨又属于中国游泳队。那么，当孙杨比赛后，网易和腾讯哪家有优先采访权？这样的潜在隐患是确确实实存在的。

此外，信息技术与网络媒体的发展，使人的传统生活方式、生存状态发生改变。这种巨大变化导致了知识信息由传统的系统化、一体化、制度化、专业化、可控性、权威性、完整性，走向了碎片化、分散化、非专业、小众化，可控性与权威性大大降低。比如：同样一篇完整的新闻稿件，经过不同微博用户的摘要式转发，140 字内的限制，不同的用户会各取所需，摘录转发的内容、侧重点也不同，更主要的是这种转发过程中，博主可以进行随意的二度创作，导致信息失真走形。在微信朋友圈、QQ 空间等传播中，虽然没有具体的字数限制，但是大量用户成为二度传播者或 N 级传播者之后，对相关内容、题目、结论进行了有意无意的肢解、误读、误传，有的把文章的来源出处删除，任意传播，更有甚者捕风捉影、造谣、传谣。同样图片文本在微传播环境中也惨遭“恶搞”式解体，网络法制观念不高的用户，利用微传播媒体和各种文字与图片编辑软件，进行相关信息传播时轻则侵犯知识产权，重则胡乱涂抹、修改、PS，名人与普通百姓的照片都存在被滥用、滥改、滥传播的现象，也有大量微视频、微电影被不法传播者冠以不同的文字与剪辑处理，对正常的文化知识传播与文明环境造成了破坏。

二、赛事版权垄断限制发展导致用户流失

在奥运会的所有资源中，赛事转播权是重中之重。新闻客户端等社交媒体崛起，引发大型体育赛事版权危机。央视对大型体育赛事版权的垄断，成为门户网站体育赛事传播的主要困境。央视在 2014 年巴西世界杯期间，面对移动化媒体的

强势竞争，为稳定广告市场、增强用户黏度，没向任何一家媒体出售赛事转播权。2016 年里约奥运会央视分销赛事版权，腾讯和阿里获得里约奥运会网络播映权，开启网络媒体大赛传播新模式。在现代的体育媒体发展背景下，体育赛事版权有了更有利地发展环境和政策保护，尤其是版权市场的政策逐渐明朗，整体市场环境处于利好状态，有助于所有者的赛事版权保护。但是在诸多媒体的争夺中，赛事 IP 也必然会成为竞争的焦点，主要原因之一就在于赛事 IP 具有较强的稀缺性特点，其次则在于赛事版权具有高开发价值，因此，版权费居高不下，而门户网站却依然趋之若鹜。

首先，为了保证电视媒体的绝对优势，大型体育赛事的版权绝大多数都被以中央电视台为代表的电视媒体提前购得，而网络媒体即便愿意投入大量的资金，也会因为这种贸易壁垒而与体育赛事直播、转播失之交臂。里约奥运会腾讯网虽然购得赛事延时转播权，但新浪、其他门户网站和搜狐三大门户网站因种种原因均未能获得里约奥运会的赛事转播权，而是通过现场记者用手机等设备录制现场比赛情况，然后以自媒体的身份发布出来，完成一次奥运“直播”。由此可见，电视媒体对版权的垄断严重影响了网络媒体和门户网站在体育赛事传播上的效果。腾讯在购买版权后，通过新闻客户端、体育客户端、天天快报等组成的移动资讯矩阵及视频直播平台播放本届奥运会全程 17 天的精彩赛事（延时半小时）。相较于同是门户网站的腾讯新闻客户端，其他门户网站因为没有版权，必然导致大量用户流失，因此只能大打“擦边球”，将每场赛事直播的链接放在新闻客户端上，用户通过点击链接便可以收看视频直播，这实际上已经构成了对央视、腾讯版权的侵犯。因此，其他门户网站新闻客户端必须立足自身平台特点和资源优势，开拓创新，通过短视频、分享互动、特色节目等吸引用户的注意力资源。

其次，版权费用也是门户网站难以把控的因素之一，版权费俗称版税，是指使用某项电视节目或有关著作应付给权利所有人的一种费用，涉及经济问题的版权费，就必然会因为一些人的私利驱使而出现难以把控的局面，影响着体育赛事、体育新闻等的传播，这无疑对于体育新闻发展来讲是一大阻碍。如今，因为在体育赛事版权的事业上可以谋求更大的经济效益，因此，各大体育巨头纷纷将目光投入到各大体育赛事的版权争夺战当中，在如此明显的利益诉求之下，赛事版权费也在激烈的市场竞争当中变得越来越高，甚至因为哄抢版权而远远超出了体育赛事原本的价值。然而，从长远角度来看，体育赛事版权的竞争激烈无疑是行业利好发展的一个折射，因为体育赛事能够因此获得更高的关注度，并且对于我国大众体育发展和体育产业发展来讲，也是一个难得的发展契机。但同时也因为版权之争的激烈，侵权的行为越来越让人关注，在体育赛事的新媒体转播中，由于新技术的日新月异使相关法律规制相对滞后，侵权现象频发，法律纠纷数量剧增，其中既有传统问题，如转播权出售中的垄断与竞争，更多的则是涉及网络环境中的版权侵权。很多学者也开始注意重大体育赛事中出现的“隐性营销”现象，并指出“隐性营销”会给体育赛事、知识产权保护及赞助商利益带来巨大危害。因此，如何保护体育赛事版权的问题成为各大版权所有者不得不考虑的问题。

此外，赛事转播权法律定性难，立法保护迫在眉睫。关于赛事转播权的法律定性是一项非常艰巨的工作，涉及的部门、人员庞大，虽然定性难，但对于体育赛事版权的立法保护却是迫在眉睫的工作。每一次大型体育赛事都是媒体的盛宴，尤其是像奥运会、足球世界杯、网球四大满贯等具有世界影响力的大型体育赛事。新媒体的转播，可以使大型体育赛事吸引更为广泛的受众，从而也使人们逐渐认识到了大型赛事新媒体转播权开发的重要商业价值，但新媒体时代，网络体育赛事侵权的事件却时有发生。在学术界，绝大多数专家学者都在探讨体育赛事版权的问题，而且从业人员也对于这一工作提议持高度赞成的态度。虽然体育赛事版权的知识产权保护适用于著作权被广泛认可，但在现实中的保护还是存在很多难度，网页内容或者视频链接可以随时修改、覆盖或者删除，使证据搜集变得困难，对于一些“打擦边球”的侵权行为更是难以遏制。例如：新浪网在法庭上诉称，2013 年 8 月 1 日晚上，发现凤凰网在中超频道显著位置提供比赛直播，而根据《中国足球协会章程》和《国际足联章程》，中国足球协会是其管辖和主办的“中超联赛”的最初拥有者，新浪网又从中国足球协会的代理商中超公司获得了独家播放权，因此，新浪网将凤凰网告上法庭。很多人认为中超赛事本身并不属知识产权保护范畴，但由于赛事转播中是由数十个机位拍摄画面共同组成，慢镜头回放、球员和观众的特写、全场或局部的播放以及解说评论等，都是由赛事转播编导设计、编排、选择之后才产生最终转播赛事完整画面。所以赛事录制形成的画面，构成我国著作权法对作品独创性的要求，应当认定为作品。从涉案转播赛事呈现的画面看，满足上述分析的创造性，即通过摄制、制作的方式，形成画面，以视听的形式给人以视觉感应、效果，构成作品。法院一审认定凤凰网转播中超赛事的行为，侵犯了新浪网对赛事画面作品享有的著作权，判决凤凰网的所有及运营者北京天盈九州网络技术有限公司停止侵权并赔偿新浪网经济损失 100 万元。通过凤凰网和新浪网的赛事版权纠纷不难看出，由于体育赛事的转播并非直播，而是一个赛事与创作相结合的过程，是明显的再创作的过程。因此，随着赛事的进行，创作也同时在产生，而对于整体把握以及镜头选择都是属于视听产品的创作。我国体育版权的市场环境比较复杂，也没有明确立法来约束侵权行为，对于侵权事件的约束也只有通过拥有良好的内部竞争秩序，才能保证新媒体转播商获得体育赛事转播利润的最大化。

第二节 内容呈现：同质化致品牌模糊，信息聚合缺乏深度挖掘

微博微信时代碎片化传播建构的泛娱乐化的草根狂欢，使用户沉迷于信息汪洋大海中，失去理性思考，对体育物质消费充满无尽欲望，外在形式掩盖了内容本身。内容功能定位雷同降低门户网站赛事品牌的辨识度，信息污染以及过度转载加深赛事传播同质化倾向，此外门户网站的去深度化和浅阅读方式，消解体育本质。

一、内容功能定位雷同降低品牌的辨识度

新媒体最大的优势就是科技的发展改变了传播介质，架一台服务器，有域名，我们就可以在世界各地访问它，传播的成本很低廉。但是大家可以看看，新浪、搜狐、网易、腾讯这四大门户网站也都落入了发展的窠臼，而且已经严重地影响了它们的发展。这四个门户网站每天发布的新闻越来越趋于同质化，它们创造了一个变革的时代，但如今，又开始走进了一个需要变革的网络媒体时代。虽然以网络技术为依托的新媒体来势凶猛，但是新媒体的体制严重地限制了媒体自身的

发展，主要原因在于，新媒体在大型赛事新闻传播中，虽然原创新闻比例在逐渐加大，但四门户网站在功能定位、内容题材、教程设置等方面的同质化现象，已经成为制约门户网站发展的最大瓶颈。

（一）功能定位雷同带来内容的同质化

一个用户，在同一天打开不同的新闻客户端，看到的内容几乎大同小异，只是顺序和标签发生了变动，那仅仅是产品背后不同的排序算法造成的。笔者对市场流行的多款新闻移动终端进行了简单的调查，其主要功能集中在推荐、订阅、标签、搜索、相关阅读、自媒体或原创。然而在实际的使用中，即便用户使用了订阅功能，其订阅和推荐仅局限于简单的模块添加，没有实现针对用户的精准推送。从根本看，这些移动新闻客户端仅仅具备能满足用户获取基本新闻资讯的功能。此外，由于关注网络新闻的受众数量是有限的，为了迎合受众的阅读需求，各大网站也会根据受众的兴趣点来选择、编写、发布新闻，即便是奥运新闻，也会根据男性受众的需求，更多地专注巴西足球队、美国篮球队等参与的比赛，根据女性受众的观赛需求，将关注点更多地放在孙杨、宁泽涛、张继科等“小鲜肉”的身上，而对于很多奥运项目的传播是有失偏颇的。总而言之，门户网站在选择和发布新闻时，会因为考虑到受众的需求而左右报道内容和方式，出现了“雷同的受众定位带来雷同的内容”现象。

（二）技术进步带来了千端一律的内容

随着社交网络的普及，一些讲述人生哲理的文章也开始在网络上流行，以微信公众号为例，大多数公众号都能够做到每天推送各式各样的文章，在用户中享有很高阅读率，但是平心而论，这些文章提供一些实用的生活常识，进行心理自助，有其存在的价值，也成为微信公众号的重要功能。总结之后可以发现，微信诞生之后，仅具备聊天和朋友圈功能，公众号是后来应受众需求新增的，技术虽然进步了，但众多的公众号推送文章中，真正有意义的却是少之又少，因此，这种因为技术进步而带来的内容同质化问题是亟待解决的。

（三）过度转载加剧了内容的同质化

没有人怀疑新媒体正在改变这个世界，改变着人们的生活，但置身前所未有的新媒体环境中，不少人也都曾感受到快速发展中泥沙俱下、良莠不齐的困扰，而因为过度转载所加剧的内容同质化问题也必须引起高度重视。尽管很多传统媒体人对这样一个以宠物卖萌和明星八卦为主要内容的网站的成功不以为然，但这也从另一个方面说明，在新媒体时代，点击和分享产生的流量已成为判断媒体成功与否的一个重要标志，甚至成为判断信息价值大小的标志，因此，过度转载进一步加剧了内容的同质化。

（四）同质化是市场化运营的必然选择

追求新闻时效不能以牺牲新闻真实为代价，为了追求时效而忽视真实性，带来的损害是多少个“第一时间”都无法弥补的。虽然新闻贵在“新”，但严重的同质化作为市场化运营的必然选择，就影响了新闻的“新闻性”。新媒体的出现弥补了传统媒体在报道时效上的滞后，但也带来了同质化的劣势，让新闻从日报变成了“分报”“秒报”，通过大量转载，满足了市场发展的需求，却影响了新闻的传播。近年来，一些重大突发新闻事件由新媒体率先爆出，一些舆论热点在互联网上首先形成。时效也成为一些新媒体产品争夺用户的主打牌，成为核心竞争力。但时效也是媒体的一把双刃剑，也会伤及自身。因为新闻客户端不仅具有媒体属性，同时作为产品交换，也具有商品属性。新闻客户端从人员招募、产品开发、品牌推广和运营成本非常高昂。在这种情况下，模仿或者说抄袭，是最安全也是最符合企业利益的一种办法。新闻的真假该怎么判断，媒体的责任该如何担当，为了“博眼球”“走流量”而滋生的浮躁浮夸的情绪，对新媒体的健康良性发展时有侵害。

（五）议程设置雷同导致新闻同质化

腾讯、网易、凤凰、搜狐等微信平台新闻推送的议程设置往往大同小异，内容重合性高，几乎都关注赛事热点和娱乐新闻。而且各大网络媒体的微信公众号同一时间段所推送的新闻重复性也非常之高，这从侧面上反映了网媒微信平台所推送的新闻内容和风格严重趋同的问题。在传播学上，议程设置的本质是通过对议题的不同程度的关注，以左右公众关注问题的次序和程度，影响公众视野。然而，网媒的新闻推送的重合性必然导致公众视野的狭窄化，从某种程度上影响了对社会的全面认知。微信强势发展，成为大众社交首选，同时必然步入信息饱和、同质、过载阶段，微信公众号最初诞生的目的是为了给微信用户提供“谈资”，提高用户可阅读、可分享的内容。微信公众号在传播过程中，也可适当进行议程设置，引导用户完成朋友圈转发。此外，新闻的重复性过高，那么同一则新闻的阅读率提高，一方面，必然会使新闻传播受到影响，新闻工作者为了节省时间、增加新闻量，便会更倾向于转载现成的稿件，那么原创新闻将会越来越少；另一方面，新闻的高重复度也会使每天发布的新闻数量锐减，这里的新闻数量指的原创新闻数量，进而影响受众的阅读体验，议程设置过于明显，会引来受众的高度反感。以里约奥运会为例，门户网站没有奥运赛事的直播权，便在体育明星赛前赛后的表现上下足了功夫，尤其是孙杨、林丹、张继科等卫冕冠军的新闻尤其多。孙杨在200米自由泳以微弱的劣势获得亚军后，走出采访区抱着记者大哭的新闻霎时间铺天盖地，而且整整一个比赛日的其他新闻均不如这一则新闻的热度高，除了孙杨自身的明星效应外，还有一个重要原因，就是网媒对这一条新闻高度重视，同一张照片、同一段新闻，被转载无数次，即便是网站原创，也只不过是在原有基础上稍作修改。由此可见，这样的新闻传播明显已经背离了“新闻”的本意，张继科比赛前打瞌睡的新闻也是收到了相同的效应，在互联网上引起不小的轰动，有些网友认为张继科的行为十分随性，是运动员可爱的另一面，而也有一些网友认为张继科个性散漫，完全不像一个训练有素的奥运冠军，但是无论网友怎样评价张继科的行为，当天张继科稳坐新闻头把交椅。这样的重复性新闻数量庞大，傅园慧的表情包、秦凯何姿浪漫求婚等也是一时间占据了体育版的头条，但是长此以往，必然会使受众“审美疲劳”，新媒体时代，新闻的重复性是无法避免的，但是重复性过高则是必须解决的问题，以净化网络新闻的环境。

此外，新闻客户端是24小时滚动播出的资讯平台，需要海量的新闻资讯来为其做新闻支撑，但囿于各门户网站新闻采编人员和内容资源的有限性，会在大型体育赛事内容传播中出现“同质化”问题。首先，各门户网站新闻客户端与新浪、腾讯、搜狐等客户端内容重复度较高。如8月12日，在各门户客户端均第一时间转载新华社“中国游泳选手陈欣怡药检阳性”文章，10小时后，网易跟帖量达38.8万，腾讯评论量为2.6万，搜狐为4055，新浪为1268。诸如此类内容相同大量文章在不同客户端重复传播，泛滥成灾。此外，各门户客户端在报道议题选取上也比较雷同，栏目设置也相差无几，严重的同质化倾向也导致了产品品牌辨识度的模糊。不仅如此，各门户网站本身亦存在明显同质化问题，主要体现在与 PC 端、微信平台等内容重复度较高。如在里约奥运会期间，网易客户端奥运专栏、体育专栏、推荐栏、头条栏、要闻栏等都是在传播同样与赛事相关热点资讯。如“王宝强离婚乒乓球手宋喆躺枪”这一爆炸性新闻，在网易新闻客户端各个专栏里均有发布。仅仅在一个奥运专栏里，也会出现一个视频或一组图集链接在不同新闻标题下，或同类及相似议题频频刷频现象。如 8 月 15 日以“秦凯颁奖现场求婚”为主题相关新闻共 9 条，每条新闻下面均是 56 张秦凯何姿亲密合照，虽然每次可能会在文字上有调整，但是这无疑是对受众流量资源的浪费，容易造成受众的厌烦心理。

综上，随着信息量的急剧膨胀，相同信息的大量重复，相似信息的鱼目混珠，导致信息严重超载或过剩。受众在信息汪洋大海中无所适从，更难以辨别真伪，而信息污染又使人们面临新的信息匮乏，大量信息在传播通道中的拥堵，使受众身处信息的海洋却找不到自己所需要的信息，信息使用的边际成本增加。因此，信息污染严重侵扰人们生活，导致用户不断刷屏现象出现，同时功能、受众定位和界面设计等的同质化，也导致各门户网站微信平台、新闻客户端产品雷同，品牌辨识度模糊，缺少特色化生存。

二、信息内容聚合“去深度化”消解体育本质

移动新媒体变革了传统体育新闻传播格局，在人人都有麦克风的时代，新闻信息爆炸式繁殖，信息垃圾、信息污染严重，人们每天被湮灭在信息汪洋大海中，无以自拔，更无法辨知信息的优劣。今天移动化主导世界的时代，奥威尔在《1984 年》预言没有成为现实，文化也没有成为监狱。但赫胥黎在《美丽新世界》中的愿景已经慢慢演变为现实，人们在海量、冗杂和碎片信息中沉醉，文化最后将成为一场滑稽戏，人们因为无尽娱乐而毁掉自己、毁掉世界。虽然尼尔·波兹曼在《娱乐至死》中对媒介技术给社会带来影响表示担忧和极度地悲观，我们即使不能苟同，却也应反思移动互联技术引起的信息迷误现象，不容乐观和小觑。应该肯定的是体育新闻娱乐化现象本身无可厚非，体育本质就是娱乐，这是大型

体育赛事传播主要功能之一，但微博微信时代碎片化与庞杂化的体育资讯，导致娱乐化的泛化和异化，其建构的泛娱乐化的草根狂欢，对深度体育信息有较强排他性，易堆积成网络垃圾，最终误入低俗化、简单化、暴力化甚至色情化的泥沼，导致对理性体育精神的背叛，对体育物质消费的膜拜和无尽欲望。赛事节目中融入娱乐元素是受众所需，但不能娱乐至死；商业元素的植入也是为生存考量，但应不留痕迹，方为上策。

首先，在里约奥运传播中，各门户网站赛事内容以信息聚合为主，缺乏深度挖掘。从数据统计可以看出，除四门户微信公众平台里约奥运传播90%以上以原创新闻为主，PC端和新闻客户端还有相当比重内容制作依赖转载，原创内容比例虽占比较高，但缺少对内容的加工与整合挖掘，只是信息聚合平台。同时因各门户网站专业编辑人员缺乏，深度内容不多。为对同一新闻事件或者话题进行深入挖掘和全面解读，各网站还在里约奥运期间制作大量专题，以跟踪报道的形式进行挖掘，以求全方位解读奥运新闻事件。但是，各网站的专题多采用层级链接的形式，把含有文字、图片、视频、GIF动画和网页链接等多种表达方式的同一主题多篇相关报道汇集在一起，只是简单的信息叠加，并没有实现深度整合与挖掘。造成这一现象的原因是商业门户网站以及技术公司的PC端和新闻客户端是为了商业利益而产生，以机器自动抓取推送新闻，日均发稿量大而编辑人员有限，如ZAKER创始人李森和在接受采访时谈到该公司只有七八个编辑，完全达不到有网络信息服务资质网站编辑数量的要求，网络编辑负责每日审查工作量已超负荷，更没有时间制作有深度的内容。

其次，新浪微博在里约奥运传播中还存在“去深度化”与“浅阅读”的问题。由于微博上的奥运赛事内容大多是由博主的片言只语构成，而个体的碎片化的随意的表达往往主观色彩较浓，缺乏自控性，并且这种“私语化”的奥运资讯易产生大量无价值、没有深度的信息。同时也使得广大用户阅读日趋呈现“浅阅读”状态。二是信息“真实性”问题。由于每个微博都可以随时随地“信手涂鸦”，加上信息来源渠道的日趋多元复杂，以及每个人的留言和转发在“再加工”中进一步失真，这些都在大大降低传播效率，信息失真几率较高。微博的兴起，是在碎片化的时空传播微内容，自媒体使每个用户都成为赛事报道者，随时随地发布信息，如新浪微博在2016年8月9日里约奥运会报道的新闻“孙杨致谢并祝七夕快乐”评论量273,579排名第一；8月15日“秦凯求婚”的微博以209,620评论量，排名第2名；“张继科发文祝贺女排夺冠”微博以138,075评论量，排名第3名。可见，在大型体育赛事期间，那些情怀浓郁、娱乐性强的话题，更能引起用户极大关注和参与热情，体现出鲜明娱乐化特点。当媒体与公众在大型体育赛事平台上众声喧哗、极度狂欢之际，是否应当反思体育与娱乐的关系？体育的本质何在？

第三，碎片化语境导致大型体育赛事传播的信息迷误乱象丛生。移动终端技术和趋于成熟的4G、3D技术，将公众观赏体育赛事时间切割成无数碎片，受众很难安静地、全身心去享受一场体育比赛，面对眼花缭乱的信息，身临各种感官刺激的传播场域中，面对世界最优秀运动选手巅峰对决，我们却往往忽略了真正的体育价值、体育精神，一场足球盛宴我们对“章鱼保罗”“乌贼刘”的关注超越了竞赛本身，微博的碎片化切割，在很大意义上是对体育本质的消解，背离了大型体育赛事传播为赛事服务、为观众服务、为媒体服务的真正目标。其次，微博赛事信息处理碎片化特征，使受众仅能看到相对较少的文字图片或视频信息，而且文字的只言片语，散放图片和赛事秒拍、短视频等，并不能完全代表整场比赛的真实境况，很多用户无法完整体验一场比赛的真正魅力，各队技战术的变化，更无法切身感受赛事之外至高至纯至善至美的体育精神。可见，微博碎片化传播在一定程度上消融了大型体育赛事的真正魅力。最后，从微博发布赛事新闻的内容来看，虽然数量庞大，但其“碎片化”传播状态不仅给用户带来冗杂之感，也令新闻广度有余，深度不足。众声喧哗的过剩信息湮没了真正有价值的声音，新的体育传播格局下，草根大众对精英权威的逆袭，毁誉参半，泥沙俱下，意义迷误现象当深刻警醒与反思。

第三节　用户体验：信息定制伪个性化，茧房社交致群体极化

用户体验（User Experience，简称UE/UX）是一种纯主观在用户使用产品过程中建立起来的感受，用户体验的核心和本质就是研究人在特定场景下的思维模式

和行为模式，然后顺应和利用它。但是对于一个界定明确的用户群体来讲，其用户体验的共性是能够经由良好设计实验来认识到。腾讯用户研究与体验设计部原总经理唐沐指出“用户体验是互联网产品的核心话题”，“基于人性归纳的设计原理和规则，是经得起考验的”。360 公司董事长兼 CEO 周鸿祎在谈“我眼中的用户体验”时，将用户体验概况为四点，用户体验的核心是用户需求；要超出用户预期，能够给用户带来惊喜；好的用户体验要能够让用户有所感知；好的用户体验是从细节开始，并贯穿于每一个细节。可见，在各行各业都在强调用户体验的时代，门户网站在本届奥运传播中对于用户体验的满足方面更是下了很大功夫，因此，对平常状态下用户体验进行分析、研究、思考已经成为各媒体的重要工作之一。然而，在门户网站的赛事新闻传播过程中，除主体和内容困境外，用户体验也遭遇了发展瓶颈，主要表现如下。

一、信息定制“伪个性化”沦为奥运营销噱头

“个性化定制”改变了用户获取新闻的方式，由原来的大海捞针式的新闻检索到现在的兴趣词和关键词阅读，大大减少了用户检索目标信息所耗的时间和精力；用户阅读多视角、多层次的信息，还能提高对某类事物或新闻事件的全面、客观、多元化认知；同时，新闻字体大小、背景颜色、界面风格的 DIY 也提高了用户阅读体验，尊享“私人订制”的快感；用户通过阅读较多相关信息还能快速增加其特定知识储备，如用户可以通过在客户端订阅奥运频道、主动搜索跟里约奥运主题相关兴趣词，还可以对各门户网站的奥运项目、奥运比赛和知名运动员进行个性订阅。个性化推荐的内容是由用户所使用的系统来决定，开发人员通过对系统的设置能够识别每一个用户并向他们呈现符合角色特性的内容。个性化推荐的主要目标是不需要用户费尽心思，系统能够直接将符合用户需求或喜好的内容和功能展现给用户。个性化推荐的应用可能是展示或强调一些特殊的信息，限制或允许用户使用特定的工具，或者是通过记住一个用户的相关信息简化交易系统和操作流程。在奥运会的信息传播方面，新闻客户端、微信平台或新浪微博会通过大数据信息实现用户体验的个性化，如果通过一部手机经常搜索的关键词为“乒乓球”，那么客户端就会更多地推送与乒乓球项目和著名乒乓球运动员有关的信息。

但纵观各门户网站新闻客户端、微信平台等几乎都在“个性化内容推送”方面发力，在里约奥运传播中，向用户推荐某类奥运赛事信息或者诱导用户订阅某类赛事信息已经成为各大网站的“标配”。如打开网易客户端奥运主界面，点击顶栏导航条中的“订阅”，用户便可以根据个人喜好订阅奥运33个项目，关注并锁定你喜欢项目与运动员，但由于各个客户端订阅主题、频道内容和兴趣词有较大的重合，导致网易客户端推送奥运信息与其他门户网站呈“再同质化”趋势，也陷入“再同质化”的漩涡。原本“个性化定制”的目的就是为了规避同质化，现在却又向同质化方向发展。可见，“个性化内容推送”作为一种差异化竞争策略铺天盖地地袭来，呈无序、泛滥发展趋势，以至于所谓的个性化推荐日益沦为争抢用户的营销噱头和卖点，用户抱以厚望的“千人千面”阅读设想并未完全实现。此外，用户选择门户网站新闻客户端、微信平台的主要动机是其携带方便、奥运新闻实时传播，因此他们未必接受那种繁琐的订阅程序和频繁的消息推送。同时，在现实生活中，接二连三地推送信息让手机用户越来越懊恼，一个用户在某一段时间内关注的焦点是一致的，但是为了扩大阅读面，一些门户网站在赛事信息推送时不会考虑用户的关注点是否已经改变，这也使得越来越多的用户对于“个性化”推送策略感到反感。法兰克福学派代表人物阿多诺对文化工业下的流行音乐进行了批判，他认为流行音乐特征之一就是“伪个性化”，即本质上毫无个性的东西用竞新斗奇的外观包装起来。可见，诸如以上门户网站在奥运新闻传播中个性推荐的再同质化倾向也是一种典型的“伪个性化传播”。

二、“茧房社交”导致群体极化网络暴力频发

门户网站建构的“信息茧房”导致奥运信息传播的群体极化，进而易导致网络暴力的频发。“信息茧房”概念是19世纪法国思想家托克维尔提出，指人们的信息领域会习惯性地被自己的兴趣所引导，从而将自己的生活桎梏于像蚕茧一般的“茧房”中的现象。如网易客户端奥运频道，设置各个项目直播专栏，用户会根据自己对某个比赛项目、某个运动员、某场比赛的兴趣点，去浏览自己偏好的赛事直播内容，并参与聊天室的互动。在游戏栏，有相同爱好的用户也会聚集在游戏社区，参与“动者为王，冲金夺宝”的游戏大比拼，久而久之，难免会将自

身桎梏于像蚕茧一般的“茧房”中。可见，新闻客户端的“个人定制”模式恰恰触发了这种“茧房”效应，满足不同用户对奥运赛事新闻个性化、小众化需求，但正如张朝阳所言：“一味的个性化，将导致推送内容的僵硬，因为很多时候人们对信息的索取是随机的”。如网易新闻客户端通过观测用户阅读行为中每个细节，如话题选择、是否选择点赞、分享互动、评论、转发等行为来了解用户的阅读口味，从而为用户量身定做赛事信息，打造个人专属的信息过滤与发现系统，从海量信息中筛选出用户最喜爱的内容。这在一定程度上规避了用户对纷繁芜杂信息无从选择的难题，但也限制了用户大型体育赛事观赛视野，导致奥运信息传播的窄化。因此，门户网站新闻客户端在追求个性定制的同时，应考虑如何解决赛事新闻定制和用户观赛视野狭窄之间的矛盾，避免信息茧房的“伪个性化”倾向，力争在同质化严重的“红海”中塑造个性化品牌，开辟属于自己的“蓝海”。

首先，在信息大爆炸之际，人们缺少的不是泛泛的消息或快速反馈，而是对内容本身深入、有特定角度的剖析。用数据来理解世界的行动细节，理解世界的演变逻辑，这正在成为一种不可缺少的视角。大数据时代的困惑，源自更海量的信息，源自媒体数据挖掘能力的爆发性增长；在多元的结论、多样性的选择面前，我们个人经验的局限性会造成选择的困难。但这种困惑是一种可选择的困惑，相比闭塞环境下，缺乏数目管理能力的时代，我们所处的时代要精彩的多。而且正是因为这种个人的选择，造就了各种不同气质的媒体。当前的“个性化”只是相对于传统门户时代而言的，本质上还是经过编辑和分类后供用户自行订阅的各种信息的糅合。由于“兴趣词”以及分类标准的重合导致订阅和推送的信息在题目和内容方面雷同度高，在一定程度上会增加用户视觉疲劳。腾讯网副总编辑马立曾表示，“新闻客户端是一种比较容易产生同质化的产品，用户改变使用习惯或者更换品牌的成本非常低，如果没有足够吸引眼球的产品或独特的品牌黏性，那么用户很可能将你的产品替换。”客户端推送的信息内容杂乱、价值不高，缺少内在联系和层次性，缺少鲜明的态度和风格，导致某些客户端被弃置率较高。在大数据时代，媒体会更多扮演资讯平台的角色，期待更多接地气和多元的内容生产者接入网媒的大平台，共同在供给侧结构改革大背景下为大数据新闻创造更大的价值。

其次，微博建构的茧房社交现象，容易导致群体极化网络暴力频发。微博作为新媒体时代自媒体的代表，它的主要特点就是信息消费的个性化和自主性，用户不仅是内容的生产者，可以向公众自由表达个人的观点，分享个人感兴趣的新闻、图片、视频等，同时也是内容的编辑者，能自主决定接收的信息范围。另外，微博的“协同过滤”技术通过对用户进行分析而推送用户可能感兴趣的信息，微群应用把有共同兴趣爱好的人聚集在一起。这些微博的传播特点与属性都迎合了用户由兴趣所引导的选择性接触、认知信息的行为。微博对于用户不再是信息的熔炉，而成了“坐井观天”的井口。因此，在微博中“信息茧房”效应体现得尤为明显。微博的“信息茧房”有可能形成一个个“信息孤岛”，不仅阻碍个体的全面发展，造成个体认知偏差、盲目自信，同时由于异质群体之间缺少有效对话，使群体之间丧失黏性，造成社会整体价值观因离散带来的缺失，甚至破坏对现实社会的基本共识。因此，对微博的“信息茧房”效应进行研究，了解其成因，探究如何规避其负面效应是非常有必要的。可见，微博“集群性裂变”的传播特点也进一步促使了群体的极化和言论的暴力。微博的舆论与传统媒体的舆论有所不同，传统媒体的舆论是线性传播的，由点散到面；而微博的舆论则是瞬间裂变，无数个话题由用户向各个方向传播，等聚集成相对一致的话题之后，再由某个极化的点向外迅速扩散，整个传播过程类似原子弹爆炸，速度惊人，微博这种特殊的传播模式势必会加剧网络言论中出现群体性偏好和暴力现象。因此，在大型体育赛事报道期间，必须要遏制微博上舆论暴力的发生，一方面需要从用户方面努力来正本清源；另一方面，微博运营商的工作也是不能忽视的，对于微博上已经出现的苗头应运用技术手段对微博内容进行适当监管和把关，而对于可能引爆网民情绪的奥运话题可以通过营造多方发声渠道来疏通网络情绪。

第四节　传播技术：技术软肋影响体验，场景移动传播受限

以移动终端为主的门户网站在里约奥运传播中还存在硬件、转播、音视频制作、网络等技术方面问题，用户在移动终端欣赏激烈奥运赛事时，经常会出现视频内容突然中断或画面不流畅、内置弹窗广告的干扰以及电池使用时间短、移动

屏幕难与电视大屏幕相提并论等问题，这些硬件问题或者应用方面的缺陷影响用户观赛体验，导致赛事传播处于一种非理想的状态。其次，智能手机、平板电脑等移动终端收看赛事资讯最理想状态是在 Wi－Fi 环境中，既不用担心画面流畅度，也不用担心流量问题，可以任性使用。但我国目前处于从 3G 技术向 4G 技术发展的过渡期，Wi－Fi 覆盖率不够，3G 网络不稳定，4G 网络在移动蜂窝状态下流量消耗过大，4G 手机普及率不高等问题，导致用户难以随时随地、在任意时空和场景去欣赏和享受奥运赛事的精彩纷呈。

一、传播技术软肋影响用户观赛体验

首先，门户网站在里约奥运传播中存在一些手机技术瓶颈难以突破。互联网的发展瞬息万变，短短几年时间，智能手机已经侵占了国内的大部分市场，功能机的时代已经过去。但是手机作为一种传播工具的时间并不长。因此，还是有一些技术上的难点，始终无法突破。近年来，无论硬件、软件制造商如何努力，却只能在原有产品基础上带去增量改进，智能手机时代初期屡有创新的局面已消失不见，智能手机增长放缓，是因为新手机不再具备吸引消费者购买的要素。短信发送还会出现网络阻塞、信号不好、信息丢失等情况，常常引起诸多用户抱怨。传输速率低、待机时间短、终端屏幕小、资费高等是手机媒体面临的技术方面的棘手问题，还有短信平台建设技术不完善的制约，这些技术方面的问题，直接影响到移动端媒体的普及和推广。

其次，手机管理制度不够完善。手机带给人们前所未有的便捷和自由，然而，手机媒体的繁荣景象，必然给一些不法分子可乘之机。他们借手机媒体的独特传播渠道，发布虚假信息，大肆招摇撞骗，误导公众，直接造成了社会秩序的混乱。传播者身份的隐蔽性、手机用户的海量性、跨地区传播等问题都给相关部门的监管造成难度。法律法规对手机媒体各方面涉及的具体问题都没有很完善的规定。造成了法律的空白。微传播时代，信息呈现“爆炸式增长”，把关人在网络空间的弱化，使得高频点击率为适应海量信息与以秒计数的更新速度，逐渐受制于“眼球效应”。为获取用户注意力资源，不少移动新闻客户端开始打“擦边球”。一方面，选择低俗化新闻内容，满足用户求奇求异的心理需求；另一方面，采用含糊暧昧的方式向用户提供新闻，如使用夸大其词或易引起误读的标题吸引用户，移动新闻客户端逐步成为“标题党”泛滥的重灾区。以往的大众传播环境中，传统媒体在传播过程中占据主导地位，掌握主要话语权，在引导社会舆论中起到决定性作用。而当前以“两微一端”为代表的微传播工具，则赋予民众更多话语权，网络民间舆论场逐渐形成。然而，具有权威性的传统媒体，在新闻客户端市场上尚未占有较大市场份额，传统的官方舆论场与网络民间舆论场尚有区隔，主流舆论在网络空间难以发声。而移动客户端的 UGC 即用户生产模式也为故意制造负面信息、发布虚假信息等提供了可乘之机。因此，加强网络舆论监管与净化网络环境迫在眉睫。

第三，目前 H5 技术在门户网站赛事传播中还不够完善。从传播学的角度来说，H5 的传播渠道偏少。首先，在进入链式传播的过程中，H5 主要依赖微信，通过微信朋友圈进行传播。其次，H5 新闻的传播周期太短。一个通过用户口碑扩散的移动 H5 页面，其访问热度往往只持续两天左右，虽然也可以通过不同时间的投放持续刺激用户阅读，但它的生命周期决定了它只能在短时间内集聚大量阅读。最后，H5 的传播效果难以监测。现在通过监测链接可以知道一个用户的阅读和转发行为，但是这个用户所带来其他用户的二次转发、再转发、N 次转发的传播效果就很难全部捕捉到。

二、媒介场景移动化传播的时空受限

在里约奥运传播中，各门户网站开启了全民视频直播的新时代，尤其是没有购买赛事版权的新浪、网易和搜狐网站，更是通过新闻客户端、视频客户端和微信平台等的视频自媒体直播，为用户奉献一道原汁原味的奥运赛事大餐。如在 2016 年 8 月 22 日晚，中国女排夺冠后返回北京，当晚在北京机场，几千人的接机球迷大军等候在候机大厅，而网易和腾讯也派驻记者对女排接机事件进行了现场直播，主要是通过智能手机。观看和参与女排接机现场直播的用户多达几百万，但存在一个很明显问题，就是因为无 WI – FI 信号，现场人多，机场 4G 信号不流畅等技术问题，导致现场直播手机画面不够清晰，或偶尔有中断的情况，降低用户的观赏体验，也限制了移动终端场景移动化传播的时空界域，这样的问题在里约奥运会赛事现场也经常出现，包括腾讯企鹅直播等平台，也面临同样的技术瓶颈，亟待完善和改进，以提升用户的观赛体验，增加用户的黏度。

第五节　赛事营销：盈利模式仍需突破，付费观赛尚不成熟

门户网站尤其是移动终端的兴起，引起了国内外业界的高度重视。就新闻客户端而言，人们理所当然地认为主流媒体凭借强大的内容生产力、专业的新闻人才和独有的新闻资质，能轻而易举地战胜各市场媒体。事实上，与体制、资金等方面具有较强灵活性的市场媒体相比，主流媒体面临着不少难以克服的困境。在营销方面，随着时代的进步，技术在不断地更新，人们获取新闻的方式也在不断地变化。为了适应人们的阅读方式和习惯，出现了大量的手机新闻客户端。国内新闻资讯类客户端应用现已超过1300个，这样一个庞大的数字暗示着此类竞争的激烈性。不仅新闻客户端，微信公众平台和PC端等，都面临与新闻客户端作为一样的问题，受众资源和赛事资源的有限性，导致大型体育赛事的广告营销竞争日趋白热化，虽然在里约奥运会营销中，腾讯凭借独家版权与奥运合作伙伴独家资源，取得奥运营销的成功，但综观其他门户网站，在里约奥运营销中还是存在一些问题，亟待改进。

一、赛事营销形式单一盈利模式仍需突破

目前，门户网站的奥运赛事营销，还是遵循传统的旧思维，主要以植入广告为主。为数不多的广告形式包括开屏广告、底部弹窗、新闻正文底部推广、软文广告等。不同于PC端口，移动端的屏幕限制了所能够展示的广告数量，难以满足商业化需求，而过多的广告插入和视频弹窗则会降低用户体验。如何在有限的屏幕上尽可能提高广告转化率，成为门户网站奥运新闻广告推广的困境之一（图5－1～图5－3）。而广告作为门户网站赛事营销的核心赢利模式，是广告主和网站开

图 5－1　腾讯网 PC 端的弹窗广告截图一

图 5－2　腾讯网 PC 端的弹窗广告截图二

发商最看重的一种方式。广告主可以根据移动终端用户的地理位置，实现广告的精准投放与有效互动。艾媒咨询（i imedia research）数据显示，超过 80.4% 的用户留意过手机新闻客户端的广告。但是也有一些原因制约着门户网站移动终端广告的发展。第一，不同于电视和电脑，手机客户端受屏幕尺寸的限制，只能提供有限的广告位，过多的话会直接影响用户体验的提升。第二，目前手机客户端上投放的广告形式过于简单，主流的三种广告模式：内容页首尾部广告（插入广告推广链接）、瀑布流广告（随着页面滚动条向下滚动，这种布局还会不断加载数据块并附加至当前尾部）、开屏广告。根据艾媒咨询的数据显示，这三种广告模式用户接受度均在 30% 左右。当然还有一种形式，就是软性广告，通过植入商品信息获得盈利。比如网易新闻客户端设有科技板块，通过对相关产品信息的报道宣传，向企业厂商收取费用。但这一方式容易引起用户困扰，广告主的态度比较谨慎。

图 5－3　新浪手机客户端的弹窗广告

二、付费观赛用户习惯和市场开发不成熟

里约奥运会门户网站的奥运营销收益，80% 以上均来自于移动客户端。关于国内门户网站大型体育赛事的付费模式，发展尚不成熟，一是用户的消费水平还有待提升，用户的赛事消费习惯还没有形成，国内赛事节目收费市场也不够成熟。在国外，《纽约时报》于 2011 年 3 月率先在业内启动“付费墙”（pay wall）的在线内容收费模式。读者需要每月支付 15 至 35 美元不等的费用，才能阅读该报网站的大多数内容。这一付费模式取得了显著成效，为该报赚得可观的利润，改变了过度依赖广告的经营结构，到 2014 年订购的付费用户已经达到 90 多万人。鉴于在纸媒付费模式的成功运作，2014 年《纽约时报》又开始在移动客户端采取“付费墙”策略，先后对 NYT Opinion 和 NYT Now 两款客户端进行收费，前者主要发布《纽约时报》的专栏评论，用户每月支付需 6 美元才能阅读；后者则浓缩纽约时报网站的精华内容，每月需付费 8 美元。但新闻客户端的付费业务并没有像网站 PC

端那样获得成功，用户数量较少，并且这些用户都是网站 PC 端的老客户，新增客户更是少之又少。这也使得《纽约时报》原来的超过移动端吸引智能手机年轻群体的目标落空。与此同时，《纽约时报》结合具体版面上线的一系列免费垂直领域客户端却发展势头良好。移动端的免费策略主要为吸引和扩大网站的年轻用户群，他们最终或者"升级"为付费订阅者，或者通过移动端广告来变现[1]。体育付费模式在国内已有近十年的历史，天盛（上海）传媒集团首先开启国内赛事电视观看的付费模式，但 2010 年天盛传媒集团宣告破产，失败主要原因也正是付费模式所致。目前来看，在国内普及会员付费制存在难度。业内人士也表示，电视和网络媒体付费模式也是必然趋势。但目前国内付费观赛用户习惯和市场开发不够成熟，本届里约奥运会赛事营销，除腾讯外，其他门户网站盈利模式还相对单一，亟待开发多元的赛事盈利模式，实现门户网站的转型，拓展门户网站大型体育赛事盈利的全新空间。

---

〔1〕 万小广，许小琴. 国际媒体的新闻客户端传播策略［J］. 对外传播，2015（10）：73 - 75.

第六章　门户网站大型体育赛事传播的突围路径

里约奥运会作为全球影响力、关注度最高的综合体育赛事，为门户网站的发展提供广阔平台与机遇，从2008年北京奥运会到2016年里约奥运会，历经8年发展变迁，网络媒体大型体育赛事传播已经发生改天换地的变化。首先，移动互联网的大爆发和全面普及，直接催生了移动化、个性化的新媒体大行其道，让受众可以随时随地关注到自己最感兴趣的内容，而在这个过程中以新闻客户端、微信和微博为代表的移动终端成为人们关注内容资讯最常用的平台。里约奥运传播中，网络媒体APP端已经超越PC端和电视媒体成为奥运传播的主力军。其次，社交媒体的全面兴起，这让全民参与创造内容成为时代潮流。里约奥运会上，微博、微信和手机QQ作为国内主要社交软件崛起，成为推动全民参与创造和传播奥运的重要力量。第三，视频时代的全面来临，里约奥运视频直播开启大型体育赛事视频传播的新时代。综上，当前以奥运会为代表的门户网站大型体育赛事传播，整体趋势正在从PC端向APP端迁移，主体业务也在逐渐从传统的PC主页向新闻客户端、微信和微博等移动端平移，面对门户网站大型体育赛事传播转型的拐点期，从传播主体、传播内容与形式、用户体验、传播技术及赛事营销等方面，还面临诸多现实瓶颈，亟待探索一条行之有效的路径，为门户网站可持续发展，为大型体育赛事传播提供理论支撑与智力保障。

第一节　传播主体：多重把关·优质原创·直播吸粉

大数据和移动互联网的崛起，使门户网站传播主体愈加多元化与复杂化，不仅包括门户网站专职编辑记者，还有转载新闻中的传统媒体记者。此外，以微信号、个人微博、朋友圈等为代表的移动终端媒体也逐渐加入到门户网站奥运新闻传播的阵营，且比重呈增长趋势。传播主体的多元化和向以个体为主的自媒体的发展，既解构了传统媒体主宰的话语霸权，也带来大型体育赛事传播中把关的弱化与缺失，复杂多元的传播主体需要门户网站建构多元赛事监管体系，进行多重把关以引导主流舆论；同时应借鉴“头条号”信息编码方式，注重优质原创新闻的传播；面对版权垄断限制发展的现实问题，需要自制直播视频吸粉、增加娱乐元素作为未来大型体育赛事传播主要战略。

一、建构赛事监管体系，多重把关引导舆论

移动化使原本断裂社会生活边界日益模糊。网络社会的一个最显著特征是分界线的消失：社会生活的宏观、中观和微观层次之间的分界线，公共和私人领域之间的分界线。生活边界打破导致传者受者身份的融合，多元的传播主体需要多重把关，以应对赛事传播多主体性问题。面对里约奥运会新媒体传播，它不仅是在传播体育本身之意义，更是塑造国家形象，传承奥运文化的载体与窗口，它所延伸的政治意义、文化意义和商业价值远远超过体育赛事本身。尤其是门户网站多平台全天候奥运战略使大型体育赛事传播从一个区域、一个国家延展为全球性体育媒介事件，因此，以门户网站为核心，建构政府、社会、媒体、赛事参与者、赛事组织者等多角色的新媒体赛事监管体系，意义重大。

首先，实现政府、社会、媒体和赛事组织者多重把关。大型体育赛事门户网站的把关，因网络媒体尤其是微博、微信和新闻客户端的爆炸式、开放式传播，如果单靠个体或是一个部门的力量是无法实现的，而是政府、企业、媒体、赛事

组织者和用户自我把关等多种形式的结合，才能收获预期效果。与传统媒体相比，尽管门户网站尤其是移动终端作为新传播方式尚缺乏大型体育赛事把关经验，但可以将传统媒体和门户网站 PC 端多年赛事传播经验借鉴并移植过来，深入分析移动终端的特点和规律，在移动媒体环境下实现多元意见观点的交流与碰撞，构建一个多角色参与的监管机制，建设绿色网络体育生态环境。同时，应不断提升移动后台监控和把关力度，通过技术手段对关键敏感词汇进行筛选或者屏蔽，以确保奥运信息的客观、真实和准确的传播。

其次，应强化“意见领袖”在奥运赛事传播中舆论引导作用。里约奥运会期间，裁判判罚争议不断，场内场外危机四伏，受此影响，中国运动员表现亦有不尽人意之处，举重、体操等项目裁判的不公，比赛第 1 日首金的难产，霍顿黑孙杨事件等，很容易点燃现场观众和亿万粉丝的情绪，面对诸如此类的事件，网易新闻客户端发布白岩松、颜强、杨旺等“意见领袖”评论文章，如颜强“宁泽涛不应回避媒体，没有金牌也无需羞愧”，对疏通舆论、平复情绪、淡化危机具有至关重要的作用。

二、注重优质原创新闻，借鉴“头条号”信息编码方式

门户网站除微信公众平台奥运新闻的传播主体 90% 以上来自于原创新闻外，PC 端和新闻客户端的传播主体中转载新闻均占有一定比例，人云亦云的转载会让门户网站赛事新闻的传播力、影响力降低。而传播主体缺少创新，必然导致其管理粗放、成长空间狭小。面对以上问题，门户网站各平台赛事新闻传播，必须不断提高优质原创新闻比重，减少转载。同时，应借鉴今日头条“头条号”先进的信息编码方式，实现新闻传播主体的多元化特征。在里约奥运会门户网站新闻客户端传播中，微信号、个人 APP、微博、朋友圈链接等移动传播主体已经开始占有一定比例，而体育类“头条号”是今日头条针对媒体、国家机构、企业以及自媒体推出的专业信息发布平台，致力于帮助内容生产者在移动互联网上高效率地获得更多的曝光和关注，实现精准的品牌传播和内容变现。目前体育类“头条号”已达到 1000 多个，因其具有准入门槛低、创作自由大等优势，未来还会递增。入

驻“头条号”的群媒体和自媒体五花八门，既有专业体育媒体，如虎扑体育、雷达体育、新浪彩票、咕咚等。也有体育名人注册的“头条号”，如刘建宏的“宏观体育”“黄健翔谈”和颜强的“超级颜论”等。此外网络体育写手、编辑以个人名义注册的“头条号”，也占据了很大的比重。大数据背景下，以今日头条为代表的新的数字内容分发渠道正在改变传播格局。体育信息过滤的权力让度正在发生转移，从媒体到社交关系再到算法，“头条号”凭借机器彻底取代“搜索引擎+人工编辑”的技术优势成为业界焦点。体育“头条号”打破传统网络采编机制，传统网编要根据体育赛事的热点对体育写手进行约稿，在双方协商的时间内，写手上交成文的稿件，再由网编通过后台操作，在PC端或手机APP端发布。而“头条号”的工作机制和体育博客类似，作者自己通过后台操作，对发布内容进行简单的处理，如插图、增加视频链接、创作标题等等。很多在门户网站或垂直体育网站工作的写手和编辑也开创了自己的“头条号”，作者利用工作的便利进行额外创作，个人加工内容甚至可以超过商业网站的体育新闻内容。“头条号”作者的工作方式属于“网编+写手”的结合体，寻找新闻素材、加工成文、布局版面和发布信息，均由个人独立完成，大大简化了工作流程，提高新闻创作和发布效率，更保证体育传播内容的独家性[1]。可见，今日头条体育“头条号”作为伴随新闻客户端和大数据技术算法产生的创新性传播主体，将会对信息编码方式产生变革性影响，也是门户网站应对本站专职记者少而发布新闻数量庞杂之间矛盾的一剂良药，同时也解决了因转载新闻过多而导致的网站传播力、影响力和权威性下降等方面问题。

三、版权垄断限制发展，自制直播视频吸粉

在奥运会的所有资源中，赛事转播权是重中之重。互联网媒体可以购买一定的版权，但代价极大。以2012年伦敦奥运为例，中央电视台旗下网站CNTV将转播权分成3类：A类包括直播、点播和央视节目，报价为5500万元；B类只含直播和点播权，报价3500万元；C类仅包含点播权，报价2800万元。实际上，

〔1〕 李芳．体育类“头条号”传播的实践与思考［J］．青年记者，2016（08下）：90－91.

CNTV并未出售直播版权，新浪、腾讯、搜狐、网易等四家门户网站购买的都是伦敦奥运赛事视频的点播权和央视节目，相当于上述3类中的C类，四家网站在购买转播权方面的花费各在3000万元上下。2015年国内体育赛事转播权以及赛事节目版权的开发、运营和保护都发生了很大变化。2014年10月，《国务院关于加快发展体育产业促进体育消费的若干意见》出台，要求放宽赛事转播权限制，除奥运会、亚运会、世界杯足球赛外的其他国内外各类体育赛事，各电视台可直接购买或转让。由于观看体育赛事的人群渐增，通过转播体育赛事可获得较大利润，且能够提升自身的知名度，越来越多的民营企业进入优质体育赛事转播权的争夺战中。

2016年里约奥运会，腾讯花费高达1亿元率先拿下了2016里约奥运赛事在大陆地区的网络播映权。此外，更是自制了《第一时间》《金牌驾到》《冠军直通车》等10余档原创视频节目，而这些优质的IP内容不仅成为腾讯这次里约奥运内容呈现的流量保证，更是吸引广告主进行广告投放的最关键的因素。据了解，腾讯在本届里约奥运会上，共吸引了包括伊利、可口可乐、耐克等46家冠名广告主，这远超新浪、搜狐、网易等媒体平台，而且更是在奥运传播未开启之前就早早实现了盈利。显然，在这个视频占据网络媒体主导的时代，IP的多寡实际上直接决定了媒体平台是否拥有更多的差异化内容的关键，而这背后直接决定了平台流量的增长。在未来几年，购买和自制优质的版权内容依然是各大媒体平台竞争的焦点。

面对央视、腾讯、阿里对里约奥运会的版权垄断，其他门户只能选择以边缘视角谋求边缘生存，一方面加强版权意识，一方面在政策允许范围内求新求变。此外，虽然腾讯和阿里体育以高额资金购买了里约奥运的转播权，但与央视又存在明显差距，因为腾讯和阿里购买的是央视奥运转播权的延时播映权，所有比赛腾讯和阿里必须比央视延时半个小时在自家平台上播放。因此，为应对大型体育赛事央视的版权垄断，各门户网站均采用自制直播视频节目来吸引粉丝。网络视频是国内互联网行业发展最快的领域之一，对于体育视频来说，网站需要优质赛事内容来吸引受众，但囿于央视对大型体育赛事版权的垄断，各门户网站在版权政策逐渐放开情况下，一方面与传统媒体和赛事运营公司展开版权大战；一方面剑走偏锋，将自制原创视频节目作为“未来内容战略的核心”，并不断向移动端迁移[1]。每临大型体育赛事，各门户网站在视频内容上投入均会翻番，加大内容版权投入已成为行业共识，上游内容的生产和多元化成为在线视频发力的重点，相比高昂的版权采购，成本低、制作简单、盈利模式清晰的自制内容成为各门户网站的首选。之所以在自制原创节目上下大赌注，首先是想通过自制优质视频进一步丰富网站赛事内容资源，降低赛事版权购买成本；其次是自制原创内容可以避免各门户网站赛事视频内容的同质化危机，走差异化、特色化发展之路。可见，四大门户网站为吸引受众，制作出大量精良的原创视频，节目因其专业制作团队和独特品牌塑造，为门户网站吸引更多用户的关注。在2016年里约奥运会上，四大门户网站视频产业继续发挥自制原创视频的强势地位，在优质视频资源、台网联动、精品自制等领域发力，形成资源整合互补，提升用户黏度和体验，打造“三驾马车”齐头并进的稳固战略结构[2]。网易推出“24小时直击里约奥运直播”节目，弥补了用户因时差或其他原因没看到直播的遗憾，如8月14日10：25奥运直播，参与人数达到3553.9万。此外，网易将自制视频作为“未来内容战略的核心”，随着技术发展，移动用户可以运用智能手机的秒拍功能，即时将赛场内外信息传达给每一个用户。网易自制专题视频节目“冠军之家”，邀请吴敏霞、张梦雪、龙清泉等冠军参加，集娱乐、互动和专业于一身，张梦雪冠军采访，点播量和参与数高达9.2万，收到较好传播效果。

此外，面对没有赛事转播权的尴尬境遇，乐视体育首席内容官刘建宏表示，里约奥运会期间，乐视将在乐视体育、乐视视频、章鱼TV等平台“让用户自己通过奥运会产生大量节目”。在他看来，做体育有两个方向，这两个方向是必须要同时兼顾。一是要把体育做得越来越职业，像赛场上每个扣杀，每一个拦网，每一个发球，都应该对它进行最专业的解读。同时，也要进行娱乐化的传播，因为这是一个娱乐化的时代，这也是全民都喜欢的一种方式。“我们需要把这些娱乐的内容更好地传播给大家”。而新浪的理念是：奥运会就是个大party，玩嗨了就好。在对奥运会的竞技属性、金牌数量保持关注的同时，人们也越来越多地把目光投向体育比赛所蕴含的娱乐性。可见，为应对国内赛事版权垄断的现实瓶颈，腾讯、

〔1〕 孙琳．中国网络视频行业发展现状及走向猜想［J］．新闻研究导刊，2013（11）：30－34.

〔2〕 李芳．门户网站体育赛事视频传播的趋势［J］．新闻战线，2016（08）：134－137.

新浪，网易、搜狐都把“玩”这个主题突出体现在里约奥运的传播战略中来，并将增加娱乐元素、自制直播视频作为未来大型体育赛事传播中应对版权垄断的主要途径。

第二节　内容呈现：独家策划·深度整合·形式创新

门户网站在里约奥运会传播中的内容呈现，更加丰富多元，精彩纷呈，但是在海量的赛事内容背后，依然存在同质化的困境，尽管赛前各家门户网站对里约奥运制定了差异化传播战略，但无论是PC端、新闻客户端、微博还是微信公众平台，因为功能、受众定位的雷同，以及奥运报道资源的有限性，以及过度转载、信息繁杂等而导致内容的同质化、碎片化和肤浅化。因此，各家网站也在避免同质化、信息污染和深度不足等方面进行了有益的探索与尝试，取得了一定成效，但问题依然存在，亟待门户网站在今后大型体育赛事传播中做好以下几点：独家策划创新思维，自媒体加盟彰显个性化内容；深度整合聚焦内容，通过长尾效应对赛事进行精准传播；同时内容还需有好的形式与之相契合，因此需要形式创新来塑造独家视角，全民直播重构赛事内容传播的大生态。

一、独家策划创新思维，自媒体加盟显个性

当前，门户网站PC端因转载新闻较多，每天需要大量新闻更新页面，因此尽管已有20几年发展历史，但同质化现象依然严重。而各门户网站的新闻客户端处于发展初级阶段，同质化现象也较为显著。在发展初期，进行同质跟进属于正常现象，但经过初期模仿与跟进后，各门户网站若想在新闻客户端平台上实现盈利和跨越式发展，就必须走差异化竞争之路，挖掘自身的基因潜力，打造个体优势和独家特色。为寻求特色化生存，绝不能照搬传统互联网的思维方式、商业模式与业务模式，必须遵循移动互联网的特点规律，结合大型体育赛事特点，找准定位，形成品牌效应。如网易体育目前定位是“无跟帖不新闻”，做有态度的新闻门

户。在本届里约奥运会传播中，网易以新闻客户端为主抓手，不断创新内容生产方式，在独家策划方面大胆尝试，构建符合移动互联网时代要求的传播生态圈。如“数读奥运·冷知识”“里约大冒险”等栏目，通过可视化图表传播奥运知识，别具新意。奥运漫画版更体现网易新闻客户端创新思维，“傅园慧表情包和孙杨哭”的漫画，以独特表现形式深度解读奥运，开奥运漫画传播之先，颇受90后小鲜肉们的青睐。新浪以内容为王、策划是金作为本次奥运传播的核心理念，如新浪体育在此次奥运会开始前，围绕中国军团的近期表现，国外对手的成长和竞技水平，并考虑诸多因素，制定了“不止为冠军”的原创图集，H5杂志主题，引发受众对奥运精神的共鸣。“不止为冠军”通过61张主题系列海报，向人们深入诠释了“不唯金牌论”的主题态度。新浪在向网友传递奥运专业资讯的同时，也成功引发了社交圈的互动传播。从策划核心来讲，新浪在微博上还设置了“不止为冠军”的话题，主题直指人心。一方面向网友传达新浪对于此次奥运会传播的态度：传递奥运最本质的精神，不以金牌论成败。从而占领舆论高地，引导网友舆论风向。另一方面，策划凸显人文关怀，从而可以和网友建立心灵上的联系，利用社交网络为奥运健儿加油。“不止为冠军”话题推出不到20天时间，阅读量达到3.6亿。“不止为冠军”已经不再只是一个微博话题，而是成为微博网友讨论奥运的一个新方式，尤其是对于普通的草根网友来说，他们找到了一个最简单直接，最能够表达他们对于中国奥运健儿骄傲情感的词汇，那就是“不止为冠军”。这是新浪体育一场有态度、有关怀、有影响力的策划活动，成功地占领了品牌传播的制高点。甚至包括CCTV5、PPTV、百度新闻等同业媒体在本届奥运报道中，都直接引用了新浪体育“不止为冠军”的专题策划和图集内容。此外，针对受到社会和网友广泛关注的热点赛事，为更好配合主题传播，同时辅助赞助商权益曝光，新浪体育还创新策划了“去打破”“就要痛快”等微信九宫格系列图片海报，成功将体育精神与商业合作伙伴安踏巧妙结合，成为独特的品牌传播范例，并引发极大的关注与认可。截至奥运闭幕，共制作发布系列海报6套，微信累计曝光覆盖人群超过数十万，微博阅读近千万，其精确定位了高端朋友圈人群，获得了安踏、联想ZUK等大客户的赞誉和好评。

腾讯更是借助超豪华的奥运报道阵容、与中国奥委会合作的独家资源以及奥运会转播权的强大资源优势，独家策划了如里约议事厅、里约客、第一时间、掌上奥运、里曰、冠军直通车、金牌驾到、奥运广场舞、边界、在现场、全景看奥运、专业看奥运、奥运大咖秀、大人物、前线直击、玩转奥运、里约家味道、此刻是金等独家制作节目，大部分节目均获得不同企业冠名，即保证节目独家性，也赢得了奥运营销的胜利。以腾讯在奥运会期间自制原创视频节目为例，既有《专业看奥运》这样的适合体育迷收看的专业节目；也有《冠军直通车》《第一时间》等聚焦奥运冠军适合用户追星的节目；还有《里约家味道》这样的边吃边侃的奥运周边美食节目。可以看到，在全民参与的大背景下，体育、娱乐等内容实现了大跨界，在奥运会这样的体育赛事当中，不同的人群都可以获得不同的内容体验，获得自己最关心的资讯，比如狂热的体育迷们可以尽情观看赛事直播、回放等，而热衷追星的娱乐受众则可以通过媒体平台自制的原创视频节目获得体育明星的花边生活资讯，甚至一些美食爱好者都可以找到关注的兴趣点。而这也是里约奥运报道过程中凸显一个新趋势，新旧媒体不仅仅在渠道方面融合，而且不同的内容之间也出现了明显的跨界现象。可见，在传统媒体渠道固定、媒介形式单一的时代，“内容为王”核心要素是原创、独家、精品。在今天的移动互联网时代，“内容为王”的核心要素为“优质内容 + 异质平台 + 适合语态”。因此，归根到底还是要把内容和服务做好。

此外，为了实现奥运内容的异质化传播，腾讯还建立了腾讯社区，网易在新闻客户端上还引入自媒体加入，新浪微博也是通过众包新闻的 UGC 内容生产模式，以突显奥运资讯的个性化传播，尽量避免同质化现象。自媒体（We Media）又称“公民媒体”或“个人媒体”，指个人化的、以数字化方式向特定或非特定人群传递信息的新媒体。美国新闻学会媒体中心于 2003 年版的“We Media（自媒体）”研究报告对“We Media”下的定义为：“We Media”是普通大众经由数字科技强化、与全球知识体系相连之后，一种开始理解普通大众如何提供与分享他们本身的事实、他们本身的新闻的途径。自媒体已经成为当今媒体格局中的重要一极，在中国已有‘数亿人开设了个人媒体账号。这种账号往往以博客、微博、论坛、BBS、贴吧、知乎、个人 APP、微信号等具有社交属性的新媒体形态出现。里约奥运会上，一方面赛事和运动员热点话题被用户追捧，引发大量 UGC 传播；另一方面，自媒体大显身手，成为本届奥运会移动资讯平台热点事件传播的重要一环。如里约奥运期间，网易新闻客户端吸引了总计 5000 个网易号、100 家核心自媒体加入到奥运报道大军，与奥运相关主题的网易号文章阅读量总计超过 10 万 +，傅园慧、宁泽涛、孙杨、林丹和张继科成为网易号人气最佳的奥运明星，福原爱、马龙等奥运明星也深受大众喜爱，网易号自媒体以个性化的视角为网友呈现出热点背后的奥运百态（图 6 –1 ~ 图 6 –4）。

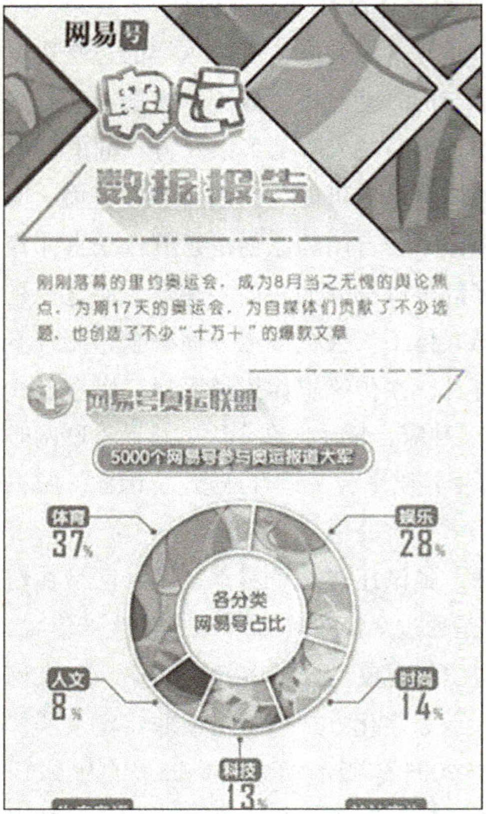

图 6 –1　网易号奥运联盟截图

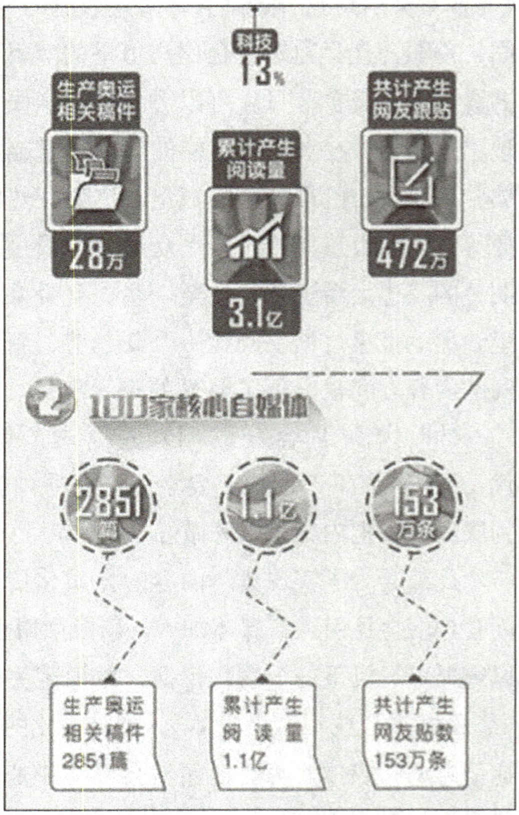

图 6 –2　100 家核心自媒体截图

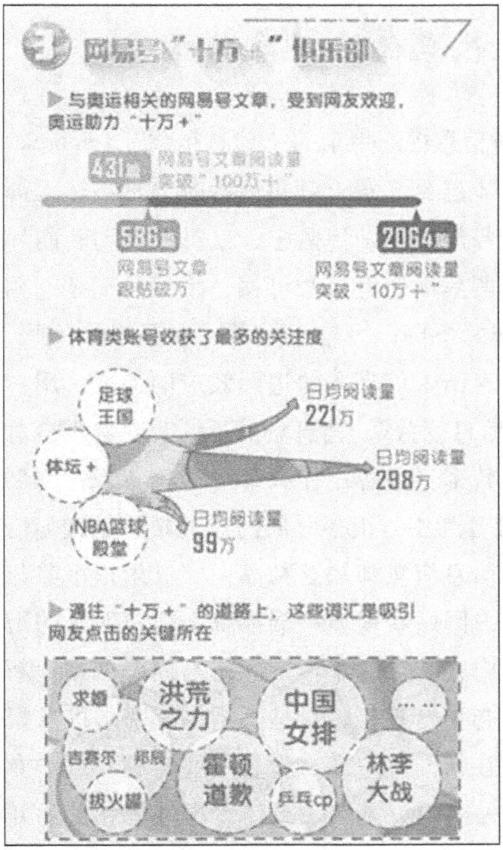

图 6－3　网易号"十万+"俱乐部截图

图 6－4　人气最佳奥运明星截图

综上，全民参与创造内容已经成为主流，每一个人都是赛事内容制造者，每一个人也都是赛事内容的消费者。而从北京奥运会到里约奥运会，这 8 年间人们关注奥运的渠道、传播方式以及媒体的组织都发生了巨大的改变，这使得人们能够全方位零距离地了解每一个新闻事件或新闻人物台前幕后的故事，并参与到每一起新闻事件的制造和传播当中，受众早已经从单纯的旁观者成了新闻事件的真正参与者。更主要的，通过自媒体的加盟，以及草根媒体加入到大型体育赛事传播中，避免了媒体专业报道的千人一面，也是今后门户网站大型体育赛事传播突破同质化现象的主要路径之一。

二、深度整合聚焦内容，长尾效应精准传播

21 世纪初的 Web 2.0 时代，普通人对信息爆炸带来的“信息超载”（information overload）开始有了亲身感受。信息从丰富到超载，其负面影响也日益让人烦恼和疲惫，频生摆脱之意。在里约奥运会各门户网站传播中，仅每天滚动新闻界面，关于奥运新闻就多达上千条，每条新闻后面还有各种链接，因信息庞杂，相关性低，用户体验效果差，其用户黏性开始下降。因信息过载，网民应接不暇，其有效注意力时间在进一步缩短。随着信息给人们带来的边际效应的递减，用户因“信息污染”“信息超载”而产生了“信息疲劳”，信息疲劳不断改变着用户对赛事内容的消费心理。门户网站奥运资讯传播，内容制作大部分依赖转载，原创内容比例不高，PC 端页面上内容以信息聚合为主，很多时候门户网站只是成为信息聚合平台，对赛事内容缺乏深度挖掘，信息海量却缺乏精品，导致用户审美与消费疲劳，致使大量用户流失。而目前门户网站新闻客户端都属于门户网站的衍生产品，是门户网站功能与平台的延伸，内容均来源于传统媒体与门户网站，新闻客户端内容同样缺少对内容的深度加工与整合挖掘，只是大型体育赛事信息聚合平台。如本届里约奥运会一些门户网站在新闻客户端上设置一些专题，点击专题主页面进入二级界面，可以浏览到跟某一赛事、某一热点体育事件等相关的新闻信息聚合，新闻专题是就同一新闻事件或者话题的新闻整合，不仅具有时效性，还能以跟踪报道的形式深入挖掘，全方位解读新闻事件。但里约奥运会上个别新闻客户端中的专题采用层级链接的形式，把含有文字、图片、视频等多种表达方式的同一主题多篇相关报道汇集在一起，只是简单的信息叠加，并没有实现深度整合与挖掘。造成这一现象的原因是商业门户网站的新闻客户端是为了商业利益而产生，以机器自动抓取推送新闻，日均发稿量大而编辑人员有限，完全达不到有网络信息服务资质网站编辑数量的要求，编辑负责每日审查工作量已超负荷，更没有时间制作有深度的内容。因此 整合不仅是信息汇总，更是信息的过滤与提纯。体育传播表现于新闻客户端主要有头条新闻、赛事直播、精彩视频等不同栏目，而足球、篮球以及世界性、区域性大型赛事也是新闻客户端内容整合的焦点，利用这些广泛的大型赛事吸引用户，以原创新闻、独家专访等形式引导用户，

凸显自身优势；或对新闻再次过滤、编辑、深度整合，利用文字、图片、视频等多媒体展示内容[1]。保罗·莱文森将手机定义为“补偿性媒介”，是对之前媒体所未能展现的功能与内容的一种补偿。手机客户端以手机为依托，应在利用原有赛事资源的同时，研究用户市场，建立有针对性的采编系统，打造补偿性、区别化、个性化的原创栏目，扩展内容的广度与唯一性。提升内容原创性而非照搬其他的媒体资源，摆脱简单的“文字搬运工”身份，“内容制造”转变成“内容智造”，门户网站利用新闻客户端这一智能化的媒介、充分发挥编辑的智力来创新内容，以独特的视角创立自身品牌栏目。否则，“补偿性媒介”的功能属性被隐藏，手机新闻客户端的传播特性也不再完整。

此外，随着互联网技术的发展，网民已经普遍因信息过载而备感疲惫，因此门户网站应以专业内容生产者的优势，利用移动平台的多媒体性和手机小屏化特征，通过“筛选”和“呈现”，有规律、有限度、有质量和有结构地发布和呈现新闻，让在信息海洋中深具“失控感”和“无力感”的用户重新找回“做回自己的主人”的感觉。“筛选”就是通过媒体专职记者的新闻把关，将优质的实用的满足受众个性化需求的新闻推荐给用户，呈现就是将新闻内容做结构化的展示。当前我国四大门户网站在 PC 端赛事新闻内容的“筛选”和“呈现”上，还不能尽如人意，在内容的“筛选”方面用力不足，将选择权过度置于用户身上，以用户对新闻浏览习惯为中心推送内容，最终使得用户陷入量大质差的信息海洋中，导致其阅读兴趣下降，影响了赛事新闻的有效到达率。新闻客户端和微信公众平台内容筛选方面相对好些，但在“呈现”上基本无所作为，内容的“呈现”不够结构化[2]。因此门户网站在大型体育赛事传播过程中需要对内容进行认真的“筛选”，从众多繁杂海量信息中通过媒体专业把关，为用户选择实用优质的资讯，而不是把选择权利让渡给用户，同时对所有赛事信息在门户网站各平台端口进行结构化呈现，不仅是简单信息聚合，更要通过一定逻辑联系，全面整合、深入解读各类赛事资讯，聚焦赛事内容，做到赛事内容传播的专、精、深，避免用户在浩如烟

---

〔1〕 潘琦．我国手机客户端体育赛事传播的现状分析——以巴西世界杯报道为例［D］．上海体育学院，2015.

〔2〕 邓建国．筛选与呈现：信息疲劳背景下的移动内容传播新趋势［J］．新闻记者，2015（06）：16－24.

海的赛事新闻中，无从选择、倍感疲劳和焦虑的尴尬境遇。

其次，为解决微博平台赛事信息内容的碎片化、肤浅化等问题，各门户网站应围绕多媒体的内容生产、传播，以网站为基础，将微博与手机新闻客户端、微信公众平台、微信朋友圈等联动，打造一次新闻采集，多方共享的全媒体平台。对用户进行深入分析，实现电脑、智能手机、Pad 和平面媒体之间的畅通运转，以满足用户个性化、小众化的需求。同时，通过热门话题讨论的形式也可以将赛事内容做深做透，将有共同兴趣爱好群体聚合在一起，通过热点话题汇聚人气，整合内容资源，也可以通过专题形式，对某场比赛、某一事件或明星人物集中报道，整合所有赛事内容及平台资源，让用户更深切地感受到体育所具有的无限魅力。此外，因微信公众平台赛事信息发布次数有限，其内容选题相比微博要慎重得多，而微博的海量信息资源可为微信公众平台的内容推选提供平台支撑。在编辑微信内容时，可将微博上受用户关注度较高的信息作为内容基础，以亲民的视角入手，将信息整合加工后发送给微信用户。此举以微博用户为“试金石”，从而在一定程度上保证微博内容在微信平台中的传播效果。另一方面，精心编辑的微信平台内容也可以适当方式反哺到微博上，提升微博信息质量，最终实现两个平台内容的价值放大，通过打造微信微博等赛事新闻的多矩阵平台，以真正实现大型体育赛事传播内容的深度整合与聚焦。

如何打破现有的同质化和信息泛滥的瓶颈，“长尾理论”认为：当市场提供无尽丰富的产品选择、渠道和产品空间的情形下，80% 的“非热门”产品会创作出更多的价值。在当今移动互联网时代，个性化成为赛事内容发展的一种趋势。“长尾理论”认为：关注度减少并不代表没有注意力。当新闻生产者把大量的精力放在大众都会注意到的领域，那么，同质化结果就并不是什么偶然。但如果新闻生产者将自身有限的精力，精准投入到对某些冰点领域或冰点信息的深入报道中，那么看似冰冷的长尾，将成为媒体的品格标签。这同样需要传播者有一种逆向思维力，因为逆向思维最易引起别人的反思和关注，正如“人咬狗才是新闻”是同理的。

再次，运用大数据实现赛事信息的精准化传播。大数据主要价值之一就是预测，这正好与大型赛事特征和用户心理需求相契合，通过大数据系统，可以实时监测用户浏览赛事行为、习惯、对赛事信息偏好、兴趣点、态度等，这些海量数据信息是媒体向用户推送新闻的主要依据。还可以通过精确数据分析，建立用户对体育赛事的兴趣指数、收看体育赛事的时间图谱，这样媒体就可以根据用户浏览赛事新闻的时间节点，在最合适时间和空间将个性化赛事信息送达用户。如在里约奥运会期间，搜狐网与微软合作，借助人工智能和大数据分析来预测比赛，此外，微软人工智能机器人还将参与搜狐奥运互动直播，与网友亲密交流。针对奥运会这一顶级赛事，比赛数据将通过搜狐新闻 PUSH 推送、奥运快讯弹窗和搜狗弹窗秒速传递，满足亿万用户及时获取赛程赛果的需求。可见，大数据、云计算实现了体育赛事信息的精准传播，能够摆脱垃圾信息对用户的污染，但大数据并不能解决所有问题，在对信息进行推送服务时，应将数据推送与专业编辑推送相结合，只有人与技术相结合，才能实现最有效的赛事传播。

与此同时，为净化奥运信息污染，各门户网站均启动差异化传播策略，如网易派出专业报道团队，借助泳坛明星效应，与中国游泳队、跳水队签约，并邀请宁泽涛作奥运形象大使，利用优势项目吸粉能力，以精准独家见长。并通过奥运系列报道、系列主题策划、系列下线活动，以“深度报道”“平台联动”“特别策划”三位一体的模式，营造随时随地、不分场合、无关输赢的体育报道氛围，让新闻内容以年轻、时尚、潮流的视角，触达不同圈层网民。奥运期间还通过设置“冠军之家”“里约奥运会游泳赛事”“霍顿嘲讽孙杨涉药”“里约奥运乒乓球赛事”“奥运早报”“里约奥运会举重故事”“里约奥运会篮球故事”“里约奥运会足球故事”等专题，实现内容聚合，彰显大型体育赛事新闻报道的专业性与精深性。这种专题形式的推出，避免了因移动媒体内容传播的碎片化而对赛事体育本质的消解，使真正的铁杆球迷可以畅快淋漓地享受比赛、享受体育的激情与魅力。

三、全民直播重构内容生态，形式创新塑造独家视角

智能手机的普及，移动资费的下降，4G 网络的发达，越来越高的分辨率，使得在碎片化时代，直播以及观看直播成为一种可能，甚至潮流。直播的视角更亲民、内容更立体、用户更具备互动的热情。直播的属性决定了其必将作为内容一种重要的承载形式而存在，也将是下一个最重要的信息载体。腾讯在里约奥运会上，开启赛事直播的新时代，全民直播延续腾讯对内容生态的把控力。里约奥运

会腾讯重新定义了直播，将直播提升到“全民直播”的新高度，并彻底颠覆目前以网红为核心的内容生态格局，在内容类型上拓宽、产品形态上创新、传播渠道上多元、用户使用上普及，从而引领整个互联网媒体体育赛事内容呈现的新趋势，真正做到将直播带入寻常百姓家，形成一种健康而普遍的存在。此外，技术与设备的推陈出新，提升了赛事新闻端口在内容呈现上的交互化体验。人工智能使终端设备的运行更加贴近人类的思维方式，有情感、有兴趣点、有判断力，甚至能够代替人们进行思考；VR 和 AR 技术给使用者搭建了一个平行空间，身临其境不再必须靠贫乏的文字表达和积极的想象力才能实现，视听触全感官的体验，大大增强了浸入感；互联网、物联网把我们带入了数据化时代，这个时代的运作重心越来越向数据倚靠，它也在运作中不断生产着海量的数据，近年愈发受到重视的数据新闻，较之以前的精确新闻，更加强调交互性的呈现方式，强调受众的参与感，成为新闻内容生产的新走向。

内容还需好的形式来呈现，移动互联时代的动漫短视频、漫画新闻、图表新闻正成为塑造独家视角、展现独特表达方式的新媒体融合报道手段。里约奥运会传播中，门户网站也不断通过形式创新来确保内容更完美、更精彩地呈现在广大用户面前。如图 6 – 5 和图 6 – 6，是腾讯独家策划的“奥运红宝书”栏目，通过漫画的形式对“奥运首金”和“对游泳运动员傅园慧的采访”进行内容的展示，图 6 – 7 是腾讯新闻客户端关于傅园慧搞笑表情包的报道，关于傅园慧表情包内容报道在各门户网站的 PC 端、新闻客户端和微信平台等随处可见，但多以图片和视频新闻的形式来呈现，而网易新闻客户端却将“傅园慧表情包”和“哭泣的孙杨”用漫画新闻的独特形式表达出来，以独家视角、创新的形式吸引用户的眼球（图 6 – 5 ~ 6 – 8）。

图 6－5　腾讯奥运红宝书漫画截图

图 6－6　腾讯奥运红宝书漫画截图

图 6-7　腾讯傅园慧表情包截图

图 6-8　网易傅园慧/孙杨漫画截图

第三节　用户体验：社交互动·话题设置·“人工+智能”编辑

伴随媒介技术演进，受众的地位也在发生变化，以用户为中心越来越成为门户网站经营的核心理念，在大型体育赛事传播中，所有战略的制定与实施也必须以“用户体验为中心”，注重用户的分享互动，同时通过个性定制与信息推送来满足用户的个性化需求。在2016年里约奥运传播中，四大网站在增加用户体验方面进行了积极探索和有益尝试，主要表现为以下几方面：一是通过娱乐互动延展奥运传播边界，以社交基因驱动品牌营销；二是圈层分化扩散兴趣爆点，话题设置消解群体极化现象；三是改变逻辑彰显个性，破除茧房拓宽用户观赛视野。

一、娱乐互动延展奥运边界，社交基因驱动品牌营销

媒介环境学派第一代代表人物哈罗德·伊尼斯认为，传播和传播媒介都存在偏向，如果从内容和关系两个维度来分析，则可发现在这两个方面，以微博、微信和新闻客户端为核心的门户网站均具有相应的偏向，即同时具有内容偏向和关系偏向，不仅如此，这两种偏向还呈现出叠加的效应。如微博以内容偏向为主体，同时叠加了关系偏向，从而在传播过程中获得了一种基于新媒体传播内容偏向和关系偏向的复合偏向结构，并形成了一种独特的新媒体传播效应。而微信传播则是以关系偏向为主体，同时叠加了内容偏向，从而在传播过程中也获得了一种基于新媒体传播关系偏向和内容偏向的复合偏向结构，并形成了一种不同于微博的新媒体传播效应。新闻客户端和PC端的传播偏向也是以内容偏向为主体，同时叠加了关系偏向。可见，在今天的新媒体传播中，基于内容维度而发展起来的微博、新闻客户端在关系维度上的发展也不可忽视。而与此同时，基于关系维度而发展起来的微信在内容维度上的发展也不可小觑。在微传播进程中，微博这种建构在内容偏向基础上的关系偏向叠加现象，以及微信这种建构在关系偏向基础上的内容偏向叠加现象，都说明在门户网站的赛事传播过程中，已经没有纯粹的内容传播，也没有纯粹的关系传播，内容偏向和关系偏向的叠加融合在移动门户网站赛事中已经成为常态[1]。关系、社交、分享与互动成为门户网站赛事传播的关键要素。

从腾讯、新浪、网易和搜狐里约奥运的传播战略看，各网站与奥运赛事直接相关的采访、报道仅仅占了很小的比例，却在社交互动及赛事、冠军等衍生出来

〔1〕 付玉辉. 论移动互联网微传播的双重召唤结构和偏向叠加效应［J］. 浙江传媒学院学报，2015，22（3）：8－12.

的泛娱乐、体育节目上浓墨重彩。这一点恰恰契合了奥运关注度多元化的趋势，门户网站意图延展奥运会的内容和用户体验的边界，而社交基因成奥运营销的核心驱动力。社交是连续两届奥运会的热点关键词，自从互联网势力渗透进奥运传播并发挥主力军作用后，社交、互动、参与感等方面，每一届奥运会都是重头戏，各家门户网站也将此作为传播重心。央视名嘴、资深体育人张斌在谈到奥运传播时表达了一个观点，“奥运会的仪式感越来越强，报道的好坏要看给人的代入感强不强，只有用户真正被打动了，才能产生更大的影响力和商业价值”。其实，这里的“代入感”就是互动性和社交，如腾讯网在里约奥运传播中将社交链和互动参与放到了很重要的位置，还设计了一系列的趣味性强的游戏、摇一摇竞猜、奥运冠军加油 PK、火炬传递等原生创意的玩法。比如微信的朋友圈里会出现冠军轰炸，引发话题讨论，还有道具弹幕、竞猜游戏，以及将奥运与明星关联在一起的互动社区，这种情景式互动体验，让品牌可以植入到夺金时刻、奥运点赞、赛事互动中，不仅加强了品牌印象，更能在关键场景上达成共鸣。更值得一提的是一项在微信端发起的跨越多个国家和地区的“跑向里约”活动，活动将微信与奥运举办城市串联成一个虚拟的地图，包括悉尼、雅典、北京、伦敦，最后直达里约。微信用户可以邀请好友加入微信运动，通过跑步共同积攒里程，在每一个城市也会有线下明星参与的跑步活动，这是有史以来用数据打造的世界最大的线上奥运助威活动，充分体现了全民奥运的理念和魅力。可以说，这些完全创新的玩法，再次推动奥运会传播报道真正绑上社交的基因，让全民参与进来，形成一个又一个事件。

随着移动互联的发展，互动式的报道和观赛体验，也是新浪此次里约奥运会传播的一大亮点。为更好传播奥运战略理念并促进更多用户和网友参与，新浪体育还特别策划并制作了多期的 H5 互动传播，如新浪体育的“抢金夺牌大作战” H5 互动小游戏，取得了非常好的传播和推广效果，共计 312,117 人参与，覆盖朋友圈人口超过 650 万。此外，在微博和 APP 社区中，UGC 活动、各种话题参与互动量近 200 亿。借助微博平台，新浪体育设置多个互动板块，促进网民互动，引导网友积极评论，对奥运发表看法。其中，@新浪体育主持的奥运话题累计阅读量达 172 亿，主话题#新动里约#话题累计阅读量 92.8 亿，在各个媒体报道中均居领先。特别值得一提的是图文直播室，新浪直播间加入弹幕、打赏、竞猜等形式多样的互动方法，让网友在观看图文直播时，还能有更多的互动选择。里约奥运期间，新浪体育直播间共进行了82场次的图文直播，总在线人数超过1.24亿，互动量500万以上。其中北京时间8月21日上午的女排决赛的图文直播，同时在线最高人数超3000万人，体育迷们在见证中国女排顽强、团结、拼搏精神的同时，发表各类评论近300万条，创奥运直播间的历史新高。随着门户网站业务从PC端向移动终端的不断迁移与转型，新闻终端的未来形态难以预见，但便携性、移动性和社交化注定是未来终端的标配。移动终端形态多样，具有横向的科幻化体验。智能手机、平板电脑、VR眼镜、智能手表，这些都是移动终端依托于不断推陈出新的互联网系列技术，最终呈现出来的丰富形态。人工智能技术的应用，使电子设备能够在一定程度上对人类大脑和情感进行模拟，由此衍生了个性化推荐、情感判断、人机对话等功能。基于人工智能的人机交互，带来的是精准、趣味和无限的可能，提高了受众的满意度，拓展了受众对新闻终端的想象空间。移动终端的更新换代十分迅速，未来门户网站大型体育赛事传播将带给受众更多纵向的科幻体验[1]。

二、圈层分化扩散兴趣爆点，话题设置消解群体极化

门户网站在传播构成中，是大众传播与人际传播的双向回归，尤其人际传播在门户网站赛事传播中发挥越来越关键作用。而这种人际传播的圈层结构在微博和微信传播中表现得尤为显著。如微信传播存在的主要问题有：一是微信以熟人之间传播为主，正是因为“人际圈子”中关系过于亲密，易带来信息的失实、失真。二是微信“熟人关系圈”和“圈层化”传播效应使得人们的社交范围与社交圈子日渐呈现出窄细化，引发人际传播焦虑，导致人际交往走向“断裂”。由此可见，在某种程度上，微信并没有扩大社交圈，反而弱化了人们的社会归属感、增强了社会疏离度。微博的人际传播圈虽然多属于陌生人之间的人际交往，但在一个小众形成的微博人际圈内，用户往往只关注自己感兴趣的微博信息，对喜欢信息获取方式也乐此不疲。特别是微群和微话题的建立，使信息窄化现象加剧，这

〔1〕黄朝钦，钟瑛．从“媒体平台”到“关系网络”——综合门户网站的经营现状与模式转型［J］．现代传播，2014（07）：6－12.

使微博赛事新闻传播导致信息窄化效应。如何消解微信、微博等门户网站新传播方式形成的日益严重的信息窄化现象，通过用户兴趣点分化、圈层分化可以让赛事传播走向多元化。奥林匹克研究专家易剑东认为：即使你有强势的奥运资源，但也要利用好，金牌选手虽然吸引人目光，但要在故事性、戏剧性上突出，更要满足公众对奥运会多元化的需求，用奥林匹克价值观来诠释这一点。虽然这句话说得很“笼统”，但能给我们带来很多启发。也就是说，随着兴趣社群、圈层化的演进，同样一个里约奥运会，作为媒体，要照顾到不同兴趣人群、不同圈层的需求，形成不同的“爆点”，这里面也会有一个共性，比如冠军、赛事是普遍关注的。放到媒体奥运 PK 上，就要看各家针对这一变化，会打出什么牌。拿最有资格、有官方合作身份的腾讯来说，对外说的是“全时、全力、全星、全球”的概念，显而易见也是看到了兴趣点分化、奥运走向多元的趋势。

因此，面对门户网站信息窄化形成的“伪个性化”和“信息茧房”效应，需要通过技术控制以及话题设置来予以消解。技术控制主要是对网站后台加以内容审核与把关，是网站后台管理者运用网络技术对用户及其言论进行监管，主要包括对用户账号的后台管理和对与舆论暴力相关的关键词进行把关。首先，对用户账号的后台管理，主要针对那些经常在微博、微信等网络平台上发布挑衅内容、恶意信息的用户账号进行使用限制，另外对那些可能产生恶劣影响的言论内容进行过滤或者删除，对屡禁不止或者行为相当恶劣的博主可以直接删除其用户资格。技术控制作为让“网络负面舆论失声”的一种后台硬控制，其效果远不如让我们听到与之不同声音的“话题设置”好，话题设置是将自由和权利交给用户自己去选择和判断，所以话题设置在很多时候更优于技术控制，它是对微博负面舆论的一种疏导，主要指针对某个具有争议性的热点话题开设专栏进行正反两面的争论，微博中“微话题”的作用正在于此。“微话题”应用中可以对体育赛事中一些热门的争议性事件进行正反两面的辩论，营造多方发生渠道，让不同的意见、观点在同一板块中正面交锋，防止舆论走向极化演化成暴力。如在里约奥运会中，关于中国运动员屡遭裁判判罚不公的现象，在体操和举重项目中尤其明显，面对国民的愤慨与过激行为，腾讯、网易等均在新闻客户端设置专题，新浪也在微博中设置相关话题，对事件进行全面解读报道，并要求多名专家进行分析点评，在第一时间疏导了负面舆论，让受众提到了多方声音，并能够对此类事件给予理解和冷静对待。

可见，在门户网站大型体育赛事传播中因“信息茧房”造成的群体极化现象，对个体和社会的发展都造成了不利的影响。群体极化常常引发网络暴力，对公共秩序造成破坏，信息壁垒促使社会分化，社会黏性的丧失，导致社会整体价值观的离散甚至缺失，妨碍现实社会基本共识的达成。因此，需对大型体育赛事中的信息茧房造成的群体极化现象进行有效地控制。首先，应积极推广门户网站的主流价值观，积极建设微博、微信等公共领域，形成“公共论坛”，增强信息聚合与共享机制，让每个用户有机会接触到不同领域的信息，接触到来自不同阶层、不同利益群体的观点，并让用户参与到公共领域中去交流、讨论，避免群体孤立，减少因信息封闭而导致的信息误导。其次，应发挥意见领袖的作用，意见领袖往往是信息茧房形成的关键因素，也是群体极化行为的潜在推动者。但在避免和控制群体极化行为中，意见领袖同样可以起到关键性的作用。通过培养意见领袖正面形象，可以在发生群体极化事件后最大可能地发挥其积极作用，合理引导粉丝群体意见聚合，对群体极化行为可以起到很好的抑制作用。第三，每个网络用户应拓宽赛事信息认知范围，提升自身媒介素养，且不要参与到群体极化行为中去。尽量做到理性讨论话题，避免陷入信息茧房的桎梏，而微博个人用户作为自媒体，也应提升自己的媒介专业素养，勇于担当社会责任[1]。

三、改变逻辑彰显个性，破除茧房拓宽视野

在大型体育赛事传播中，门户网站面向大众的机器智能推荐、对海量赛事信息进行筛选和过滤，解决了信息严重过载和同质化的问题，但因各门户推荐主题、频道内容和兴趣词有较大的重合度，导致推送新闻依然面临“再同质化”瓶颈。如何打破这种限制，改变出版逻辑是主要途径。从模糊的自主定制到精准个性推荐只是移动媒体时代门户网站的基本特点，推送定制信息远不能满足用户对赛事信息的高端立体多样化的需求，还应结合场景、时间和赛事进展，在特定情境下向用户推送更为精准个性化的信息，而要达到这样的要求，仅靠用户生产和算法

〔1〕 王秋旭．信息茧房效应下微博群体极化现象分析．［J］．新闻研究导刊，2015，6（07）：177－178.

生产是无法实现的。精准推送是完全依赖于技术支持的，技术模式在执行过程中有很多细节，很难通过一个技术模型去适配所有类型，特别是赛事新闻内容本身有特别强的主观性，如果只纯粹运用智能推荐不会达到预期效果。内容永远都是有主观性的，纯粹的技术推荐会产生误差，人工 + 智能组合的编辑逻辑是消除再同质化，使体育赛事内容精准有效到达受众的最佳选择。

随着用户对新闻内容个性化需求的不断加深，“推荐新闻 + 用户订阅”的模式已成为各类网络媒体的技术标配，如网易在奥运新闻传播中应用“UGC + PGC + AAC”三种内容生产模式，将“身边总有竞技场”作为里约奥运会的报道主题，通过新闻客户端移动社交交互方式，让每个人都感受到奥运就在身边，并利用网易游戏化的基因和能力强的特点，将奥运与手机游戏融合在一起，带大家感受奥运、享受奥运、玩转奥运。此外，为破除“信息茧房”带来的“伪个性化”和观赛视域窄化等问题，增加赛事信息的开放性与多样性，网易客户端开始尝试以“重要内容”规避“信息茧房”的做法。“重要内容”不同于用户感兴趣、纯粹带有个人偏好的碎片化信息，而是指在里约奥运赛事期间发生的重大突发事件或热点事件等容易引起受众高关注度的内容[1]。

如“霍顿侮辱孙杨”“傅园慧表情包”“裁判判罚争议”“秦凯颁奖现场求婚何姿”等事件，均获得了可观跟帖量与关注，为避免信息传播偏向及负面舆论一边倒，让受众更加全面、客观了解事件来龙去脉，传播奥运赛事正能量，需要在提供用户定制信息的同时链接与其观点相反或扩展性阅读的文章，增强人们接触不同观点获取不同层次信息的可能性，让用户接触更为多元化的世界，避免信息茧房导致的群际孤立。

此外，随着大数据技术不断成熟，大数据越来越成为助力媒体发展的重要工具，体育视频与大数据技术相嫁接，将成为门户网站未来发展的一个重要战略思维。网络体育视频采用大数据时代的精准传播方式，并向着更加个性化、精准化和互动性的方向发展。大数据一般包括实时数据的采集、分析挖掘和根据数据进行业务实践三个层面。广义的体育赛事大数据是指所有与赛事相关的数据系统的集合。大数据主要价值之一就是预测，这正好与大型赛事特征和用户心理需求相

〔1〕 胡睿，孙鑫淼．基于用户思维的优化：原生系移动新闻客户端运营解析［J］．新闻界，2016(06)：43－47.

契合，通过大数据系统，可以实时监测用户浏览赛事视频行为、习惯、对赛事视频信息偏好、兴趣点、态度等，这些海量数据信息是媒体向用户推送新闻的主要依据。还可以通过精确数据分析，建立用户对体育赛事的兴趣指数、收看体育赛事的时间图谱，这样媒体就可以根据用户浏览赛事新闻的时间节点，在最合适时间和空间将个性化赛事视频资讯送达用户。可见，大数据、云计算实现了体育赛事视频信息的精准传播，能够摆脱垃圾信息对用户的污染，但大数据并不能解决所有问题，在对信息进行推送时，应将数据推送与专业编辑推送相结合，只有人与技术相结合，才能实现最有效的赛事视频传播效果。可见，在移动新媒体时代，如何以大型赛事为契机，打造高精准化的视频传播与服务，寻求特色化生存，在娱乐大众同时，通过议程设置，教会人们关注什么，哪些讯息是重要的，哪些讯息是有用的，并在此基础上引导人们理性思考，发现赛事视频传播内容中的最核心价值和最睿智的光芒。

第四节　传播技术：终端革命·技术驱动·场景融合

麦克卢汉认为“媒介即讯息”“媒介是人体的延伸”，技术的每一次革命，都在人类社会交往中引进了一种新的尺度，都改变了社会结构，进而改变人类的生产方式、生活方式与思维方式。技术成为媒介发展的主要变革力量和关键要素，媒介技术的演进与变迁，为门户网站大型体育赛事传播注入了新的生机与活力，也引发了体育传播生态的变革与重构。但技术在发展过程中，尤其是每一次新技术在大型体育赛事传播中的新应用，都面临诸多软肋和发展瓶颈，但却无法阻挡媒介技术快速变迁的步伐。2016 年里约奥运会，开启了大型体育赛事传播的技术革新的新时代：平台连接多终端化，移动终端链接一切；体育视频高尖端化，技术驱动创新体验；线上线下场景融合，技术定义体育传播的新生态。

一、平台连接多终端化，移动终端链接一切

当今移动互联网时代，大型赛事体育视频传播呈现出全媒体、多场景、多终

端的显著特征。未来体育视频传播将不再是基于频道和栏目的单向线性传播，而是基于碎片化信息的、多终端融合的多级平台传播。据 CNNIC 的统计，截止到 2016 年 6 月，我国网络视频用户规模已达到 4.61 亿，使用率接近 70%，庞大的用户基础，看和听已经成为中国网民的第一应用。视听服务正向跨平台、多屏幕、全媒体的大融合时代迅速迈进。在这样一个视频化的互联网时代，视频正成为连接平台、内容、终端以及应用的核心因素，一个囊括了全产业链的泛娱乐文化生态系统正在扑面而来。智能化终端无形中亦改变了受众的行为习惯，传播方式发生改变，视频无所不在，大用户、大数据、大融合、大生态重新定义了视频产业，也加速了“电视 + 网络视频 + 移动视频”的大视频时代到来。

此外，近年来，中国门户网站体育视频传播一直非常注重在 PC 终端、智能移动终端的投入，对于“客厅”电视终端投入较少。随着电视机顶盒变得炙手可热，视频网站开始把目光聚焦到“客厅”这一 OTT 模式，这也成为网络体育视频竞争的又一战场。“客厅之战”的背后，是视频网站抢滩家庭互联网入口的激烈争夺。体育网络视频上下游产业链进一步整合，将会打造一条从赛事内容到技术硬件的产业闭环。因此，各门户若想在激烈大型体育赛事竞争中打上一手漂亮的翻身仗，必须积极整合传播渠道，实现在电视端、PC 端、手机端和 PAD 端的多屏自由转换，打造全媒体、多场景、多终端的大视频传播平台，方为上策。

随着移动互联网的到来，搜索、视频、电商等行业都加速从 PC 端向移动端迁移，目前移动端流量收入均跟 PC 端不相上下，甚至明显超越。但体育新媒体尚未迎来转型，目前多数体育新媒体仍然以 PC 端门户网站主导，移动端用户并未形成规模。因此，对于门户网站大型体育赛事视频传播来说，需要明确移动端将是大势所趋。如腾讯提前打出里约奥运会视频移动化攻略，即“我们要扮演一个‘连接’的角色，通过微信、手机 QQ、腾讯新闻客户端、腾讯体育 APP、腾讯视频客户端等平台渠道，将里约奥运会与数以亿计的用户连接起来，满足大家对里约奥运的互动参与和社交愿望。”2016 年是视频之争的关键一年，随着里约奥运会的闭幕，各大门户网站移动视频大战也已宣告结束，但网络体育赛事直播、视频行业的多终端、多平台必将成为未来大型体育赛事传播的发展趋势[1]。

---

〔1〕 李芳．门户网站大型体育赛事视频传播的四大趋势［J］．新闻战线，2016（08 下）：134 – 137.

此外，麦克卢汉提出“媒介即讯息”，即从长远的历史维度看，一个时代真正有意义的讯息不是通过媒介所传播的具体内容，而是某种传播工具本身的特性、可能性以及对社会的宏观影响。技术是文化得以表现的重要手段，但它往往遮蔽在文化中，只有当其显露出革命性影响时，人们才会意识到技术的重要性。互联网技术携同与其相生的移动通讯技术、地理信息技术、数据挖掘技术等系列技术，以不可抗拒之势重构了媒介环境，重构了人们模块化、同质化、人际化的生活方式，也重构了与生活方式相依相生的思维方式。这些已经开始带有科幻色彩的新型传播技术，革命性地席卷了当前的时代，技术越来越能够先于文化而行，传播技术与传播社会性的博弈也步入全新的大媒体融合格局。“终端”是这场革命性变革带来的时代性称谓，它来源于对互联网接收设备的指称。在移动网络传播时代，依托于数字技术和显像技术，集移动化、私人化、社交化、收发讯息等功能于一体的互联网智能数字设备大量涌现，典型的如 PC 端、手机端、平板电脑端。在受众地位上升的今天，终端即媒介。从这个意义上，新闻终端的代际演变与传播媒介的发展演变具有很大的重叠性，且都涉及传播技术驱动与复杂社会性之间的博弈。第一代新闻终端是印刷术驱动下的纸质终端。第二代新闻终端是依托于无线电信号传输技术的电子终端，主要是广播和电视。第三代新闻终端是互联网技术驱动的触网终端，PC 端、手机端、平板电脑端。触网终端的最主要特性是互联，信息传递之迅速与广泛，已经完全颠覆了以往的衡量尺度。数据是触网终端的衍生特性，海量信息的聚合呈现使信息的数量成为新的度量，经拆分后的信息单元的数量又暗含着更多的意义。在大量的、全伴随的媒介使用中，人们的行为方式、思维方式都被重塑了。在网络通讯技术飞速换代、世界变化日新月异的今天，任何东西都可能成为新闻终端。可折叠的电子纸、可穿戴的智能设备、虚拟现实的 VR 设备和增强现实的 AR 设备、车联网导视设备等等，技术手段的未来仍然充满无限可能，作为人的延伸的新闻终端的未来也仍然难以预见。物联网的概念已经打破传统意义上的技术观，人工智能近年取得的进展拓展了我们对“物”和“人”的固有界定，万物互联的时代不再是彼时，而是已经到来。可以预见，在门户网站大型体育赛事传播中，移动终端作为赛事信息的最主要入口，将连接体育的一切，并通过人工智能连接所有的人与物。

二、体育视频高尖端化，技术驱动创新体验

随着 4G 技术、WiFi 技术的逐渐普及，智能手机、平板电脑的极速膨胀，使得各种高尖端、多元化视频技术开始试水大型体育赛事的新媒体传播。4G 网络作为门户网站关注大型体育赛事的首选网络制式，其最大优势就在于移动视频领域。互联网基因无疑是体育视频新闻发展的最初动力，4G 时代到来使得时效性、观赏性强的体育赛事视频更加助力体育产业发展。此外，围绕大型体育赛事的传播，下一步发展趋势应向弹幕视频技术、动画视频技术等领域拓展。

实时弹幕视频技术起源于日本一家名为“niconico”的视频网站，该网站首创了用户在视频播放界面上进行实时评论的技术，在某一秒的画面上可能会突然冒出大量评论，从屏幕上飘过如同横版弹幕游戏。在里约奥运会开幕式视频直播中，白岩松在 CCTV13 段子版的解说自带弹幕，传播中，对弹幕技术进行了尝试性应用，这是挽救传统的赛事评论模式的一种创新。弹幕视频是体育迷观点自由表达与赛事视频内容融合的一种新方式，用户能够根据自己观看视频时的情感、态度等进行实时的观点发送与呈现，也可以实现体育迷与媒体及其他用户的实时有效地互动。弹幕视频的诞生是网络用户在观赛时的情感体验、赛场点评的最直接最实时的表达，可以对现场参赛选手表现进行各种“吐槽”与评价。加深了人们对赛事视频内容的多元化理解和体育视频内容的“二次创作”。弹幕视频以其独特的互动交流方式备受广大体育用户的青睐。

动画视频技术最早缘起于台湾苹果的“动新闻”，创意运用 iclone 数字电影预览技术在很短的时间内把新闻变成动画。即对新闻进行可视化的包装，以吸引更多用户关注，使新闻从无趣变为有趣。该技术在当今融媒体传播平台中开始应用，新闻可视化势必会成为未来新闻的一个竞争方向，也将成为大型体育赛事新闻传播的新趋势、新方向。如在大型赛事传播中，可将“动画视频”作为一种载体样式进行应用，如分析或预测某场比赛的胜负和进程，可以将复杂比赛用简单幽默的动画视频来表现，动画视频融合了体育图像设计、音频解说、镜头表现，用人物动作和故事讲解的方式传递体育信息，其本质是将知识或数据进行可视化呈现。但在动画视频制作选题方面，应尽量选取故事化强、轻松诙谐的话题，以叙事的

方式，用浅显的视图来讲述一个比较复杂的问题。在体育视频传播中，唯有动画视频能将复杂而抽象的赛事内容表达得更加直观。也只有传播内容有趣、简明、有干货，视频才会有卖点，才能传播得更远。

此外，VR/AR/3D 技术出现，实现了跨多屏直播以及 4K 等高清体验，观众能身临其境的体验逼真赛事。而在技术层面，各门户网站也将在大型体育赛事报道中运用 VR 技术等创新报道方式，进一步增强用户的观赛体验。在里约奥运会上，腾讯视频上线了 FLASH 全景 360 度点播，NEXTVR 完成了 NBA 揭幕战的 3D 180 度 VR 同步直播，纷纷采用了虚拟现实技术（VR）、增强现实技术（AR），以及先进转播设备等多种全新的技术手段为用户营造全新的奥运体验。刷爆朋友圈的 VR 互动“体验射击有多难”“与马龙过招”等创意 H5 都是腾讯出品，不仅让观众身临其境感受了一把赛场实感，更让用户也能感受射击场上屏息凝神的紧张感，这种全新的体验丰富了人们参与体验奥运的方式。同时基于优势资源，通过企鹅直播平台创新的全景全时直播，视频、图文、点播、互动等多维度栏目制作。实际上，技术一直在推动媒体发展，媒体的几次大变革都离不开科技发展的推波助澜，未来几年人工智能、大数据、云计算、VR/AR 等技术发展将深刻影响媒体行业的发展，比如人工智能可以帮助撰稿、360 度全景拍摄可以让用户进行 VR/AR 体验，身临其境参与赛事，而大数据和云计算可以使得人们观看赛事的体验更佳，真正做到看到的都是自己想看的内容，获取的都是自己需要的资讯[1]。

网易在里约奥运会传播中也坚持以产品技术创新引领报道，将 VR、H5、个性化推荐技术创新应用于奥运整体内容策略中，以达到触达不同圈层用户的效果。如“一首歌一个奥运人”H5、“空降里约贫民窟”VR 报道以及基于用户兴趣点的奥运新闻订阅，以轻松多元化的阅读体验获得用户认可。可见，4G 网络和大数据技术崛起，正在建立体育移动视频的新秩序。在计算机前沿科技的辅助下，新闻可视化在 2016 年里约奥运会上，再次呈现出三种技术和理念上的新趋势：虚拟现实技术驱动新闻、实时交互视频新闻和可穿戴设备新闻。

与此同时，通过技术的创新驱动，一些新技术将陆续在未来大型体育赛事传播中尝试与改进。首先是可视化新闻制作技术。数据新闻往往涉及大量数据的二

〔1〕 李骏. NYT VR：虚拟现实新闻报道的始作俑者［J］. 传媒评论，2016（04）：26－28.

次提炼和加工，其进行可视化呈现时通常带有较为复杂的交互形式，对阅读设备和用户操作有较高要求。当前国内外不乏出色的数据新闻可视化作品，但多立足于 PC 端，依托大尺寸网页的多重交互展现，用精致的视觉和多维度交互展示丰富而有趣的内容。而在移动端，数据新闻则面临着难以适配、呈现不完整、加载困难等问题。整个新闻网页界面中的图表、交互、浮动框架等元素在移动版本中都未能保留。在巴掌大的手机界面创作数据新闻，简洁的阅读体验和丰富的资讯内容有时只能取其一，如何取舍和妥协是一个新难题。网易新媒体实验室一直致力于做移动端适配的数据新闻，在数据新闻如何突破移动端页面限制，让可视化作品实现"逻辑好有内涵"和"容易读还有趣"的统一上，有较多操作体会。尤其在移动端阅读时用户习惯在一屏内看完数据关系，导致长图式微，在阅读信息图或交互图表等可视化题材时，因为我们聚焦的视野集中在手机屏幕里，一上拉或下挪往往忘记上面的图形或看不到对应的图例。所以，在移动端进行可视化新闻阅读时，用户期望在一屏之内看完一组确定的逻辑关系，而不是通过反复上拉下拉操作才能理解好一个意思。基于以上问题，可以通过 GIF 动图实现多帧切换，让用户能在移动端一屏中浏览多维度内容。也可以以时间做自变量，让数据跟着它变化，能增加交互页面逻辑性。

其次，是 H5 技术开始在大型体育赛事新闻传播中广泛应用。H5 是指第 5 代 HTML，也指用 H5 语言制作的一切数字产品。所谓 HTML 是"超文本标记语言"的英文缩写。"超文本"是指页面内可以包含图片、链接，甚至音乐、程序等非文字元素。H5 之所以能引发如此广泛的效应，根本在于它不再只是一种标记语言，它为下一代互联网提供了全新的框架和平台，像 H5 工具互动大师提供免插件的音视频、图像动画、本地存储以及更多酷炫而且重要的功能，并使这些应用标准化和开放化，从而使互联网也能够轻松实现类似桌面的应用体验。H5 的最显著的优势在于跨平台性：比如用互动大师搭建的站点与应用可以兼容 PC 端与移动端、Windows 与 Linux、安卓与 IOS。它可以轻易地移植到各种不同的开放平台、应用平台上，打破各自为政的局面。这种强大的兼容性可以显著地降低开发与运营成本，可以让企业特别是创业者获得更多的发展机遇。H5 的本地存储特性也给使用者带来了更多便利，基于 H5 开发的轻应用比本地 APP 拥有更短的启动时间，更快的联网速度，而且无需下载占用存储空间，特别适合手机等移动媒体。而互动大师让开发者无需依赖第三方浏览器插件即可创建高级图形、版式、动画以及过渡效果，这也使得用户用较少的流量就可以欣赏到炫酷的视觉听觉效果[1]。

第三是可穿戴设备将成为新闻客户端大型体育赛事传播的下一个前沿。推送通知对于移动产品来说，是一个非常重要的功能，是受众获取信息的重要环节。2016 年 6 月 8 日，“新华社”客户端新版正式发布，同步推出了可穿戴设备版本，成为第一批入驻苹果手表的新闻客户端。除了随时点击苹果手表阅读新闻，“新华社”手表端还应用了“弹窗”功能，将重要新闻第一时间推送给用户，用户只需抬起手腕便可阅读。随着一批前沿媒体探索可穿戴设备的传媒应用，如何恰到好处地把握可穿戴设备的界面、功能及推送节点，成为非常值得探讨的话题，而可穿戴设备“与人连接”的特技也给媒体更广阔的想象空间。“轻触手腕、快速一览”引发消息推送的探索与手机推送通知的功能相比，苹果手表除了通过声音提醒外，更特别之处在于，它可以轻轻地点用户的手腕，以提醒消息来了。而且这种轻点推送可进行个性化设置，比如用户可以选择自己喜欢的客户端、在邮件通讯录中选择亲友等比较信任的对象，允许这类推送通知启用轻点的方式。除了推送功能，苹果手表的快速一览功能对于媒体客户端内容的展示也非常重要。推送和快速一览功能略有不同，苹果手表上的任何一个客户端都可以向用户推送信息，而快速一览列表里的客户端是由用户自己决定的，用户最多可将 20 个客户端加入到快速一览功能里，只要滑动屏幕即可随时浏览这些客户端推送的内容。“与人连接，获取生理、行为数据”助力媒体提供个性化服务，更接近人本身对传媒的极致追求，更是科创贷设备的初衷。通过可穿戴设备可收集到每个用户的个人数据，媒体机构如能就此进行精确地分析，掌握用户的喜好，即可实现个性化的内容及服务推送。“新华社”客户端也已运用基于大数据的“身份识别”技术，实现主流信息与读者兴趣有效匹配。然而，可穿戴设备中传感器的应用必将使它具有其他媒介载体不能比拟的优势。目前，苹果手表可以收集一些健康数据，比如它可以自动检测用户慢跑、步行或者骑自行车的准确数据，以及卡路里消耗、心率、紫外线暴露强度、喝水量等数据。如今能检测到这些数据的可穿戴设备及相应的客户端有许多，而充分利用这些数据，通过一系列算法分析后对相应用户做出反应

---

〔1〕 许秋里，王丹宁．网易新媒体实验室：数据新闻在移动端如何突破页面限制［J］．中国传媒科技，2015（8）：62－65.

才是重点和难点，这给媒体提供了机遇。苹果 News 的出现以及美国众多顶级媒体为“抢滩”苹果手表而进行的尝试，都预示着可穿戴设备将成为移动客户端的下一个前沿。以苹果手表为代表的可穿戴设备在数字时代将开辟门户网站与体育用户接触的新型方式[1]。

三、线上线下场景融合，技术定义体育传播新生态

在未来的门户网站移动端的争夺战上，门户网站大型体育赛事传播需以内容资源开发为核心，将技术作为第一生产力。一些现存的硬件与软件瓶颈导致大型体育赛事传播效果的不尽人意，还需要技术不断发展逐步予以完善。在里约奥运会传播中，奥运会主转播商——奥林匹克广播服务公司（OBS）创新性采用 VR（虚拟现实）直播技术，观众可以通过一个兼容的头显，或 PC 网页实时体验（类似 YouTube 360、Facebook 360°的形式）360°全景立体奥运，如同置身于奥运赛场。2015 年 11 月由《纽约时报》最先推出一款名为 NYT VR 的虚拟现实新闻 APP，把虚拟现实技术（VR）用于新闻产品的移动传播，开启一种全新的新闻传播模式。该技术在里约奥运会上的初次尝试，为受众从 360°的视角呈现奥运赛事的“现场”和“全貌”，使人如临其境。虽仍有很多问题和缺憾，但未来前景不可小觑。正如搜狐新闻客户端总经理蔡明军所言：VR 和 AR 是关乎内容形态变化的技术，是一个跨界、跨时代的事情，将会带来内容生产和消费方式的改变。此外，随着物联网和 5G 技术创新驱动，将预示着“场景智能”时代的到来，这必将导致人与人、人与物、物与物之间连接行为的改变，也将在未来大型体育赛事传播中进行新的探索与尝试，值得期待。

网络体育视频与电视媒体相比，其最大的优势在于实时互动。门户网站和 P2P 播出平台在进行体育赛事传播时，用户可以通过自己的微博或注册账号发表评论，与主持人或观看同一场比赛的球迷进行互动，网络提供的低成本、高效率的互动平台满足了球迷在观看比赛时的表达、交流和宣泄欲望。更深层次的影响是构建一种媒介社区，形成基于共同兴趣爱好的身份认同。未来大型体育赛事传播中，

---

〔1〕 刘胜男．可穿戴设备：新闻客户端的下一个前沿［J］．封面・重点，2015（6）：23－25.

门户网站将移动终端的微视频作为战略的核心。微视频技术在2014年巴西世界杯报道中开始应用，四门户网站中唯有腾讯网推出这一新兴视频技术，世界杯每日视频报道中，腾讯请来大部分明星拍微视与网友互动，内容涵盖明星自己的日常搞笑、预测赛事进球、八卦球星娱乐等。腾讯微视用户可通过QQ号、腾讯微博、微信以及腾讯邮箱账号登录，可以将拍摄的短视频同步分享到微信好友、朋友圈、QQ空间、腾讯微博等。随着移动互联网的丰富与多元化，人们更专注于精简省时的小视频。微视因为时间短，占内存小，便于用户下载与收藏，日益成为视频发展的主流与趋势。与此同时，微视还可以理解为一种以“动态社交语言”为载体的“V社交”（Video社交）概念，来开启移动社交的另一种可能，是对常规社交平台的一个补充，精彩的创意和丰富的赛事内容展现形式可以让体育视频资讯分享变得更具有趣味性。至2016年的里约奥运会，腾讯将社交链和互动参与放在了极为重要的位置，社交基因成奥运营销的核心驱动力。资深体育人张斌认为：“奥运会的仪式感越来越强，报道的好坏看给人的代入感强不强，只有用户真正被打动了，才能产生更大的影响力和商业价值”。为此，由腾讯体育和微信运动联合推出“跑向里约”活动，活动以H5为载体，跑友们通过每天的锻炼步数换取积分，一路经过20个奥运会主办城市最终“跑向里约”，完成一场线上的奥运之旅。“跑向里约”整合了微信运动数据，推出如摇一摇竞猜、奥运冠军加油PK、火炬传递等可随时参与的用户交互方式，全方位满足用户对奥运会的参与愿望。

微视频移动视频不仅带来社交模式的创新，也令大型体育赛事移动视频传播更加场景化。在传统媒介环境下，传统媒体的生存基点是“内容为王”，追求满足用户常规性的类型化需求；而移动互联网的生存基点则是“场景为王”，追求满足用户场景化的随机性需求，而大型体育赛事用户的观赛行为习惯正好契合了移动媒体时代场景变迁的现实。当前构成场景的五种技术力量（原力）——移动设备、社交媒体、大数据、传感器和定位系统无处不在，我们称之为场景五力。当越来越多的赛事信息与服务依赖场景这一变量时，场景本身便成为门户网站赛事视频传播、关系传播的核心逻辑，甚至场景本身可能成为大型体育赛事移动视频的新入口。场景化传播彻底改变我们生活方式与工作方式，也改变了用户观赛方式，人们可以在任意时空任意场景、碎片化来享受体育赛事带给我们的愉悦体验。而与“场景时代”相对应的，移动网络视频也可以称为“场景媒体”，它具有更精准、更有参与感、承载内容更多的特点。移动互联技术和大数据技术还可以实现精准的移动定位，这不仅方便用户观看各种体育赛事视频，进入视频场景、进入社交朋友圈内，更重要的是开启了移动视频的“情景营销”时代。随着移动社交的盛行，“场景”成为一个新的连接入口。地理定位、传感器、大数据、移动设备、社交功能的相互协调，让移动网络视频在移动互联网时代大放异彩。乐视体育 CEO 雷振剑曾表示：“乐视体育要的是一个生态圈，聚合了用户参与体育的所有场景，包括资讯、观赛、参赛、社交、游戏、消费等，可以全天候一站式地满足用户需求和无缝转接”[1]。可见，在门户网站大型体育赛事传播中，技术驱动了门户网站赛事传播内容、方式、场景和用户体验的创新与变革，技术也重构了体育新闻传播的新生态。

第五节　赛事营销：多渠道变现 · 付费墙模式 · 跨界合作

里约奥运会门户网站的奥运营销收益，80% 以上均来自于移动客户端。但目前移动新闻客户端盈利模式多数是继承传统门户网站的旧思维，主要以植入广告为主。为数不多的广告形式包括开屏广告、底部弹窗、新闻正文底部推广、软文广告等。不同于 PC 端口，移动端的屏幕限制了所能够展示的广告数量，难以满足商业化需求，而过多的广告插入则会降低用户体验。如何在有限的屏幕上尽可能提高广告转化率，成为门户网站的赛事营销的主要瓶颈之一。里约奥运会传播中，各门户网站通过多渠道变现、付费墙模式和跨界合作等领域的探索和实践，斩获了不错的战绩。

一、全民直播多元渠道变现，社交营销走向主动掌控

各家门户网站通过游戏变现、周边产品销售等形式进行赛事营销，如腾讯凭

[1] 李芳．门户网站大型体育赛事视频传播的四大趋势［J］．新闻战线，2016（08 下）：134－137.

借游戏方面的优势打造 NBA 主题互动游戏，在与 NBA 实现内容结合后，不断拓宽游戏的使用场景。本届里约奥运会，在 PC 端、移动端再次推出与奥运项目相关的更具场景化的游戏，为腾讯赢得了不少人气，也获得了很好的盈利。根据“三次销售”理论，即售卖“新媒体的延伸服务”。第一次销售为“卖内容”，新闻内容吸引了大量用户后便带来了广告商的投资，随即进入第二次销售“卖广告”。在这两次销售的基础上，高度汲取传统媒体的核心新闻功能和线下优势，以及移动媒体的社交功能和线上优势，进行第三次销售，把读者变成用户，汇聚用户资源，为下一步综合营销（电子微商、网络游戏、教育培训、线下活动等）做好终端工作。这样就可以使门户网站在壮大主业的同时，开发延伸产品调整盈利结构，通过价值链使媒体增值，在传媒行业之外的更大范围内进行扩展探索，降低广告收入在全部收入中的比重，形成多元化经营。本届里约奥运会，各家门户网站在赛事营销方面做出了较为成功探索与尝试，其中以腾讯奥运营销最为成功。

首先，腾讯体育奥运生意经：全民直播多渠道变现。腾讯虽然购买了里约奥运会的网络转播权，但腾讯的奥运商业不止来自于版权，相反，版权直接转化的收益，并不是奥运项目的主要收入。腾讯体育与腾讯视频业务打通，在直播流量上，在里约开幕式持续的 4 个小时中有过亿用户通过互联网观看了开幕式。其中，在腾讯平台观看互联网视频直播的用户超过了 85%。在直播流量的基础上，作为中国奥委会唯一的互联网服务合作伙伴，腾讯已经经营出一套奥运生意经。

腾讯体育运营总经理赵国臣指出，在腾讯奥运项目的总体收益中，视频、直播等自制节目，收益占比远大于赛事直播。变现渠道主要以赞助和广告为主，商业表现上，在奥运开始前，就已经实现盈利。在腾讯体育投入的内容中，除了自制的节目，前线报道团队，还有直播节目和网红。2016 年是直播元年，为此，腾讯借助企鹅直播平台推出了奥运赛期的全天候全民直播，让拥有不同需求的用户能够获得来自不同视角、不同时间的里约前方画面。全民直播是腾讯在里约奥运期间的最大特色。腾讯通过多屏联动、演播室串联、多维度视角选择等展现形态，充分发挥腾讯全平台整合优势，打造前后方全民直播，让用户无死角看奥运，获得全景式的奥运参与体验。2016 年里约奥运会落下帷幕，腾讯此次奥运营销也完美收官。奥运期间，腾讯共与 46 家冠名广告主达成合作，移动端占比超过 80%，充分体现出腾讯作为体育营销第一平台的强大实力。此次奥运营销，腾讯合作的冠名广告主覆盖食品饮料、交通、服饰、消费电子、医疗服务、日化、网络游戏、金融服务、网络服务等 9 大领域，其中包括奔驰、NIKE、一汽大众奥迪、三星、可口可乐、伊利等众多知名品牌。赵国臣表示："购买版权并不是单纯以回报为核心，而主要考量的是用户需求价值。对于腾讯奥运来说，版权变现只是一部分，同时还有很多变现方式。"

其次，在合作伙伴选择上，节目内容的契合度、品牌理念的一致性被当作重要基础。以《冠军直通车》为例，该节目想法来自于伦敦奥运时的经历，由于演播室和场馆较远，堵车的时候要一个多小时。腾讯意识到这是一个好的内容点，运动员夺冠之后的这段时间是最兴奋的，这个场景天然具备看点。于是腾讯对合作伙伴进行考量后，敲定了与中国一汽的合作。类似的案例还有很多，包括与运动员家人互动的美食节目《里约家味道》，该节目制造的家庭、厨房场景与方太、湾仔码头的场景天然契合，双方也顺利达成合作。此次奥运中，腾讯首次将"全民直播"运用于大事件的呈现当中，通过营销模式的创新以及全平台渠道支持，给用户带来全景视角体验，让用户充分了解到赛场本身及赛事之外的方方面面。并帮助众多冠名广告主有效实现了品牌在奥运期间的影响力和曝光量，再次印证"体育营销第一平台"的领军地位。

第三，新浪网也在里约奥运赛事传播营销中，积极配合，实现客户权益最大化。如针对受到社会和网友广泛关注的热点赛事，为更好配合主题传播，同时辅助赞助商权益曝光，新浪体育还创新策划了"去打破""就要痛快"等微信九宫格系列图片海报，成功将体育精神与商业合作伙伴 Slogan 巧妙结合，成为独特的品牌传播范例，并引发极大的关注与认可。在奥运期间，新浪体育更重视社交网络的应用，通过统领微博话题，"新动里约""不止为冠军"以及微信公众号的传播，更为全面、深度地解读焦点奥运赛事。

第四，网易在里约奥运传播中也通过移动社交让奥运营销从借势走向主动掌控。奥运开赛前，网易联合可口可乐纯悦推出了大型互动活动"一路纯悦，走向里约"，将奥运 + 行走 + 公益进行组合，上线 75 天，吸引了超过 200 万网友的参与，累计步数高达 4000 亿。在奥运期间，网易还通过游戏与互动跟帖的方式，将用户从一名看客，变成了奥运竞技场的参与者。网易联合一汽大众全新一代迈腾精心策划开发的大型虚拟互动竞技游戏［动者为王　冲金夺宝］，由"游戏、奥运、夺宝”三大潮流策略要素构成，引发了大量用户参与到“线上奥运会”的角逐，品牌也印上了更深的时尚年轻化符号；为魅族 MX6 策划的“跟帖夺宝”营销，利用网易新闻的跟帖区优势，吸引了大量网友参与并主动分享，并形成二次传播，以多个定制互动提升了活动黏性，让魅族为新机型充分造势。来自网易新闻的数据显示：奥运期间，网易新闻互动游戏总 PV2.83 亿；网易用户对网易新闻客户端的互动游戏吸引力认可度最高，为 8.66 分；［动者为王　冲金夺宝］总参与人数 1217 万；［诸葛×奥运］参与人数 298 万；［一路·纯悦 走向里约］参与人数达到了 200 万；［画一个小人］H5 引发大范围传播，总 PV 达 1600 万，参与人数 800 万。此外，网易通过独家资源优势孵化成营销利器。网易在央视独揽直播大权、腾讯和阿里体育拥有奥运网络转播权的情况下另辟蹊径，签下宁泽涛作为形象大使，同时成为中国游泳协会和巴西国奥队的独家互联网媒体合作伙伴，以独家新闻内容满足用户的多样化信息需求。通过巧妙利用体育大 IP 进行的泛娱乐化尝试，制造了大量爆点内容事件，形成了差异化营销矩阵。比如在奥运前期，网易新闻以宁泽涛为形象大使，相继推出了［肌肉大作战］、［游泳冷知识］等线上互动，获得了百万用户参与并分享，更将宁泽涛这个大 IP 充分挖掘，以人性化、多维度、娱乐化的营销组合拳形成了最强合力。此外，还与冠益乳合作［奥运公开课］，将刘翔等奥运明星的冠军精神延伸至产品的冠军品质，实现了品牌的最强曝光。其次，网易通过全时直播引爆内容关注让营销更具爆发力。网易新闻不仅是新闻资讯直播的最早入局者，也在不断冲破营销界限，在奥运赛事外衍生出更多维度的丰富内容，以全新的新闻载体身份成为奥运媒体报道中最重要的一环。作为网易新闻“天网计划”直播战略发布后的首个大事件考验，奥运期间，网易新闻奥运相关直播总时长达到了 1143 小时（数据来源：网易新闻），用户黏性占优，其中“女子排球半决赛：中国 VS 荷兰”“乒乓球女子单打决赛”“宁泽涛独家做客网易［冠军之家］”“傅园慧回国首次直播秀”“林丹李宗伟终极一战”等直播内容最受网友欢迎。从华通明略的调研数据看，主流新闻资讯 APP 中，网易新闻人均单日使用时长最高，网易新闻网友人均每天观看奥运直播与视频的时间达 45 分钟。截至奥运收官日，由网易新闻和东风雪铁龙全新 C4L 联合推出的［24 小时直击里约］全时直播栏目的用户参与数已经突破了 7600 万（数据来源：网易新闻）。与大智慧视吧合作的［美女带你游里约］及［奥运下午茶］，由老板电器冠名，加多宝、慕思寝具、皇派门窗、Swisse、自然堂等品牌大玩娱乐营销的［冠军之家］，通过赛事＋360°展现里约人文风情及赛场内外精彩花絮的内容，更引爆了社会极大关注，成为直播商业化的获益者。

二、乐视体育携手安利纽崔莱，跨界合作打造全生态营销

乐视体育携手纽崔莱，通过跨界合作直播里约奥运会，这种赛事营销模式也值得门户网站学习与借鉴。里约奥运会乐视体育首次派出现场直播团队，通过PC端、Pad端、手机端、乐视超级电视、乐视超级手机等全媒体平台，实现24小时滚动直播。而有着15年奥运营销经验的安利纽崔莱无疑是乐视体育最好的合作伙伴，你出平台我出经验，一拍即合。乐视体育携手纽崔莱合作直播奥运会，可谓是各自拿出自己的优势碰撞在一起，产生1＋1＞2的效果。安利纽崔莱·乐视体育里约奥运频道于7月28日在乐视体育正式上线，不管是“战事”直播还是娱乐直播，乐视体育将极具创意的移动直播车带到里约，通过创新的直播形式为观众带来极具现场感的奥运报道。跨界合作在大型体育赛事传播营销中越来越流行，乐视体育携手纽崔莱，“双方将联合打造一个互联网时代的全时、全屏、全场景、全生态的奥运频道，在传统资讯报道模式的基础上，加入更多新鲜有趣的互联网新玩法，让更多年轻的用户因为这些报道而爱上奥运、享受奥运。”安利大中华副总裁余放表示，此次冠名奥运品牌，不是将其定位为一次普通的广告购买，而是将其看作为一次创新的跨界合作。“未来双方将通过项目内的资源共享、渠道共享、智力共享，共同进行品牌推广传播，共同生产优质奥运内容、共同开展线上线下互动活动。”可见，跨界合作是未来门户网站大型体育赛事报道的新趋势，将成为各媒体赛事营销的主要发展路径。

三、付费墙在线收费模式，亟待探索创新与实践

关于国内门户网站大型体育赛事的付费模式，发展尚不成熟，一是用户的消费水平还有待提升，另外用户的赛事消费习惯还没有形成，国内赛事节目收费市

场也不够成熟。在国外，《纽约时报》于2011年3月率先在业内启动“付费墙”（pay wall）的在线内容收费模式。读者需要每月支付15至35美元不等的费用，才能阅读该报网站的大多数内容。这一付费模式取得了显著成效，为该报赚得可观的利润，改变了过度依赖广告的经营结构，到2014年订购的付费用户已经达到90多万人。鉴于在纸媒付费模式的成功运作，2014年《纽约时报》又开始在移动客户端采取“付费墙”策略，先后对NYT Opinion和NYT Now两款客户端进行收费，前者主要发布《 纽约时报》的专栏评论，用户每月支付需6美元才能阅读；后者则浓缩纽约时报网站的精华内容，每月需付费8美元。但新闻客户端的付费业务并没有网站PC端那样获得成功，用户数量较少，并且这些用户都是网站PC端的老客户，新增客户更是少之又少。这也使得《纽约时报》原来的移动端吸引智能手机年轻群体的目标落空。与此同时，《纽约时报》结合具体版面上线的一系列免费垂直领域客户端却发展势头良好。移动端的免费策略主要为吸引和扩大网站的年轻用户群，他们最终或者“升级”为付费订阅者，或者通过移动端广告来变现[1]。

体育付费模式在国内已有近10年的历史。天盛（上海）传媒集团首先开启国内赛事电视观看的付费模式，但2010年天盛传媒集团宣告破产，失败主要原因也正是付费模式所致。目前来看，在国内普及会员付费制存在难度。但业内人士也表示，电视和网络媒体付费模式也是必然趋势。借鉴国外的《纽约时报》网站的收费实践，目前，国内在体育赛事传播领域主要对付费模式进行实际层面操作的主要有乐视体育和腾讯。主要也是自2014年开始，乐视体育与腾讯公司斥巨资购买了大量的体育赛事版权，基于巨额版权的压力，乐视体育继在香港市场推出付费会员套餐后，乐视体育推出的付费服务“乐视超级体育会员”分为年费590元、季度159元和月费59元三种，于2016年4月正式开售。乐视体育创始人兼CEO雷振剑表示，从观众到用户，从免费到付费，乐视体育必须打通职业体育“最后一公里”。据了解，乐视体育此次推出乐视超级体育会员将提供的专享比赛占到乐视体育全年播放数量的15%左右。对于广受关注的中超联赛，刘建宏表示，从2016赛季第16轮开始，每轮将安排至少一场比赛进行顶级制作和提供增值服务，

〔1〕 万小广，许小琴．国际媒体的新闻客户端传播策略［J］．对外传播，2015（10）：73－75.

作为乐视超级体育会员专享赛事。从 2018 年赛季开始，乐视超级体育会员专享的中超赛事将全面覆盖到所有场次。腾讯也在尝试大型体育赛事的网站收费策略，但目前还只处于探索和观望期，需要用户习惯、媒介市场、赛事资源等各方面的共同成熟与发展。

结束语

在当今的移动新媒体时代，以及我国体育事业蓬勃发展的历史大背景下，四门户网站的大型体育赛事传播既面临挑战，也有机遇。里约奥运会之后，四大门户网站的四足鼎立之势已经开始慢慢引退，里约奥运会更加成就了腾讯网的霸主和四网站之首的地位，同时里约奥运会奠定了移动端在门户网站赛事传播中的主流地位，智能手机移动终端的主流化，新的主流平台需要新的赛事传播战略——即移动终端已经不能再仅仅充当门户网站 PC 端用来吸引用户到其“主站”去的诱饵，移动终端本身必须成为门户网站的“主站”[1]。这种思想理念首先要转变，才能推进门户网站的转型与发展。此外，门户网站两个主要端口，必须协同发展，PC 端主网需要更加轻型化、简洁化，页面技术标准和设计呈现必须技术转码后便于移动终端用户阅读。而实现移动化迁移，仅靠技术自动生成的 WAP 网站显然不行，WAP 网站作为连接 PC 端主站和移动终端的重要桥梁，其作用凸显。与此同时，门户网站的移动终端不能仅仅是对传统网络平台的内容平移，而是“内容 + 社交关系 + 场景应用”。门户网站未来的竞争不应当只瞄准内部竞争，而要放眼整个移动互联网产业链，迎接“跨界竞争”，拥抱平台化、社交化、视频化的发展大势。具体而言，需要经历三个发展阶段：第一阶段是平台化，即打造门户网站 PC 端、新闻客户端、视频客户端、微信平台、微博平台等体育赛事传播的集群和矩阵，打通所有的渠道与平台，确保赛事传播的无缝连接，实现门户网站的全平台矩阵式发展。第二阶段是集成化，即从内容平移和内容生产，走向内容集成和内容聚合，实现一体化发展。通过“UGC + PGC”双轮驱动的内容生产模式，有效整合媒介资源与赛事信息内容，通过不同媒介的聚合形成裂变效应，实现影响力和传播效果的最大化。第三阶段是多元化，即门户网站大型体育赛事传播盈利模式要多元化开发，不能仅仅依赖单一的广告经营模式，而应将赛事营销模式延伸拓展到网络游戏、电子商务、O2O、移动增值业务等其他领域，真正实现盈利模式的多元化。

---

〔1〕 邓建国. 筛选与呈现：信息疲劳背景下的移动内容传播新趋势［J］. 新闻记者，2015（6）：16 - 24.

参考文献

[1]陈阳．大众传播学:研究方法导论[M]．北京:中国人民大学出版社,2007:198 - 200.

[2]黄琳达．门户网站的竞争力研究——以新浪为例[D]．武汉:华中科技大学,2005:4.

[3]屠忠俊．网络传播概论[M]．武汉:武汉大学出版社,2007:126.

[4]黄朝钦,钟瑛．从“媒体平台”到“关系网络”——综合门户网站的经营现状与模式转型[J]．现代传播,2014(07):6 - 12.

[5]沈浩,王宇飞,姜智勇等．理解与选择:融媒时代的新闻终端与新闻端口[J]．新闻与写作,2016(03):9 - 16.

[6]哈德罗·伊尼斯(Harold Innis)著,何道宽译．传播的偏向[M]．北京:中国传媒大学出版社,2013:21.

[7]罗伯特·洛根,何道宽译．理解新媒介——延伸麦克卢汉[M]．上海:复旦大学出版社,2012:15 - 20.

[8]保罗·莱文森著,何道宽译．软利器——信息革命的自然历史与未来[M]．上海:复旦大学出版社,2011:1 - 2.

[9]胡晓东．新媒体的非技术逻辑[J]．新闻实践,2013(02):77.

[10]何道宽．异军突起的第三学派——媒介环境学评论之一[J]．深圳大学学报(人文社会科学版),2006(06):104 - 108.

[11]丹尼斯·麦奎尔,[瑞典]斯文·温德尔著．祝建华译．大众传播模式论(第二版)[M]．上海:上海译文出版社,2008:13 - 15.

[12]张国良．传播学原理[J]．上海:复旦大学出版社,2011:39 - 41.

[13]张国良．传播学原理[J]．上海:复旦大学出版社,2011:46 - 47.

[14]张芳,栾慧先．移动互联网时代微传播力的解构、冲击与构建之我见[J]．通信管理与技术,2014(01):1,9.

[15]刘静,陈红艳．数字媒介传播概论[J]．北京:清华大学出版社,2014:102 - 108.

[16]李芳．大型体育赛事移动化传播研究[M]．北京:北京体育大学出版社,2015.
[17]胡晓东．新媒体的非技术逻辑[J]．新闻实践,2013(02):77.
[18]田中初．电子媒介如何影响社会行为——梅罗维茨传播理论述评[J]．浙江师范大学学报(社会科学版),2006(01):108－112.
[19]桂琳．媒介场景:文化研究中的新思路——读梅罗维茨的《消失的地域》[J]．文化与诗学,2008(01):291－298.
[20]邱翔．广播媒介的“场景重构”[J]．中国广播,2015(3):16－18.
[21]陆烁．“碎片化”时代网络用户使用场景研究——对媒介权衡需求理论的补充[J]．科技传播,2016(01):4,16.
[22]郜书锴．场景理论:开启移动传播的新思维[J]．新闻界,2015(17):44－48,58.
[23]林碧锋．“脱域”视野下的体育传播模式探析——以虎扑体育网为例[J]．新闻研究导刊,2015(10):200－203.
[24]张恒．基于新旧媒体融合下的体育新闻传播研究[J]．财经纵览,2015(08):215.
[25]李白咏,杜波．体育传播中议程设置与构架的融合[J]．科技传播,2015(09):52－54.
[26]刘树民．网络体育新闻的传播学解析[J]．学术经纬,2015(24):53－54.
[27]张栋．新兴体育新闻传播的特征及发展趋势研究[J]．采写编,2016(02):65－66.
[28]王浩明．重构体育传播,乐视搭建更美好体育场景[C]．中国商报,2016.2.26．第 A02 版:1－3.
[29]罗璇．新媒体体育传播的态势与动因[J]．青年记者,2015(09):72－73.
[30]许敏佳．场景时代体育新闻的分众化传播之路[J]．传媒,2015(22):61－63.
[31]张爱兵,吴月红．新媒体环境下体育受众心理特征分析与引导策略[J]．安徽理工大学学报(社会科学版),2015(02):105－108.
[32]伍梦月,汪明香．体育赛事集锦的传播特色和效果分析——以乐视体育为例[J]．现代视听,2015(04):20－24.
[33]郭瑞涛．2014 年巴西世界杯的传播新特征解读[J]．安顺学院学报,2014(05):89－90.
[34]高贵武,滕泽人．传统媒体与新媒体之巴西世界杯报道比较——以中央电视台和腾讯网为例[J]．新闻与写作,2014(08):69－72.
[35]唐陟．多屏互动央视体育频道开启“全媒体报道时代”——CCTV 传播论坛:央视巴西世界杯报道总结[J]．现代传播,2014(09):145－146.
[36]李金宝．新媒体环境下大型赛事报道特点与趋势——以中央电视台 2014 年巴西世界杯报道为例[J]．电视研究,2014(11):25－27.
[37]刘连喜,张腾之,肖频频．以大数据透视世界杯——2014 世界杯“社交媒体”传播分析报告

[J]. 电视研究,2014(12):39 - 41.

[38]孙琳,中国网络视频行业发展现状及走向猜想[J]. 新闻研究导刊,2013(11):30 - 34.

[39]张楠,万晓红. 体育微视频:中国体育形象传播新渠道[J]. 中国广播学刊,2015(04):64 - 66.

[40]王平,杨成伟. 网络视频直播大型体育赛事的状况分析—以网络视频直播南非世界杯足球赛为例[J]. 新闻爱好者,2011(02):94 - 95.

[41]单一飞. 网络体育视频的困境及解决策略探究[J]. 新闻战线,2015(02):113 - 114.

[42]付晓静,张晓斌. 大数据时代的体育新闻报道——以巴西世界杯报道中的可视化数据新闻为例[J]. 青年记者,2015(03):46 - 47.

[43]王国昆,刘亚男. 门户网站巴西世界杯传播新视点[J]. 新闻战线,2014(8):101 - 102.

[44]白霜. 大数据时代体育新闻的发展之道——体育数据新闻的实践与创新[J]. 采写编,2015(4):39 - 40.

[45]辛蔼玲. 商业门户网站大型体育赛事报道创新探究——以新浪网易和搜狐 2014 年巴西世界杯专题报道为例[D]. 暨南大学,2015.

[46]汤莉萍.《华盛顿邮报》官网可视化报道分析——以“北京冬奥”新闻为例[J]. 新闻知识,2015(10):33 - 34,43.

[47]王楚涵. 大数据时代门户网站体育数据新闻可视化探究——以新华网、网易为例[J]. 商,2016(02):199.

[48]王康乐. 大数据时代体育数据新闻可视化报道的优势与挑战[J]. 体育研究与教育,2016(01):13 - 17.

[49]张晓斌. 数据可视化在体育新闻报道中的应用[D]. 武汉体育学院,2015.

[50]管昌燕,陆亨伯. 我国体育赛事移动媒介传播路径探讨[J]. 体育文化导刊,2009(08):40 - 42,51.

[51]张业安,肖焕禹,冉强辉. 大型体育赛事媒介传播的相关利益主体分析[J]. 体育科学,2013(03):71 - 80.

[52]李丁,肖焕禹. 媒介融合背景下体育传播模式之嬗变[J]. 上海体育学院学报,2013(05):31 - 36.

[53]王相飞,张巧玲. 大数据背景下大型体育赛事新媒体的传播研究[J]. 武汉体育学院学报,2015(11):25 - 29.

[54]王相飞. 大型体育赛事社群成长的发展模式[J]. 体育学刊,2016(01):31 - 35.

[55]焦亮亮,张玉超. 我国大型体育赛事新媒体转播的 SWOT 分析[J]. 湖北体育科技,2016(06):537 - 540.

[56]王凯,王爱丰．腾讯网南非世界杯报道特征及其启示[J]．体育文化导刊,2010(12):132－135.

[57]杨剑锋,雷海平．新媒体语境下的体育新闻传播新格局[J]．中国体育科技,2012(48):127－130.

[58]汤天甜,张璐璐．微博话语场中的世界杯传播探析[J]．新闻研究导刊,2011(05):13－15.

[59]徐艳．微博的新闻策略与传播模式研究——基于门户网世界杯报道的内容分析[J]．现代传播,2011(04):85－88.

[60]辛霭玲．商业门户网站大型体育赛事报道创新探究——以新浪、网易和搜狐 2014 年巴西世界杯专题报道为例[D]．暨南大学,2015.

[61]乔延宾．巴西世界杯网络媒体传播特征解读[J]．南京体育学院学报(自然科学版),2015(06):157－160.

[62]李铁．世界杯报道的媒体奇观与反思[J]．体育文化导刊,2015(10):189－193.

[63]郭瑞涛．2014 年巴西世界杯的传播新特征解读[J]．安顺学院学报,2014(05):89－90.

[64]高贵武,滕泽人．传统媒体与新媒体之巴西世界杯报道比较——以中央电视台和腾讯网为例[J]．新闻与写作,2014(08):69－72.

[65]唐陟．多屏互动央视体育频道开启“全媒体报道时代”——CCTV 传播论坛:央视巴西世界杯报道总结[J]．现代传播,2014(09):145－146.

[66]李金宝．新媒体环境下大型赛事报道特点与趋势——以中央电视台 2014 年巴西世界杯报道为例[J]．电视研究,2014(11):25－27.

[67]刘连喜,张腾之,肖频频．以大数据透视世界杯——2014 世界杯“社交媒体”传播分析报告[J]．电视研究,2014(12):39－41.

[68]杨叶．大型体育赛事的微博传播特点分析——以 2014 巴西世界杯期间新浪微博为例[J]．传媒观察,2014(08):37－38.

[69]徐静．体育传播移动化吹响——巴西世界杯媒体生态观察[J]．传媒观察,2014(09):44－46.

[70]金文恺．移动社交全媒体共享的传播迁徙——浅析 2014 年巴西世界杯的新媒体传播[J]．新闻研究导刊,2014(11):15－16.

[71]周家旺．“指尖”上的足球,“口袋”里的世界杯——从巴西世界杯看重大事件的移动社交化传播趋向[J]．西部广播电视,2014(16):12.

[72]文远竹．试议微博在广州亚运会宣传报道中的应用[J]．中国编辑,2011(01):47－51.

[73]王晓东．奥运会网络传播发展的历史回顾及前景展望[J]．武汉体育学院学报,2006(05):37－39.

[74]王静．北京奥运报道中门户网站的竞争策略分析——以搜狐、新浪、腾讯为例[J]．新闻界，2009(01):45－47.
[75]张雷．网络媒体在奥运报道中的差异化策略[J]．声屏世界，2008(09):11－12.
[76]吴润楠．北京奥运会互联网传播研究[D]．南昌大学，2011.
[77]陈广旭，黄新炎．社交网络在伦敦奥运会中的正负效应探析[J]．体育与科学，2012(05):44－47.
[78]郑维嘉．伦敦奥运会网络专题报道对比研究——以腾讯和网易为例[D]．成都体育学院，2013.
[79]阮航．手机腾讯网伦敦奥运会新闻报道研究[D]．北京体育大学，2014.
[80]陈勤．伦敦奥运会网络新闻报道研究——以腾讯网奥运专题为例[D]．成都体育学院，2013.
[81]孙颖．网络媒体对重大体育赛事的报道研究——以腾讯网伦敦奥运报道为例[D]．首都体育学院，2015.
[82]魏江雷，朱丽．奥运年开启"互动传播"时代[J]．中外管理，2016(02):51.
[83]朱志锋．移动终端对体育新闻传播的影响[J]．高校论文，2015(05):203－204.
[84]王相飞，张德胜．2014 年巴西世界杯新闻客户端的传播分析[J]．新闻界，2015(09):44－49.
[85]张占英．APP 时代下体育新闻传播新前景[J]．新闻研究导刊，2015(22):131.
[86]陈彤．伦敦奥运：网络媒体视角下的全媒体思考[J]．现代传播，2012(10):76－79.
[87]曹勇．2012 年伦敦奥运会中国媒体报道研究报告[J]．新闻与写作 2012(06):6－17.
[88]潘琦．我国手机客户端体育赛事传播的现状分析——以巴西世界杯报道为例[D]．上海体育学院，2015.
[89]孟文光．体育门户网站中的微博应用特征及发展策略研究[J]．当代体育科技，2011(34):110－112.
[90]苟蕊婷．体育新闻传播中微博具备的特征探析[J]．当代体育科技，2015(19):179－180.
[91]刘晓东．微博环境中关于赛事传播的内容分析[J]．新闻战线，2015(07):139－140.
[92]罗艺漫．世界杯期间体育名人微博特征分析——以黄健翔个人微博为例[J]．新闻传播，2010(9):135.
[93]曾莉．体育专业人士微博的传播功能探析[J]新闻爱好者，2015.(09):57－59.
[94]黄元骋．我国体育微博把关现状及对策研究[J]．哈尔滨体育学院学报，2013(04):37－39，43.
[95]黄璐．体育微博侵权问题试析[J]．体育文化导刊，2013(12):137－140.
[96]吴马，冯巨涛．新浪微博对体育新闻传播的相关问题探讨[J]．新闻战线，2015(06):137－138.

[97]王沛．基于微博的大型体育赛事报道[J]．采写编,2015(05):81－82.

[98]魏杨玲．试论微博在体育公共领域的建构[J]．四川体育科学,2013(03):26－27,39.

[99]崔赟,张泽根．微博的身份管理与媒介角色研究——以新浪体育微博为例[J]．当代体育科技,2014(24):177－178.

[100]刘娟,万晓红．体育微博:“明星效应”与“草根效应”的差异比较[J]．传媒观察,2013(04):35－36.

[101]黎藜．体育明星形象营销与新浪微博管理[J]．体育文化导刊,2013(08):151－154.

[102]俞丰穗．传播学视角下的政府体育微博研究[J]．今传媒,2015(11):23－24.

[103]陈天赐．大型赛事官方微博营销方式及对策研究[J]．新媒体研究,2015(20):31－33.

[104]于文谦,杨韵．自媒体环境下的体育微博及其价值[J]．体育学刊,2012(03):26－30.

[105]任盼红,张欢．浅析体育微博的发展与创新[J]．文体用品与科技,2015(10):112.

[106]马浩．电视节目中的微信互动研究——以央视巴西世界杯系列节目为例[J]．新闻研究导刊,2014(09):67－68.

[107]毋张明．微信对体育传播的影响研究[J]．学术探讨,2015(19):169－172.

[108]余黎霞．微信对全民健身体育传播之影响研究[J]．电子技术与软件工程,2015(08):93.

[109]荆敏．微信话语场中的 2014 巴西世界杯传播探析[C]．全国体育科学大会,2015.

[110]孙阳．简析微信公众平台在赛事管理中的应用[J]．运动,2015(16):13－14.

[111]孙颖．网络媒体对重大体育赛事的报道研究——以腾讯网伦敦奥运报道为例[D]．首都体育学院,2015.

[112]朱凯迪．我国门户网站奥运报道的历史流变及趋势研究[D]．武汉体育学院,2013.

[113]吴润楠．北京奥运会互联网传播研究[D]．南昌大学,2011.

[114]王晓东．奥运会网络传播发展的历史回顾及前景展望[J]．武汉体育学院学报,2006(05):37－39.

[115]李芳．体育类“头条号”传播的实践与思考[J]．青年记者,2016(08 下):90－91.

[116]孙琳．中国网络视频行业发展现状及走向猜想[J]．新闻研究导刊,2013(11):30－34.

[117]李芳．门户网站体育赛事视频传播的趋势[J]．新闻战线,2016(08):134－137.

[118]潘琦．我国手机客户端体育赛事传播的现状分析——以巴西世界杯报道为例[D]．上海体育学院,2015.

[119]邓建国．筛选与呈现:信息疲劳背景下的移动内容传播新趋势[J]．新闻记者,2015(06):16－24.

[120]付玉辉．论移动互联网微传播的双重召唤结构和偏向叠加效应[J]．浙江传媒学院学报,2015,22(3):8－12.

[121]黄朝钦,钟瑛．从“媒体平台”到“关系网络”——综合门户网站的经营现状与模式转型[J]．现代传播,2014(07):6－12.

[122]王秋旭．信息茧房效应下微博群体极化现象分析．[J]．新闻研究导刊,2015,6(07):177－178.

[123]胡睿,孙鑫淼．基于用户思维的优化:原生系移动新闻客户端运营解析[J]．新闻界,2016(06):43－47.

[124]李芳．门户网站体育赛事视频传播的趋势[J]．新闻战线,2016(08下):134－137.

[125]李骏．NYT VR:虚拟现实新闻报道的始作俑者[J]．传媒评论,2016(04):26－28.

[126]许秋里,王丹宁．网易新媒体实验室:数据新闻在移动端如何突破页面限制[J]．中国传媒科技,2015(8):62－65.

[127]刘胜男．可穿戴设备:新闻客户端的下一个前沿[J]．封面・重点,2015(6):23－25.

[128]李芳．门户网站体育赛事视频传播的趋势[J]．新闻战线,2016(08下):134－137.

[129]万小广,许小琴．国际媒体的新闻客户端传播策略[J]．对外传播,2015(10):73－75.

[130]邓建国．筛选与呈现:信息疲劳背景下的移动内容传播新趋势[J]．新闻记者,2015(6):16－24.

[131]Michael Saylor. The Mobile Wave:How Mobile Intelligence Will Change Everything[M]. Vanguard Press,June 26,2012.

[132][美]保罗・莱文森著,何道宽译．软利器——信息革命的自然历史与未来[M]．上海:复旦大学出版社,2011:1－2.

[133]屠忠俊．网络传播概论[M]．武汉:武汉大学出版社,2007:126.

[134]王大中,杜志红,陈鹏．体育传播——运动、媒介与社会[M]．北京:中国传媒大学出版社,2006:8.

[135]沃纳・塞弗林,小詹姆斯・坦卡德,郭镇之译．传播理论:起源、方法与应用[M]．北京:华夏出版社,2006:320－330.

[136]匡文波．新媒体概论[M]．北京:中国人民大学出版社,2012:29－30.

[137]简・梵・迪克著,蔡静译．网络社会[M]．北京:清华大学出版社,2014:173.

[138]罗伯特・斯考伯,谢尔・伊斯雷尔著．赵乾坤,周宝曜译．即将到来的场景时代[M]．北京:北京联合出版社,2014(2):11.

[139]万小广,许小琴．国际媒体的新闻客户端传播策略[J]．对外传播,2015(10):73－75.

附 录

附录1

表1 专家访谈情况一览

	专家姓名	专家单位及职务	访谈时间地点
01	曹 勇	中国体育报业总社新媒体中心负责人	2015. 11. 12 邮件访谈
02	许绍连	腾讯网腾讯体育总监	2015. 09. 23 腾讯体育
03	易剑东	北京大学国家发展研究院体育商学院院长	2015. 11. 07 杭州 浙江大学
04	郝洪军	辽沈晚报社文体中心、新媒体中心主任	2015. 12. 23 辽沈晚报社
05	张红军	沈阳晚报体育部、新媒体中心负责人	2016. 02. 20 沈阳晚报社
06	苏 伟	搜狐网新闻客户端经理	2015. 12. 20 搜狐体育
07	郝 勤	成都体育学院新闻系主任、教授	2015. 11. 07 杭州 浙江大学
08	肖焕禹	上海体育学院外语与新闻传播学院、教授	2015. 11. 18 沈阳
09	张玉田	北京体育大学体育传媒系主任、教授	2015. 11. 07 杭州 浙江大学
10	毕雪梅	北京体育大学体育传媒系主任、教授	2015. 11. 06 杭州 浙江大学
11	刘美英	腾讯体育记者、里约奥运会前方记者	2016. 08. 12 电话访谈
12	刘璐莎	新浪体育记者、里约奥运前方记者	2016. 06. 08 新浪体育

附录 2

媒体专家访谈提纲：

1. 您所在媒体 PC 端、新闻客户端、微信、微博等移动平台在大型体育赛事传播方面发展到了什么程度，本届里约奥运会具体发展状况如何？

2. 目前各综合门户网站对于 PC 端和移动 APP 端是如何侧重的，两者发展现状如何？

4. 您认为微信、微博和新闻客户端三者关系是怎样的？各自在大型体育赛事传播中的优势与不足表现在哪些方面？各网站对三种移动化传播方式在里约奥运会传播中是如何定位的？

5. 您所在媒体关于里约奥运会 PC 端和移动端数据该如何抓取？各大综合门户网站公布的数据和第三方平台数据哪个更真实可靠？

6. 目前您所在媒体移动端的产品设计与开发情况如何？移动端未来主要是做内容？渠道？还是产品设计？用户体验？最核心的环节是什么？

7. 现在您所在媒体 PC 端用户量是多少？移动端的用户量是多少？始终能连续使用的有多少？用户黏性如何？

8. 您所在媒体里约奥运会期间植入广告盈利模式如何？各媒体主要盈利的模式是什么？目前客户端有付费的模式么？经营情况如何？

9. 今日头条利用大数据实现信息的精准化传播，您所在媒体主要通过何种模式向用户推送新闻？效果如何？澎湃新闻更多的是垂直内容的推送，它有比较大的内容制作团队，它的盈利模式是什么？能够支撑整个团队么？

10. 您如何看待当前国内媒体体育赛事版权方面问题？

11. 您所在媒体的部门架构是怎样的？你们的官网、移动这块的整个管理、新闻制作是相互独立运作还是统一运行的？

12. 您认为我做的门户网站里约奥运会传播方面研究，哪些内容是最有价值的？可以深入挖掘？具有创新性的？

13. 您认为一些综合门户网站和报纸、广播电视相比，其奥运及大型体育赛事传播的优势和核心竞争力体现在哪？

14. 您认为当前新闻客户端、微博、微信的未来前景会怎么样？大型体育赛事门户网站传播未来发展趋势如何？国内与国外媒体各自发展情况如何？

附录 3

表 2　门户网站里约奥运会传播内容分析指标体系

一级指标	二级指标	三级指标
传播主体	原创	1. 专职记者 2. 网络写手
	转载	1. 传统媒体 2. 网络媒体 3. 移动媒体
内容呈现	赛事新闻	中国诸强：1. 射箭 2. 马术 3. 现代五项 4. 铁人三项 5. 跆拳道 6. 田径 7. 击剑 8. 七人制橄榄球 9. 网球 10. 羽毛球 11. 乒乓球 12. 足球 13. 篮球 14. 帆船 15. 排球 16. 拳击 17. 高尔夫 18. 射击 19. 水球 20. 皮划艇 21. 体操 22. 游泳 23. 举重 24. 自行车 25. 手球 26. 花样游泳 27. 跳水 28. 摔跤 29. 柔道 30. 曲棍球 31. 赛艇
	非赛事新闻	1. 人物新闻 2. 事件新闻 3. 突发事件 4. 奥运文化 5. 花边新闻 6. 其他
	数据新闻	1. 每日看点 2. 赛程 3. 奖牌榜
传播形式	界面设计	1. 顶栏导航 2. 特色板块 3. 主题背景 4. 底栏设置 5. 开机画面 6. 色彩搭配
	视觉符号	1. 文字 2. 图片 3. 视频 4. GIF5. 网页链接
用户体验	分享互动	1. 粉丝互动 2. 内容分享 3. 线上线下活动（竞猜、推广、游戏、跑向里约等）
	个性定制	1. 添加关注 2. 新闻推送 3. 新闻订阅 4. 离线缓存 5. 夜间模式 6. 文字模式
传播效果	活跃度	1. 发布新闻条数 2. 推送新闻条数
	中心度	1. 评论量 2. 跟帖量 3. 点赞量 4. 转发量

附录 4

门户网站里约奥运会传播发展研究专家咨询表

尊敬的__________专家：

您好！我是沈阳体育学院新闻学专业教师，近期对“门户网站里约奥运会传播发展研究”课题进行研究。鉴于您在本研究领域的渊博学识和丰富经验，想对您运用网络媒体和微博、微信与新闻客户端进行大型体育赛事新闻传播情况作以下调查，您的回答是本文研究的关键，问卷结果只做学术研究之用，我们承诺予以保密，恳请您如实作答。我们对您的帮助与指导表示最诚挚的谢意！

在前期的研究中，我们运用文献资料法对门户网站大型体育赛事传播方面的国内外文献进行归纳分析，结合相关专家的建议，最终得出有关“门户网站里约奥运会传播发展研究”的内容分析的指标体系。

我们预计将进行 2 轮问卷调查。您的意见对“门户网站里约奥运会传播发展研究”指标体系的构建与完善很重要。对于您的指导与帮助我们再次表示感谢！并真诚地期待您能对本研究中的指标设计与内容提出宝贵建议。

沈阳体育学院新闻学专业教师　李芳

2015 年 8 月 8 日

联系地址：沈阳体育学院新闻教研室 沈阳苏家屯区金钱松东路 36 号 110102

联系人：李 芳

E－mail：lixizi_ 1999@ 163. com

QQ：1033891961

微信号：lixizi_ 1999

门户网站里约奥运会传播发展研究专家基本信息

姓　　名：__________　性别：__________　年龄：__________

学　　历：__________　专业技术职称：____________________

行政职务：__________　从事专业工作年限：________________

工作单位：____

填写说明：

1. 如需对指标进行修改，请在表格的空格中进行，并请简单说明修改理由：可以增、删、改指标；新增加指标也请按要求填写相应内容。

2. 根据您的判断，对每一指标的重要性、可操作性、敏感性进行五级评价，在相应的空格中打“√”。从“很好”到“很差”，表示指标的重要性依次降低，或者指标的可行性依次降低。

• 指标的重要性：是指在评估指标体系中，该指标的重要程度和代表性。指标越重要，代表性越好，能够较好地体现大型体育赛事移动化传播的特点与规律，指标的重要性就越高，反之就越低。

• 指标的可操作性：是指在实际评估工作中，获取该指标数据的难易程度和可信程度。指标数据越容易获得，可信程度越高，指标数据的可操作性就越高，反之就越低。

• 指标的敏感性：是指在实际评估中，指标对大型体育赛事移动化传播效果是否具有较好的反映能力，即灵敏度。

3. 相关核心概念界定

• 大型体育赛事：主要指奥运会、世界杯、世锦赛、亚运会、亚洲杯、NBA、CBA 等国际或国内的综合体育赛事和专向体育赛事。

• 门户网站：主要指新浪网、搜狐网、网易和腾讯网等综合类网站。

• 移动新媒体：主要指手机、Pεd 等。

• 移动化传播：主要指运用微博、微信和新闻客户端（在手机上下载的 APP

软件，如新浪体育、网易新闻、搜狐新闻、腾讯新闻或今日头条等）接收和传递信息。

表 3　门户网站里约奥运会传播内容分析指标体系

一级指标	二级指标	三级指标	
传播主体	原创	1. 专职记者 2. 网络写手	
	转载	1. 传统媒体 2. 网络媒体 3. 移动媒体	
内容呈现	赛事新闻	中国诸强	1. 射箭 2. 马术 3. 现代五项 4. 铁人三项 5. 跆拳道 6. 田径 7. 击剑 8. 七人制橄榄球 9. 网球 10. 羽毛球 11. 乒乓球 12. 足球 13. 篮球 14. 帆船 15. 排球 16. 拳击 17. 高尔夫 18. 射击 19. 水球 20. 皮划艇 21. 体操 22. 游泳 23. 举重 24. 自行车 25. 手球 26. 花样游泳 27. 跳水 28. 摔跤 29. 柔道 30. 曲棍球 31. 赛艇
	非赛事新闻	1. 人物新闻 2. 事件新闻 3. 突发事件 4. 奥运文化 5. 花边新闻 6. 其他	
	数据新闻	1. 每日看点 2. 赛程 3. 奖牌榜	
传播形式	界面设计	1. 顶栏导航 2. 特色板块 3. 主题背景 4. 底栏设置 5. 开机画面 6. 色彩搭配	
	视觉符号	1. 文字 2. 图片 3. 视频 4. GIF5. 网页链接	
用户体验	分享互动	1. 粉丝互动 2. 内容分享 3. 线上线下活动（竞猜、推广、游戏、跑向里约等）	
	个性定制	1. 添加关注 2. 新闻推送 3. 新闻订阅 4. 离线缓存 5. 夜间模式 6. 文字模式	
传播效果	活跃度	1. 发布新闻条数 2. 推送新闻条数	
	中心度	1. 评论量 2. 跟帖量 3. 点赞量 4. 转发量	

一、一级指标评价

表 3-1　一级指标评价表

指标属性	重要性					可操作性					敏感性				
评语 一级指标	很好	较好	一般	较差	很差	很好	较好	一般	较差	很差	很好	较好	一般	较差	很差
1 传播主体															
2 内容呈现															
3 传播形式															
4 用户体验															
5 传播效果															

一级指标解释：

1 传播内容：指门户网站里约奥运会传播内容的类型。

2 传播形式：指门户网站里约奥运会传播的使用界面设计和视觉符号。

3 用户体验：指门户网站里约奥运会传播与第三方社会媒体及粉丝互动内容分享以及对奥运信息的个性推荐。

4 传播效果：指门户网站里约奥运会传播对用户行为产生的影响，主要包括评论量、跟帖量、粉丝量、转发量、点赞量等指标。

● 您认为以上一级指标的内容是否恰当？如果您有增删或修改意见，我们衷心地恳请您给予指导（可在指标评价表上直接修改、增删或将意见填在以下横线上，如版面不够可附页），谢谢！

二、二级指标评价

表3-2 传播主体评价表

指标属性	重要性					可操作性					敏感性				
评语 二级指标	很好	较好	一般	较差	很差	很好	较好	一般	较差	很差	很好	较好	一般	较差	很差
1.1 原创新闻															
1.2 转载新闻															

表3-3 内容呈现评价表

指标属性	重要性					可操作性					敏感性				
评语 二级指标	很好	较好	一般	较差	很差	很好	较好	一般	较差	很差	很好	较好	一般	较差	很差
2.1 赛事新闻															
2.2 非赛事新闻															
2.3 数据新闻															

表3-4 传播形式评价表

指标属性	重要性					可操作性					敏感性				
评语 二级指标	很好	较好	一般	较差	很差	很好	较好	一般	较差	很差	很好	较好	一般	较差	很差
3.1 界面设计															
3.2 视觉符号															

表 3－5　用户体验评价表

指标属性	重要性					可操作性					敏感性				
评语 / 二级指标	很好	较好	一般	较差	很差	很好	较好	一般	较差	很差	很好	较好	一般	较差	很差
4.1 分享互动															
4.2 个性定制															

表 3－6　传播效果评价表

指标属性	重要性					可操作性					敏感性				
评语 / 二级指标	很好	较好	一般	较差	很差	很好	较好	一般	较差	很差	很好	较好	一般	较差	很差
5.1 活跃度															
5.2 中心度															

• 您认为以上二级指标的内容是否恰当？如果您有增删或修改意见，我们衷心地恳请您给予指导（可在指标评价表上直接修改、增删或将意见填在以下横线上，如版面不够可附页），谢谢！

____

____

____

____

____

____

____

____

三、三级指标评价

表3－7　1.1 原创新闻

指标属性	重要性					可操作性					敏感性				
评语 三级指标	很好	较好	一般	较差	很差	很好	较好	一般	较差	很差	很好	较好	一般	较差	很差
1.1.1 专职记者															
1.1.2 网络写手															

表3－8　1.2 转载新闻

指标属性	重要性					可操作性					敏感性				
评语 三级指标	很好	较好	一般	较差	很差	很好	较好	一般	较差	很差	很好	较好	一般	较差	很差
1.2.1 传统媒体															
1.2.2 网络媒体															
1.2.3 移动媒体															

表3－9　2.1 赛事新闻

指标属性	重要性					可操作性					敏感性				
评语 三级指标	很好	较好	一般	较差	很差	很好	较好	一般	较差	很差	很好	较好	一般	较差	很差
2.1.1 射箭															
2.1.2 马术															
2.1.3 现代五项															
2.1.4 铁人三项															
2.1.5 跆拳道															

续表

指标属性	重要性					可操作性					敏感性				
评语 / 三级指标	很好	较好	一般	较差	很差	很好	较好	一般	较差	很差	很好	较好	一般	较差	很差
2.1.6 田径															
2.1.7 击剑															
2.1.8 橄榄球															
2.1.9 网球															
2.1.10 羽毛球															
2.1.11 乒乓球															
2.1.12 足球															
2.1.13 篮球															
2.1.14 帆船															
2.1.15 排球															
2.1.16 拳击															
2.1.17 高尔夫															
2.1.18 射击															
2.1.19 水球															
2.1.20 皮划艇															
2.1.21 体操															
2.1.22 游泳															
2.1.23 举重															
2.1.24 自行车															
2.1.25 手球															
2.1.26 花样游泳															
2.1.27 跳水															
2.1.28 摔跤															
2.1.29 柔道															
2.1.30 曲棍球															
2.1.31 赛艇															

表 3 – 10　2. 2 非赛事新闻

指标属性	重要性					可操作性					敏感性				
评语 / 三级指标	很好	较好	一般	较差	很差	很好	较好	一般	较差	很差	很好	较好	一般	较差	很差
2. 2. 1 人物新闻															
2. 2. 2 事件新闻															
2. 2. 3 突发事件															
2. 2. 4 奥运文化															
2. 2. 5 花边新闻															
2. 2. 6 其他															

表 3 – 11　2. 3 数据新闻

指标属性	重要性					可操作性					敏感性				
评语 / 三级指标	很好	较好	一般	较差	很差	很好	较好	一般	较差	很差	很好	较好	一般	较差	很差
2. 3. 1 每日看点															
2. 3. 2 赛程															
2. 3. 3 奖牌榜															

表 3 – 12　3. 1 界面设计

指标属性	重要性					可操作性					敏感性				
评语 / 三级指标	很好	较好	一般	较差	很差	很好	较好	一般	较差	很差	很好	较好	一般	较差	很差
3. 1. 1 顶栏导航															
3. 1. 2 特色板块															
3. 1. 3 主题背景															

续表

指标属性	重要性					可操作性					敏感性				
评语 / 三级指标	很好	较好	一般	较差	很差	很好	较好	一般	较差	很差	很好	较好	一般	较差	很差
3.1.4 底栏设置															
3.1.5 开机画面															
3.1.6 色彩搭配															

表 3－13　3.2 视觉符号

指标属性	重要性					可操作性					敏感性				
评语 / 三级指标	很好	较好	一般	较差	很差	很好	较好	一般	较差	很差	很好	较好	一般	较差	很差
3.2.1 文字															
3.2.2 图片															
3.2.3 视频															
3.2.4 GIF															
3.2.5 网页链接															

表 3－14　4.1 分享互动

指标属性	重要性					可操作性					敏感性				
评语 / 三级指标	很好	较好	一般	较差	很差	很好	较好	一般	较差	很差	很好	较好	一般	较差	很差
4.1.1 粉丝互动															
4.1.2 内容分享															
4.1.3 线上线下活动															

表3－15 4.2个性定制

指标属性	重要性					可操作性					敏感性				
评语 / 三级指标	很好	较好	一般	较差	很差	很好	较好	一般	较差	很差	很好	较好	一般	较差	很差
4.2.1 添加关注															
4.2.2 新闻推送															
4.2.3 新闻订阅															
4.2.4 离线缓存															
4.2.5 夜间模式															
4.2.6 文字模式															

表3－16 5.1活跃度

指标属性	重要性					可操作性					敏感性				
评语 / 三级指标	很好	较好	一般	较差	很差	很好	较好	一般	较差	很差	很好	较好	一般	较差	很差
5.1.1 发布新闻条数															
5.1.2 推送新闻条数															

表3－17 5.2中心度

指标属性	重要性					可操作性					敏感性				
评语 / 三级指标	很好	较好	一般	较差	很差	很好	较好	一般	较差	很差	很好	较好	一般	较差	很差
5.2.1 评论量															
5.2.2 跟帖量															
5.2.3 点赞量															
5.2.4 转发量															

• 您认为以上三级指标的内容是否恰当？如果您有增删或修改意见，我们衷心地恳请您给予指导（可在指标评价表上直接修改、增删或将意见填在以下横线上，如版面不够可附页），谢谢！